Preußen,

seine Verfassung, seine Verwaltung,

sein

Verhältniß zu Deutschland.

Von

Bülow-Cummerow.

Zweiter Theil.

Zweite unveränderte Auflage.

Berlin 1843.

Verlag von Veit und Comp.

Inhalts-Verzeichniß.

Einleitung.

In dem Vorwort der dritten Auflage des ersten Theils haben wir die Absicht ausgesprochen, uns im zweiten Theil auf eine Erwiderung der mancherlei Ansichten möglichst einzulassen, die unser Werk hervorgerufen hat.

Es sind seit jener Zeit von so vielen Seiten her und über so verschiedene Gegenstände größere und kleinere Schriften, größere und kürzere Recensionen, längere und kürzere Zeitungsartikel erschienen, daß nur eine durch Dampfkraft bewegte Feder die Beantwortung übernehmen könnte, und diese besitzen wir nicht. Allein wir würden auch dem Publiknm unmöglich zumuthen können, eine so lange Reihe von Antikritiken durchzulesen und werden uns in Beantwortung derselben daher kurz fassen. Der Uebersicht wegen sei es uns erlaubt, sie zu classificiren.

1) In die interessanten und mannigfachen Besprechungen der Tagesblätter und Zeitschriften, die so wesentlich dazu beitragen, ein politisches Interesse zu erwecken und die Ansichten des Publikums über gewisse Gegenstände zu berichtigen;

2) in solche, die auf kein näheres Eingehen Anspruch machen können, weil sie Behauptungen und darauf begründete Beschuldigungen enthalten, zu welchen das Buch keine Veranlassung gegeben hat, und die zum Theil die Widerlegung in

sich selbst tragen, zum Theil schon durch die Presse ihre Zurechtweisung erhalten haben; *)

3) in andere, bei welchen ein gänzliches Mißverständniß zum Grunde liegt, oder eine Principien-Verschiedenheit besteht. Ueber diese Classe von Gegenschriften verweisen wir den Leser in den wesentlichsten Punkten auf den Inhalt dieses zweiten Theils; hier werden wir uns in Hinsicht der Berichtigung auf wenige Gegenstände beschränken.

Einer der Punkte wo der Sinn unserer Worte ganz besonders mißverstanden ist, und der daher zu einer sehr lebhaften Polemik geführt hat, betrifft das Phantom einer Hegemonie Preußens. Die Stellen des Buches, welche die Veranlassung zu so manchen Reclamationen gegeben haben, bezeichnen nichts mehr und nichts weniger als das wirklich bestehende Verhältniß Preußens zu dem übrigen Deutschland und sind an und für sich so unverdächtigen Inhalts, daß sie nur den Vorwand zum Ausbruch einer lange unterdrückten Besorgniß gegeben haben. Wie wenig die Veranlassung vollgültig sei, ist auch sehr wohl dort gefühlt, von wo sie ausging, daher bemühte man sich, der Person eine größere Wichtigkeit beizulegen als sie verdiente, ja man wollte in ihr den Repräsentanten eines unlautern Preußenthums und vielleicht noch mehr erkennen.

Die durch diesen Streit angeregte Frage ist für die Einigkeit Deutschlands eine sehr wichtige, und verdient gewiß vor allen andern eine tiefer eingreifende Prüfung als bisher erfolgt ist.

*) Viele Federn haben sich in Bewegung gesetzt, ohne das, was sie zu bekämpfen suchten, gelesen und verstanden zu haben, obgleich der Druck sehr leserlich, das Gesagte sehr leicht verständlich war.

Unleugbar bestehen noch in Deutschland und in der Bundesverfassung selbst Verhältnisse, die, bis sie anders geordnet worden sind, den Keim zu Mißverständnissen, zu Besorgnissen, ja selbst zu Reibungen in sich tragen. Da es aber immer rathsam ist, die Hindernisse eines vollkommenen Einverständnisses zu entfernen, und um dies zu können, die Kenntniß derselben vorausgehen muß, so ist es die Pflicht des Schriftstellers, diese zu erforschen, und zur Beurtheilung des Publikums zu bringen.

In dem Abschnitt, Deutschland betreffend, wird dieser wichtige Gegenstand behandelt werden, und es ist daher hier ein weiteres Eingehen unzeitig; nur müssen wir ausdrücklich bevorworten, daß die dort ausgesprochenen Ansichten über die Verhältnisse des Bundes und der einzelnen Mächte, die ihn bilden, so wie der Verhältnisse des deutschen Volks überhaupt, nur unsere individuellen Ansichten sind, unterstützt durch Gründe, deren Würdigung wir dem Publikum überlassen. Wir erfreuen uns in jeder Beziehung einer ganz unabhängigen Stellung, stehen in Hinsicht unserer literarischen Arbeiten in keinem Verhältniß, es möge einen Namen haben, welchen es wolle. Mit Freimüthigkeit sprechen wir uns über die Mängel der eigenen Regierung aus, nicht um sie anzugreifen, sondern um zu zeigen, wie diesen abgeholfen werden könne; und wir würden auch dieses nicht thun, wenn wir nicht wünschten dem Könige und dem Vaterlande dadurch zu nützen, und wenn wir nicht überzeugt wären, daß wo so viel Gutes und Großes besteht, wie bei uns, das Rügen von Mängeln nicht verkleinert; mit eben der Freimüthigkeit, die allein zur richtigen Erkenntniß führen kann, besprechen wir auch die gegenwärtigen Verhältnisse des Bundes, die der Fürsten wie der Völker Deutschlands, rein aus dem Gesichtspunkte eines unbefangenen Beobachters, der den Fortschritt und solche Reformen wünscht, welche von den Fürsten geleitet durch die Macht der Wahrheit und Oeffentlichkeit selbst ausgehen; nur in einer Beziehung fühlen wir uns abhängig, uns stets innerhalb der uns gesetzlich gegebenen Grenze zu halten. Wie empfindlich man in Deutschland selbst auf Wortlaute ist, beweiset der Tadel, den mehrere Schriftsteller und selbst so ehrenwerthe wie Herr Steinacker*) darüber aussprechen, daß wir Preußen eine deutsche Schutzmacht nennen, die hierin etwas Kränkendes finden. Eine so leicht gereizte Empfindlichkeit deutet auf einen krankhaften Zustand, denn sonst würde den Braunschweiger, den Sachsen der Schutz des stärkeren Bruders nicht verletzen können; in den Familien hört alle Eifersucht auf.

Das deutsche Bundesheer, die Contingente von Oesterreich und Preußen mitgerechnet, zählt im Falle eines Krieges 1,396,382 Mann unter den Waffen. Wohl Niemanden wird es auch nur im Traume einfallen, mit diesen Deutschlands Grenzen gegen die Angriffe seiner westlichen und östlichen Nachbaren schützen zu wollen; Deutschland ist mithin schutzlos, wenn nicht die großen Heeresmächte Oesterreichs und Preußens diesen Schutz übernehmen.

---

*) Die Schrift führt den Titel: „Ueber das Verhältniß Preußens zu Deutschland mit Rücksicht auf die Schrift: Bülow-Cummerow Preußen 2c.

Will Deutschland aufhören, der Schützling dieser beiden Mächte zu sein, findet es das übrige Deutschland demüthigend, sich nicht selbst vertheidigen zu können, obgleich es alle innere Mittel und ein Vorbild dazu an der Militairorganisation Preußens hat, so scheue es auch nicht die Opfer, welche die Selbstständigkeit fordert. Erwacht endlich der Stolz der deutschen Völkerschaften, so zeige er sich im Handeln aber nicht in Wortverletzungen.

Fast möchten wir Deutschland anklagen, daß ihm das Geld und eine gemüthliche Ruhe lieber sei als die Selbstständigkeit.

Ein anderer Vorwurf, welcher uns gemacht worden ist, und der sich unzählige Mal in den Tagesblättern und in den größeren und kleineren Flugschriften wiederholt hat, besteht darin, daß man uns angedichtet, wir vindicirten die politischen Rechte allein dem Grundbesitz. Steinacker (S. 80) will den Beweis dafür in den Worten des ersten Theils unseres Werks S. 37 finden, wo gesagt wird: „die nicht Grund besitzenden Glieder der Nation, so wichtig auch sonst ihre Persönlichkeit und ihr Wirken sein möge, bilden immer nur die wechselnden und geduldeten Elemente der Bevölkerung, denen zwar in Hinsicht ihrer Person und ihres Eigenthums dieselben Rechte wie den Grundbesitzern zukommen, die jedoch auf eine Theilnahme an der Landes-Vertretung keine (historischen) begründeten Ansprüche haben.“ *)

*) Seite 74 hat Herr Steinacker diesen Satz abgebrochen geliefert und fährt dann fort: „Diese Grundansicht soll auch in der Folge fest gehalten „und danach die Verfassung geordnet werden.“ Was, fragen wir, berechtigt

Auf diesen Satz, der sich rein auf das historische bezieht, hat man nun die Anklage begründet, wir beabsichtigten eine Repräsentation allein des Grundbesitzes, obgleich auf derselben Seite wenige Zeilen vorher, um jeder Mißdeutung vorzubeugen, gesagt worden war, daß den Grundbesitzern vorzugsweise die Befugniß zustehe, mit dem Herrscher die großen Angelegenheiten des Landes zu ordnen. „Vorzugsweise" und „ausschließlich" sind doch wahrlich nicht synonym. Wenn es den Schriftstellern, von welchen diese so oft wiederholten Angriffe ausgegangen sind, um Wahrheit und nicht um einen Vorwand zu thun gewesen wäre, so hätten sie sich doch sehr leicht überzeugen können, daß sie unsern Gedanken einen ganz andern Sinn unterlegten, und daß viele andere Stellen und namentlich, was S. 47 und 48 gesagt ist, dem widersprachen; dort steht wörtlich:

„Die Vertretung des beweglichen und unbeweglichen Ver„mögens der Nation ist eine Primär-Bedingung einer guten „Verfassung. Erstere erfolge zunächst durch die großen und „durch die kleinen Grundbesitzer, letztere durch die Städte, und „ganz besonders durch die großen, in welchen Gewerbe, Fabri„ken und Handel vorzüglich betrieben werden. Hiergegen wird „gewöhnlich eingewendet, daß durch eine solche Repräsentation „die Interessen des Handels und der Gewerbe nicht gehörig „und zureichend vertreten würden. Dies ist dadurch zu besei„tigen, daß man den Städten nach ihrer Wichtigkeit

ihn zu dieser Voraussetzung? Es ist zu beklagen, daß selbst so gründliche und geistreiche Schriftsteller sich einem Vorurtheil hingeben, wie dies an so vielen Stellen sichtbar wird.

„einen größeren Antheil bewilligt, als es bisher „der Fall war.“*)

Da der Abschnitt über die weitere Entwickelung der Verfassung sich über den Antheil der verschiedenen Volksklassen an der Repräsentation weiter verbreitet, so entheben wir uns hier einer nähern Ausführung. Ferner beklagen wir uns darüber, daß die unbedeutendsten Gegenstände die vielfältigsten Exclamationen hervorgerufen haben, während manche von den wichtigern nur von wenig Seiten her einer nähern Beachtung gewürdigt worden sind.**) Besonders hat man uns darüber den Krieg erklärt, daß wir zu diplomatischen Missionen vorzugsweise Männer, die aus alten adlichen Geschlechtern und durch großen Grundbesitz mit dem Lande verwachsen sind, empfohlen haben.***) Ferner, daß wir es nicht passend finden, daß, da den Rittergutsbesitzern bedeutende Vorrechte eingeräumt sind, diese von Personen ausgeübt werden, die den niedern Ständen angehören, und denen jede Bildung abgeht, indem sie wegen jenes Mangels unvermögend sind, die damit verbundenen Pflichten zu erfüllen.

Wir werden uns auf keine Vertheidigung der uns dabei

---

*) Der Dr. Biedermann hat in dem interessanten Aufsatz „Preußens politische Entwickelung seit dem Thronwechsel“ im Augustheft der deutschen Monatsschrift S. 288 unsere Worte wohl verstanden, und uns eine solche Einseitigkeit nicht zugetraut, wofür wir ihm danken.

**) Hievon wird in den Königsberger literarischen Blättern eine Ausnahme gemacht.

***) Als Beweis der Unrichtigkeit unserer Ansicht führt man uns auf große Staatsmänner aus Frankreich, die dem Bürgerstande angehören. Diejenigen, welche dies gethan, scheinen zu vergessen, daß wir von Preußen sprechen, und daß daher Beispiele aus dem constitutionellen Frankreich eben so wenig passen, als wenn wir uns zur Unterstützung unserer Behauptung auf Rußland berufen wollten.

gemachten Anschuldigungen einlassen, da wir in dem ersten Theile selbst uns schon gegen jede falsche Deutung ausdrücklich verwahrt haben, und das Stück „der Diplomat und der Schornsteinfeger“ welches bereits über hundert Vorstellungen erlebt hat, nur ein Vorspiel bildet. Der eigentliche Angriff ist gegen den Adel, und das, was wir über die gegenwärtige Stellung desselben in Preußen mitgetheilt haben, gerichtet. Die üble Laune, die sich bei dieser Gelegenheit von mehreren Seiten her kund gethan hat, spricht für die Nothwendigkeit einer offenen und gründlichen Erörterung des Gegenstandes.

Der Adel und das Bürgerthum sind in Deutschland seit einem Jahrtausend neben einander gewandelt, und nach unserer Ueberzeugung giebt es gegenwärtig keine Ursache mehr, sich zu befeinden, im Gegentheil allen Grund, sich zur Erhaltung des Rechts, der Freiheit und der Förderung der geistigen und materiellen Interessen wechselseitig kräftig zu unterstützen. Wir werden uns bei der Verfassung über die uns wünschenswerth scheinende künftige Stellung des Adels aussprechen, unbekümmert, ob es pia desideria bleiben werden oder nicht. Soll Friede und Einigkeit das Losungswort sein, so muß auch diese Wunde vernarben.

Unter den verschiedenen Kritiken, die erschienen sind, glauben wir die schon vorhin allegirte Schrift des Herrn Steinacker in Braunschweig nicht mit Stillschweigen übergehen zu können. Der Verfasser geht in dieser auf eine gründliche Beleuchtung ein; wir sind ihm in unserem und im Namen der

Sache dankbar dafür, und glauben, daß sie auch von Andern mit Interesse gelesen sein wird.

Herr Steinacker hat uns in manchen Punkten mißverstanden, wir haben schon vorhin einige derselben bezeichnet. Er hat es übersehen, daß wir von einem andern Gesichtspunkte ausgegangen sind, als er ihn bei seiner Beurtheilung aufgefaßt hat; doch ist er in vielen Fällen so gerecht, auch den unsrigen aufzusuchen, und in manchen ist es ihm vollkommen gelungen. In den Grundprincipien zeigt er sich mit den von uns aufgestellten oft einverstanden, jedoch sucht er bei mehren Punkten zu erweisen, daß wir in der Anwendung derselben nicht in der Consequenz geblieben wären, und beschuldigt uns der Halbheit und der Oberflächlichkeit. Wir wollen für jetzt hierüber nicht mit ihm rechten; wir glauben, daß der zweite Theil manche Mißverständnisse aufklären wird, zu welchen wir durch die Leichtigkeit, mit welcher wir im ersten über manche Punkte wegzugehen Gründe hatten, selbst die Veranlassung gegeben haben.

Täuschen wir uns nicht, so geht Herr Steinacker von abstract philosophischen Ideen aus. Um eine klare Uebersicht der Dinge zu bekommen, bedarf man allerdings auch eines festen Ausgangspunktes, den man mit scharfer Analyse in seine Consequenz hinein verfolgen muß. Diese Aufgabe der Philosophie, so nothwendig sie zur Begründung eines Systems ist, bleibt, wenn sie gelöst ist, oft isolirt, bis sie durch die Anwendung auf das Leben aus dieser Isolirung heraustritt. Die Skizzen eines Raphaels, so bewunderungswürdig sie dem Kunstkenner erscheinen, werden erst durch Farben und durch den

Geist, welchen der Künstler ihnen zu geben versteht, ein lebendiges Gemälde.

Auch wir haben in unserem Werk stets den Grundgedanken angegeben, von dem wir ausgehen, uns dann aber mit der Anwendung desselben, die doch jederzeit von den bestehenden Verhältnissen bedingt ist, beschäftigt. Daß man aber in der Consequenz bleiben, und doch auf verschiedene Endpunkte bei der Anwendung kommen kann, ist ganz unstreitig, wie es im Leben gewiß ist, daß 2 mal 2 nicht immer 4 macht. Unser Gegner hat ganz besonders in einigen Punkten übersehen, daß die Aufgabe noch nicht an der Zeit ist, eine vollkommen ausgefeilte Verfassungsurkunde für den preußischen Staat zu entwerfen, die des Augenblicks vielmehr nur darin besteht, Material zu einer solchen herbeizutragen, und gewisse Vorurtheile zu bekämpfen, die dem Baue entgegenstehen, so wie gewisse Ansichten zu bevorworten, welche unter allen Verhältnissen wahr bleiben, und deren Eingang wohlthätig auf die weitere Entwickelung wirken wird. Im Widerspruch mit unserm Grundgedanken befinden wir uns nirgends, wir haben aber an vielen Stellen auf das Bestehende Rücksicht nehmen müssen, und uns bemüht, dieses trotz der Hindernisse mit jenem zu vermitteln.

Vorhin ist die Vermuthung ausgesprochen worden, Herr Steinacker gehe von abstract philosophischen Ideen aus; damit haben wir jedoch keineswegs sagen wollen, daß er bei diesen stehen geblieben sei, im Gegentheil erkennen wir an, daß ihn die Verwirklichung gewisser Ideen lebendig beschäftige. Sehr bestimmt spricht sich dies aus, wenn Herr Steinacker sagt: „durch eine nähere ruhige Untersuchung der verschiedenen politischen Ansichten über Verfassung wurde erst klar hervorgehoben, worin die Controversen bestehen, und ob denn wirklich eine Vereinigung so fern liege, wie man es vielleicht glaube?"

Diese Frage und deren Lösung ist eine sehr wichtige, und wir danken es dem Herrn Steinacker, daß er unserm in der Vorrede zur dritten Ausgabe ausgesprochenen Wunsche entgegen gekommen ist, seine Ansichten den unsrigen entgegenzustellen und sie zu vertheidigen. Nur auf diesem Wege und nicht durch ein sich immer wiederholendes fades Geschwätz, welches so manche Tagesblätter ihren Lesern auftischen, nicht durch bedeutungslos gewordene, stehende Phrasen und Schmähungen, welche die einzigen Kampfwaffen von Vielen zu sein scheinen, wird eine Annäherung der Ansichten herbeigeführt, und der Weg zu einer politischen Einigkeit in den Ansichten gebahnt.

Eine sehr günstige Gelegenheit bietet sich jetzt der Presse dar, sich ein wesentliches Verdienst zu erwerben. In Preußen hat der Monarch den weitern Ausbau der Verfassung begonnen, und wird (dies glauben wir dreist behaupten zu können) mit gemessenem Schritt einer weitern Entwickelung entgegen gehen; dadurch werden nun die großen politischen Fragen wieder zur Sprache kommen, die bisher geschlummert hatten. Die Aufgabe der Presse ist es nun, diese mit Ruhe und Besonnenheit zu beleuchten, die Verwirrung in den bestehenden Ansichten aufzuklären, und statt wie bisher die Gemüther aufzuregen, sie zu beruhigen, und dem deutschen Volke den Weg zu zeigen, welchem es zu folgen hat. In Frankreich und England hat sich ein gewisser politischer Character bestimmt ausgebildet, die Meinungen haben sich gesondert und unter gewisse Fahnen gereihet; Jeder weiß dort, was er will und was der Andere bezweckt. So weit sind wir in Deutschland leider noch nicht vorgeschritten. Es würde wahrlich Vielen sehr schwer werden, wenn sie angeben sollten, zu welcher politischen Ansicht sie sich bekennen; Andere mögen eine solche zwar haben, wollen aber nicht mit der Sprache offen hervortreten. Dieser Zustand muß aufhören, wie Jeder leicht begreifen wird, wenn irgend eine tüchtige Ansicht sich ausbilden soll. Erst wenn sich in Deutschland feste vaterländische, auf eigenem Boden gewachsene politische Ansichten ausgebildet haben werden, ist die Nation zu einer allgemeinen Verfassung Deutschlands reif. Diese kann sich aber nur gestalten, wenn die Presse frei ist, und sich die verschiedenen Meinungen austauschen dürfen; daher können wir es dem geistreichen Könige, der Preußen beherrscht, nicht genug danken, daß er den Zwang entfernt hat, der bisher leider nur zu lange den freien Aufschwung der Geister hemmte.

Zwar ist es nicht zu läugnen, daß, wo eine engherzige Beschränkung bestanden hat, der Reiz der Neuheit, nachdem jene gelöst ist, oft den ausgesprochenen Gedanken einen größeren Werth beilegt, als sie verdienen, und daß dies schwache Gemüther, noch mehr aber schwache Regierungen in Unruhe versetzt; allein Gedanken, die nur dadurch Werth erhalten, weil sie gedruckt werden dürfen, sind nicht gefährlich. Eben so wenig ist es in Abrede zu stellen, daß die Tagesblätter zwar von der größeren Freiheit Gebrauch gemacht haben, aber gleichsam nur um einen Guerillas-Krieg zu beginnen. Ein eigentlicher politischer Character fehlt allen, und es ist auch fast unmöglich, ihn schon zu haben oder zu zeigen.

Die Ursache liegt darin, daß unsere Verfassung selbst sich noch in der Entwickelung befindet, und keinen festen Anhaltspunkt giebt. Durch Zeitungs-Artikel kann überhaupt kein politisches System aufgestellt werden, so geeignet sie auch sind, es hinterher vielseitig zu beleuchten.

Wer Fehler rügt, muß sich selbst davon frei halten, daher wollen wir den Lesern die Mühe ersparen, unsere eigentliche Gesinnung zu entziffern, und ihnen unser politisches Glaubensbekenntniß unumwunden vorlegen; Andere mögen diesem Beispiele folgen, wollen sie es nicht, und thut die Presse ihre Schuldigkeit, so wird dieselbe sie bald dazu zwingen.

Unsere Ueberzeugung ist es, daß für die preußische Dynastie und für das preußische Volk die heilbringendste Verfassung in der ständischen Monarchie liegt, wenn diese sich vollkommen principgemäß ausgebildet haben wird, und zwar möglichst auf historischer Grundlage, allein mit nothwendiger Berücksichtigung der vorgeschrittenen Zeit, des Bildungsgrades des Volks und der Verhältnisse nach außen.*)

*) Es wird oft gesagt, eine Verfassung müsse auf historischem Grunde fußen, allein diese Worte sind einer mehrfachen Auslegung fähig; wir verstehen darunter, daß man nicht von einer tabula rasa ausgehe, sondern das Zeitgemäße dem Geschichtlichen anknüpfe, keineswegs aber zu dem Historischen zurückkehre. Die Völker wie die Menschen durchlaufen gewisse Lebens-Perioden; um zum reifen Alter zu gelangen, muß man in Windeln getragen worden, Kind und Jüngling gewesen sein. Allein man wird dem Manne nicht zumuthen, wieder kindisch zu werden, und eben so wenig den Völkern.

Wir erklären uns unumwunden für die monarchische Verfassung, für die Ansicht, daß die Souverainität nur dem Monarchen, nie dem Volke zustehe, wir fordern eine starke Regierung, bekennen uns aber als entschiedensten Gegner des Absolutismus, weil dieser antimonarchisch, außergesetzlich ist, und weil es selbst gegen die Religion streitet, eine Regierung der Willkür zu führen, oder sie den Dienern zu gestattten. Der Monarch, welcher von Gottes Gnaden regiert, oder richtiger gedacht, nur Gott und seinem Gewissen verantwortlich ist, muß sich auch die göttliche Regierung zum Vorbilde nehmen, und in dieser giebt es keine Willkür, nur eine unwandelbare feste Ordnung der Dinge, an welcher der große Regierer des Weltgeschicks nicht gestattet, ein Jota zu ändern.

Da es keine einseitigen Rechte geben kann, sondern diese an Pflichten geknüpft sind, so glauben wir, es liege im wechselseitigen Interesse des Monarchen wie des Volks, daß sie durch die Verfassung scharf bestimmt werden müssen.

Hieraus folgt nun ferner, daß dieser Rechtszustand nicht einseitig verändert werden kann, und daß, wie dem Monarchen die ganze ausübende Macht zu Gebote steht, um seine Rechte zu schützen, auch den Ständen die Befugniß zustehen muß, die ihrigen zu wahren. Wie dies geschehen könne, darin trennen wir uns von denen, welche hier die Theilung der Staatsgewalt, die Verantwortlichkeit der Minister, und das jährliche Steuerbewilligungs-Recht nöthig machten. Wir bekennen uns zu der Ansicht, daß die Stände, wenn sie sich regelmäßig zu versammeln befugt sind, durch das moralische Gewicht so viel Einfluß erhalten, die Verfassung zu schützen und den möglichen Anmaßungen der Büreaukratie entgegenzutreten, vorausgesetzt,

a) daß durch ein Verfassungsgesetz die Rechte und Pflichten scharf und umfassend bezeichnet worden sind, und die Bestimmungen desselben nur mit beiderseitiger Zustimmung geändert werden dürfen; *)

b) daß die Repräsentations-Befugniß im Geist der ständischen Monarchie sich nicht auf einen Stand und dessen einseitige Interessen beschränkt, sondern allen wesentlichen Interessen eine verhältnißmäßige Vertretung eingeräumt werden wird;

c) daß der ständische Repräsentations-Organismus so eingerichtet sei, daß dem Monarchen nicht allein die Sonder-Interessen der Provinzen, sondern auch die allgemeinen des Volks durch die für diesen Zweck zu Staatsorganen erhobenen Ausschüsse stets zur Kenntniß kommen;

d) daß die jetzigen zwitterhaften aristokratischen Elemente eine solche Reform erfahren, daß sie der ständischen Monarchie, deren Fundament sie bilden, eine Stütze werden und ohne auf Bevorzugung Anderer gebaut zu sein, oder in Curienwesen auszuarten, in ihren verschiedenen Schattirungen in gemeinsamer, wechselseitiger Wirkung ihre eigenen Interessen und die des Landes zu fördern geeignet sind.

---

*) Die Vertheidigung dieser unserer politischen Ansicht und der Consequenzen, die aus ihr hervorgehen, wird in dem Abschnitt über Verfassung ausgeführt werden.

Was nun den Schutz betrifft, welcher in dem jährlichen Steuerbewilligungs-Recht gesucht wird, so theilen wir die Ansicht Anderer darüber nicht; wir erkennen darin keinen Schutz, sondern nur die Gelegenheit zu Bestechungen, Intriguen zu Parteiung und einer unnützen Aufregung. Den preußischen Ständen kommt, wenn auf den historischen Gesichtspunkt zurückgegangen wird, das Recht zu, neue Steuer zu bewilligen, so wie ihre Zustimmung zu ertheilen, wenn neue Staatsschulden contrahirt werden sollen. Dieses Recht nehmen wir in Anspruch und halten es für nöthig, die Stände in die Lage zu versetzen, sich von der Einnahme und Ausgabe des Staats in Kenntniß zu setzen, um der Regierung ihre Bitten über Abänderung unzweckmäßiger, die Gewerbe unnöthig drückender Steuern, so wie über etwa nöthige Beschränkung der Ausgaben vortragen zu können.

So wie wir uns für eine starke Regierung erklären und für eine Vertretung aller Interessen bei dieser, so fordern wir auch möglichst freie geistige Bewegung für das Volk, so wie die Mündigkeits-Erklärung desselben.

Die Macht, die Größe und die Würdigkeit eines Volks liegt in den kernhaften Elementen, welche es bilden, und wir fordern von jeder Regierung, daß sie ihre Aufmerksamkeit ganz besonders diesem Punkte zuwendet; ihre Selbsterhaltung, ihre Ehre und ihre Pflicht fordern es. Ein frivoles Volk ist eben so verachtungswürdig als ein schlaffes, knechtisches, dummes Volk.*)

*) Die Wahrheit dieser Ansicht hat sich, seit wir jene Worte nieder-

Ganz entschieden stellen wir uns auf die Seite des Fortschrittes, das heißt: eines reformatorischen.

Es giebt gewisse Naturgesetze, die keine irdische Macht zu ändern vermag; zu diesen gehört der Fortschritt. In dem großen und liebevollen Schöpfungs-Plane Gottes liegt ein unendlicher Entwickelungskeim verborgen, dessen Zweck die Veredlung des Menschengeschlechts und die Verbesserung ihrer Zustände ist. Zwar wird es dem mit Freiheit begabten Menschen gestattet, eine Zeitlang diesen Willen zu verkennen, ihn gedankenlos zu verachten, ja ihm zu trotzen, allein es ändert in dem Plane selbst und dem festen Ziele nichts und ein fortgesetztes Widerstreben führt am Ende immer zur gewaltsamen Sprengung der Hindernisse, und in Folge dessen oft zu einer Umwälzung alles Bestehenden. Von dieser Wahrheit durchdrungen, erklären wir uns für den Fortschritt und zwar für einen gleichmäßigen nach allen Richtungen hin, sowohl in der Erkenntniß wie in der Verwaltung des großen Staatsmechanismus, sowohl in der geistigen wie der materiellen Entwickelung, sowohl in den politischen wie den socialen Verhältnissen; denn aus dem Ineinandergreifen alles Lebens und der Bewegung, die aus ihm folgt, wird erst ein vollkommenes Ganzes.

Wenn wir von diesen allgemeinen Ansichten zu den spe-

---

schrieben, recht bethätigt. Das kräftigste Volk auf Erden ist das englische; daher hat es in wenigen Monaten große Dinge vollbracht im Innern und nach Außen. Eine Hand voll Engländer haben 300 Millionen klugen, industriösen, mit vielen Vorzügen ausgestatteten Chinesen, von seinen tapfern Unterdrückern vertheidigt, einen schimpflichen Frieden abgezwungen; warum? weil es ein schlaffes, verweichlichtes, treuloses Volk ist. Wer will nicht lieber constitutioneller König freier Engländer als Kaiser der Chinesen sein?

ciellen übergehen, so verlangen wir für alle Glieder der Gesellschaft Gerechtigkeit, unbedingte religiöse Freiheit und eine Gleichheit in den Ansprüchen; keine Barriere darf bestehen, welche der Benutzung der geistigen und physischen Thätigkeit Grenzen zieht. Dagegen erscheint uns die Forderung einer allgemeinen Gleichheit der Zustände, einer idealen Gleichheit, als ein Wahnsinn; sie streitet gegen die Natur und gegen die höhere Ordnung der Dinge, in der die Ungleichheit Gesetz ist.

Die Verschiedenheit der Stände halten wir für eben so nothwendig, wie die Verschiedenheit der Stellungen der Menschen in der Gesellschaft.

Fünf aristokratische Fraktionen streiten sich um den Einfluß: die Aristokratie des Grundadels, die des Geistes, die der Industrie, der Beamten mit der Feder und mit dem Schwert und die des Geldes, (des Mammons); wir erklären uns für die drei ersten Classen, in so fern ihr Einfluß zum Besseren führt, es der Einfluß der Besten ist, und glauben, daß ihre Stellung neben einander die Freiheit schützt, die Intelligenz schärft, die Wissenschaft, die Künste und die Industrie fördert.

Amen.

Preußen und seine Verfassung.

In dem ersten Theile dieses Werks sind bereits die Vorzüge der ständischen Monarchie mit berathenden Kammern hervorgehoben und das Prinzip angegriffen, auf welches die constitutionellen Monarchien gebaut sind. Diese Ansicht wird von Vielen bekämpft. Die vorgefaßte Meinung hat noch immer tiefe Wurzel gefaßt, nur durch eine Theilung der Staatsgewalten und durch Volksvertretung könne der Nation eine Bürgschaft gegen die Willkür und den Despotismus von oben gewährt werden, ja der Irrthum geht so weit, in der Schwächung der Macht der Regierung eine Sicherung der Freiheiten der Völker zu suchen. Wenn es nun keinem Zweifel unterliegt, daß bei dem vorgeschrittenen Zustande der Gesellschaft ein auf haltbaren Grundlagen geordneter Rechtszustand zwischen Fürsten und Volk die Bedingung der Sicherheit und des Glücks des Landes und seiner Bewohner ist, so steht es eben so gewiß fest, daß die Macht des Staats nach außen und die Ruhe im Innern davon abhängt, daß die angenommene Verfassung auf einem Prinzip beruhe, das geeignet ist, die Interessen des Herrschers und der Nation auf das Innigste zu verschmelzen, und auf der einen Seite der Regierung die Stärke zu lassen, deren sie bedarf, um die Rechte des Einzelnen wie die Wohlfahrt des Ganzen zu schützen, und auf der andern die wahren Bedürfnisse der Nation mit Berücksichtigung des Bildungsgrades, in welchem sie sich befindet, zu würdigen.

Der große Controverspunkt, welcher noch immer halb Europa bewegt, betrifft die Verfassungs-Fragen; über das Ziel ist man einiger als über die Wege es zu gewinnen. Es würde thöricht sein, behaupten zu wollen, die Rechtsverhältnisse zwischen den Fürsten und Völkern Europa's müßten nach irgend einem Normalmaaß zugeschnitten werden; allein eine Regel bleibt es, da, wo die Verhältnisse eine Umwandlung der Verfassung oder einen weiteren Ausbau derselben fordern, von einem richtigen und festen Princip auszugehen; denn wo dies nicht der Fall ist, bleiben alle Gefahren einer gewaltsamen Umwandlung in Aussicht. In Preußen hat sich der Monarch für ständische Repräsentation ausgesprochen und will, ohne sich der Macht zu entäußern, seinem Volke nur eine berathende Stimme gewähren. Vielen scheint dies nicht den Anforderungen der Zeit zu entsprechen, besonders findet man in einer blos berathenden Stände-Versammlung keine zureichende Bürgschaft für die Bewahrung der heiligsten Interessen der Nation, und glaubt diese allein in Kammern, mit bewilligenden Befugnissen versehen, zu finden.

Die wichtige politische Frage, welche wir nun im Verlauf dieser Betrachtungen zu prüfen haben, wird sein:

Ist eine Theilung der Staatsgewalt nothwendig, um das Volk gegen die Willkür zu schützen, und führt diese sicher dem gewünschten Ziele entgegen, oder ist dasselbe auch ohne diese Schwächung der monarchischen Gewalt zu erreichen, und unter welchen Bedingungen?

Unter den großen Mächten, welche dem ersten Princip gehuldigt haben und wo es zur vollen Entwickelung gekommen ist, steht Frankreich oben an. Schon in dem ersten Theile dieses Werks haben wir die traurigen Resultate geschildert, welche dort die darauf gebaute Verfassung bis jetzt gehabt hat; wir wollen auf diese nicht zurückgehen, sondern untersuchen, warum diese keine andere als schlechte Früchte tragen konnte.

Das Symbol der französischen Constitution ist der Freiheitsbaum, er ist in jeder Hinsicht ein sehr sprechendes derselben. Ein lebloser Baum ohne Wurzeln, der Repräsentant einer Idee, ein Baum, der keine Zweige zu treiben, keine Früchte zu tragen vermag. Die französische Verfassung ist ein Produkt der furchtbarsten Revolution, welche die Geschichte uns mitzutheilen hat; aus der Theorie entsprungen, ist sie auf den Trümmern alles Bestehenden errichtet. Der Grundgedanke dieser Verfassung ist eine ideale Gleichheit und Freiheit, und in der Consequenz davon wird die Souverainität als im Volkswillen vorhanden gedacht. Um diese Gleichheit und Freiheit gegen die Regierung zu schützen, sind Beschränkungen eingeführt, welche ihre Kraft völlig lähmen, und sie zwingen, sich immer den Parteien selbst anzuschließen, um durch sie in der Macht zu bleiben.

Die legislative Gewalt wird dort zunächst durch das Organ der Wahlkörperschaften, Deputirtenkammer genannt, repräsentirt. Diese bildet die erste und wichtigste der drei Staatsgewalten; ihr steht eine doppelte Befugniß, eine zustimmende und eine Antrag stellende zu. Beide Befugnisse hat auch die erste Kammer so wie der König, in dessen Händen auch die ausübende Gewalt gelegt ist, die jedoch von verantwortlichen Ministern, aus der Majorität der zweiten Kammer hervorgegangen, geführt wird. Da nun die beiden Kammern und der Bürgerkönig die Befugniß zur Antragstellung und zur Zustimmung haben, so kann jeder Akt nur durch die Uebereinstimmung der drei Staatsgewalten seine Gültigkeit erhalten.

Aus dieser Theilung der Macht geht nun hervor, daß jede der Staatsgewalten zwar eine selbstständige Stellung habe, ihre Hauptwirksamkeit jedoch nur in der Negation beruhe, daß mithin keiner von ihnen irgend eine eigene Wirksamkeit zustehe, sondern ihre Hauptstellung immer eine den andern entgegenstrebende sei.

Die Begründung der drei großen Körperschaften und die schroffe Sonderung, in der sie sich befinden, schließt jede staatsrechtliche Geltung aller einzelnen Bestandtheile der Nation als selbstständiger Körperschaften aus, da diese, wenn sie wirklich eine solche hätten, auch ihren Willen geltend zu machen befugt wären, wodurch sie in Widerspruch gerathen würden mit dem einzigen und untheilbaren Willen des Volks, dessen Repräsentant die Deputirten-Kammer ist. Wenn wir nun die nächsten Folgen einer solchen Verfassung betrachten, so finden wir, daß statt der zum Wohl des Ganzen so nothwendigen Vereinigung des Volks und der Regierung eine Trennung beider verfassungsmäßig organisirt ist, und daß, um die Uebergriffe der einzelnen isolirt dastehenden Machtdepositarien zu hindern, eine Hemmung besteht, die zugleich auch jedem Fortschritt Fesseln anlegt. Wir finden ferner, daß, um der Gefahr vorzubeugen, welche nothwendig entstehen müßte, wenn dem ganzen Volke ein unmittelbarer Antheil an der Gewalt eingeräumt würde, man durch die Einführung eines Wahlcensus in Frankreich die Berechtigung auf etwa 210,000 Personen oder den 166sten Theil der Nation beschränkt hat, und der 165 Mal größere Theil des souverainen Volks von jedem Antheil an der legislativen Gewalt ausgeschlossen bleibt.

Um nun diese große Masse des Volks dafür zu entschädigen, daß sie im Widerspruch mit der Grundidee der Verfassung nicht souverain sei, noch diejenigen, die in ihrem Namen die Souverainität üben, wählen dürfe, hat man die Freiheit der schriftlichen Rede durch die Verfassung als Fundamental-Gesetz proklamirt. Hierdurch wird die Uneinigkeit und Mißstimmung nur noch gefördert, denn durch die freie Presse erfährt das Volk, wie es getäuscht wird, und wie wenig seine angeblichen Repräsentanten oft an die materielle Wohlfahrt derer denken, die sie zu vertreten bestimmt sind, wenn sie auf eine oft höchst unverantwortliche Weise mit dem Vermögen des Landes umgehen und den einflußreichen Klassen der Wähler Monopole zusichern, welche die Industrie der andern niederdrücken und die Gesammtzahl der Consumenten beschatzen.

Wenn nun in der constitutionellen Monarchie dem möglichen Mißbrauch der Macht des Herrschers durch Theilung der Gewalt Schranken gesetzt sind, so opfert man dieser einen Rücksicht alle übrigen. Der großen Masse und namentlich den untersten Klassen des Volks sind diejenigen Verhältnisse, die es am nächsten berühren, die wichtigsten; in diesen sich frei und selbstständig bewegen zu können, wie dies die ständische Monarchie erlaubt, ist ihm oft mehr werth, als ein Antheil an der höhern Landes-Regierung, von welcher es nichts versteht.

In dem constitutionellen Staate ist ihm dies aus Gründen, welche wir vorher erwähnt haben, versagt, allein wenn es sich auch endlich mit der Verfassung vereinigen ließe, dem Volke mehr Rechte einzuräumen, so würde es schon deshalb gefährlich sein, weil dort die Regierung zu schwach ist, um nicht in dem Augenblicke ihrem Umsturz entgegen zu gehen, wo dem Volke größere Freiheiten eingeräumt würden.

Letzteres ist nur da möglich, wo, wie in der ausgebildeten ständischen Monarchie, die Regierung stark bleibt und die Verfassung mit den Interessen und dem Bildungsgrade des Volks im Einklange steht, mithin von ihm begriffen wird. Die constitutionellen Regierungen, nach dem Muster Frankreichs, müssen, da in ihnen die Volksfreiheiten auf Täuschung beruhen, immer willkührlich in der Verwaltung bleiben; es liegt die Nothwendigkeit dazu in der Idee, der sie ihr Dasein verdanken.

Allein eine Regierung, die in ihrem Innern zerrissen ist, kann auch nie stark nach außen sein, denn die Kraft liegt in der Einheit. Auch hiervon gibt Frankreich den Beweis. Das Kaiserreich Frankreich bedrohete Europa mit einer Universalmonarchie; das jetzige constitutionelle Frankreich führt keine Hegemonie mehr im Rathe der europäischen Fürsten, und der Einfluß, den es noch hat, dankt es der Besorgniß der übrigen Mächte, nicht etwa die Eitelkeit der französischen Nation zu reizen und dadurch einen Krieg herbeizuführen. Wenn wir auch annehmen wollen, daß bei der Beschränkung der Macht des französischen Königs diesem keine Uebergriffe möglich sind, und wenn er sie versuchen sollte, ihn das Loos Carls X. treffen würde, so stehen, wie vorhin gesagt, die Opfer, die dieser Befürchtung gebracht worden, in keinem Verhätniß zu dem bezweckten Resultat.

Wenn wir uns nun zu der zweiten Frage wenden, ob ohne so große Opfer zu bringen als die constitutionellen Verfassungen sie fordern, dasselbe Ziel, Sicherheit der geistigen und materiellen Interessen und Freiheit des Volks, in der ständischen Monarchie erreicht werden könne, wenn den Ständen nur eine berathende Stimme mit gewissen legislativen Befugnissen eingeräumt wird, so scheint dies keinem Zweifel zu unterliegen.

In den Constitutionellen liegt der Schutz der Erhaltung in den verfassungsmäßigen Freiheiten, in dem Veto der Kammer, in dem Steuer-Verweigerungs-Rechte, in der Verantwortlichkeit der Minister, in der Appellation an die physische Gewalt des Volks; der berathenden ständischen Kammer stehen dagegen nur Vorstellungen und Protestationen zu Gebote, sie beruft sich auf die Heiligkeit der Verträge, auf die Gerechtigkeit des Herrschers, sie appellirt an die Macht der öffentlichen Meinung und den moralischen Eindruck, den dieses hervorbringt.

In den constitutionellen Monarchieen nimmt ausschließlich nur eine Fraktion des Volks, die der Vermögenden, Theil an der Wahl, die Masse bleibt direct unbetheiligt dabei, es ist vielleicht eine ganz andere Stimme als die ihrige, die sich in den Kammern vernehmen läßt, die der Privilegirten. Dagegen in der strengen, nach dem Princip der ständischen Monarchie ausgebildeten Verfassung, in welcher allen Interessen eine Vertretung angewiesen worden ist, gehen die Berathungen von den einzelnen Theilen des ganzen Landes aus, und wenn diese befugt sind, ihre Stimmen hören zu lassen, so ist es die Stimme des ganzen Volks, und hat daher einem alten Sprichworte gemäß, welches die Vox populi als Vox dei bezeichnet, unendlich mehr Gewicht.

Wenn wir einige Jahrhunderte zurückblicken, so finden wir, namentlich in Deutschland und in vielen Provinzen der preußischen Monarchie, Stände, mit deren Zustimmung nur die Gesetze gegeben und die Steuern bewilligt werden konnten.

Diese Vorrechte waren nicht ausreichend, sie in dem Besitze derselben zu schützen. Wenn nun nach dem Grunde des Dahinscheidens der ständischen Macht gefragt wird, so ist dieser leicht aufzufinden. Die frühere Verfassung beruhte auf Kasten-Wesen, also auf Abgeschlossenheit und Einseitigkeit; es entwikkelte sich aber außerhalb derselben allmählig eine neue Klasse im Volke, der Mittelstand, welcher sich durch das Vermögen, welches er sich erwarb und durch seine geistige Ausbildung zu einer Bedeutung erhob, deren sich die Fürsten nun bedienten, um die Vorrechte der alten Stände zu vernichten; dies gelang vollkommen, weil ein ganzer und so einflußreicher Stand ausgeschlossen war. Die Nutzanwendung hiervon ist leicht gemacht; nicht in der Ausdehnung der Rechte allein liegt die Sicherheit ihrer Bewahrung, sondern in der allgemeinen Garantie, welche im Hintergrunde steht. Es ist nicht zu leugnen, daß bei Beurtheilung der Frage, ob blos berathende Stände der Verfassung einen Schutz gewähren können, selbst wenn sich die allgemeine Stimme auf die Seite der Bittenden schlüge, nicht nur auf die bestehenden Verhältnisse des Landes Rücksicht genommen werden müßte, sondern auch auf den Geist des Zeitalters selbst. Was den letztern Punkt betrifft, so ist es nicht zu verkennen, welche Macht in der öffentlichen Meinung liegt, die sich nicht auf einen Ort oder auf ein Land begrenzt, sondie ganze civilisirte Welt umfaßt. Wenn in Frankreich ein Kampf zwischen den mit gleicher Macht gewaffneten Staatsgewalten entsteht, so wird, es siege der eine oder der andere

Theil, die öffentliche Meinung sich je nach den politischen Ansichten, zu welchem sie sich bekennt, auch theilen, und dadurch ihren Einfluß neutralisiren; wenn aber ein Fürst die Verfassung seines Landes den berathenden Ständen gegenüber verlegt, oder dies der Verwaltung zu thun erlaubt, so trifft ihn der allgemeine Tadel, nicht nur des eigenen Volks, sondern auch aller andern civilisirten Länder; welcher Fürst wird sich diesem aussetzen wollen? Ja was noch mehr ist, ein solcher Schritt würde seine Macht weit mehr schwächen, als er durch Willkür-Herrschaft an solcher zu gewinnen hoffen könnte; denn der Fürst, welcher mit seinen Unterthanen in Uneinigkeit geräth, wird auch im Auslande für schwach gehalten. Was nun den ersten Punkt, die Entwickelung der bestehenden Verhältnisse des Landes selbst betrifft, so bedarf das preußische Volk in dieser Beziehung am wenigsten eine größere Garantie als berathende Stände gewähren. Seine Bürgschaft liegt nicht allein in dem Gefühl für Recht, welches seinen Regenten angeboren ist, sondern auch in dem Umstand, daß Preußen durch die Einigkeit von König und Volk nur groß und mächtig wird, und daß es unmöglich scheint, der preußische Monarch könne diese jemals aufgeben. Das preußische Volk, ganz abgesehen von der Verehrung seines jetzigen Beherrschers, bewahrt den festen Glauben, daß, wenn durch die Huld desselben ihm verfassungsmäßige Rechte eingeräumt sein werden, ihr sicherster Schutz gegen die Verletzung derselben in der Befugniß liegt, ihre Reclamationen jederzeit zu den Füßen des Thrones niederlegen zu können.

Doch wir wollen für jetzt diesen Gegenstand verlassen und zur weitern Entwickelung der ständischen Verfassung in Preußen übergehen.

In dem ersten Theile dieses Werks haben wir den Leser mit dem Fundament und den wesentlichen Bestandtheilen der Preußischen Verfassung bekannt gemacht, so weit sie jetzt besteht, und gezeigt, daß der Grundbau derselben im Allgemeinen billigen und gerechten Ansprüchen vollkommen entspricht, daß jedoch in Hinsicht der Vollendung des Baues noch Manches zu wünschen bleibt. Wir haben auch in Hinsicht der Punkte, wo die Verfassung mangelhaft erscheint, Andeutungen gegeben, indessen aus Ursachen, die wir schon an andern Orten bezeichnet haben, es uns vorbehalten, die gelassenen Lücken weiter auszuführen.

Der erste Gegenstand, der eine genaue Erwägung fordert, ist — bedarf Preußen einer völlig abgeschlossenen Verfassung, und aus welchen Gründen bedarf es derselben?

Jeder, welcher mit einiger Aufmerksamkeit und Unbefangenheit dem Gange der Begebenheiten seit dem Jahre 1789 gefolgt ist, und die gewaltigen Veränderungen kennt, welche diese auf den Geist der Völker gehabt haben, wird die Nothwendigkeit einsehen, die Rechte und Pflichten des Herrschers und der Regierten nicht in Frage zu lassen, sondern eine feste Bestimmung herbeizuführen. Je schärfer die Grenzen der Befugniß des einen oder des andern gezogen sind, um so gesicherter ist die Ordnung der Dinge, denn nichts ist conservativer als die Gesetzlichkeit. Die Frage, ob Preußen überhaupt einer Verfassung bedürfe oder nicht, ist vom Monarchen selbst zum voraus entschieden; indessen giebt es immer noch Stimmen, die theils aus einer Unklarheit des Gedankens, theils aus blindem Vorurtheil, theils aus einer gewissen Befangenheit sich dagegen erheben und meinen, Preußen bedürfe keiner solchen; es habe sich bisher ohne diese sehr wohl befunden und die Sicherheit der Krone sei dadurch keineswegs gefährdet worden; es heiße den Anmaßungen eines ultra-liberalen Zeitgeistes zu viel nachgeben, wenn der König seinem Volke gleichsam eine Verfassungs-Urkunde ertheilen wolle. Es ist wichtig, den Werth dieser Ansicht zu prüfen; sie besteht nicht nur im Lande selbst, sondern wird auch vielleicht in den höchsten Kreisen des Auslandes und selbst auf gewissen Punkten in Deutschland getheilt, und könnte daher möglicher Weise die Schwierigkeiten einer vorurtheilsfreien Ordnung der Verfassungs-Angelegenheit vermehren.

Die verschiedenen Provinzen, welche jetzt den preußischen Staat bilden, haben ohne alle Ausnahme in der Vorzeit eine sehr freie ständische Verfassung gehabt, ja die Rechte der Stände waren in den alten Provinzen so umfassend, daß sie bis zur Regierung des großen Kurfürsten, welcher diese beschränkte, die Macht der Regierung selbst bis zur Ohnmacht schwächten; indessen verblieben bis auf die neuesten Zeiten, besonders dem

Adel große Vorrechte. Beim Antritt der Regierung des vorigen Königs war z. B. dieser noch steuerfrei. Im Jahre 1799 gleich nach seinem Regierungsantritte forderte er in seinem Reiche zuerst die pommersche Ritterschaft auf, ihrer Steuerfreiheit freiwillig zu entsagen; dies geschah und die übrigen Provinzen folgten diesem Beispiele. Zum Beweise schalten wir das Cabinetsschreiben des Königs an die pommersche Ritterschaft wörtlich hier ein, welches in dieser Beziehung als historisches Document hier wohl einen Platz verdient:

„Von den Vor- und Hinter-Pommerschen Landständen, „die bei allen großen Gelegenheiten den Patriotismus „und die Liebe zu ihrem Landesherrn bewährten, welche „von jeher das Erbtheil ihrer Väter waren, konnte sich „nichts Anderes erwarten lassen, als daß sie freudig, das von „ihnen verlangte Opfer der Verzichtleistung auf die bisherige Accise-Freiheit in Ansehung fremder Waaren „dem höhern Bedürfnisse des Staats bringen würden; „die von ihnen deshalb überreichte schriftliche Erklärung „vom 25. d. M. ist ein neues schönes und bleibendes „Denkmal der Pommerschen National-Tugenden. Sie „wird ihrem Landesherrn ewig unvergeßlich bleiben, und „Ich werde bei jeder Gelegenheit, nicht blos durch Schutz „und Schirm ihren wohlgegründeten Gerechtsamen, sondern auch auf alle andere Weise an den Tag legen,

„daß ich die unwandelbare Treue und Liebe der braven „Pommern verdiene, als ihr gnädiger König.“*)

Berlin den 26. März 1799.

An
die Vor- und Hinter-Pommerschen
Landstände
zu Stettin.

Friedrich Wilhelm.

---

*) Gegen die unwahren und unwürdigen Anfeindungen und Beschuldigungen, welche von manchen Seiten her dem Adel der alten preußischen Provinzen gemacht worden sind, daß er nach Unterdrückung der übrigen Stände und Befreiung seiner selbst von den Steuern jederzeit gestrebt habe und noch strebe, ist es hier der Ort ein für alle Mal zu antworten und dem gesammten Deutschland nicht allein zu sagen, sondern auch durch obiges Document zu beweisen, wie ehrenwerth dieser sich bei jeder Gelegenheit bewiesen habe. Seine Hingebung im Kriege für König und Vaterland bedarf keines Commentars und ist zu bekannt; allein auch in seinen staatsbürgerlichen Verhältnissen hat er sich immer ausgezeichnet. Wir wollen nicht darauf zurückgehen, daß in den früheren Zeiten der Adel der Mark und Pommerns die jetzige Grundsteuer selbst bewilligte, während sie in den andern Provinzen größtentheils durch die Macht des Eroberers auferlegt ward. Auf das Recht der Accisefreiheit verzichtete er freiwillig, weil er fühlte, daß es ungerecht sei, nicht zu den Staatslasten beizutragen. Im Jahre 1807 erfolgte die Aufhebung der Leibeigenschaft, des Dienstzwanges, durch welchen er befugt gewesen war, die Hofknechte und Mädchen für einen ganz unbedeutenden Lohn anzunehmen. Es hat sich, zur Ehre des preußischen Adels sei es gesagt, keine Stimme dagegen erhoben. In der Folge der weiteren Gesetzgebung hat er alle seine früheren Prärogative und mehrere nutzbaren Rechte eingebüßt und überdem die Hälfte der ihm eigenthümlich gehörigen Bauernhöfe an die zufälligen Pächter derselben als Eigenthum abtreten müssen, um dadurch diesen dritten Stand zu dotiren. Auch hiergegen ist, einzelne specielle Reclamationen derjenigen abgerechnet, die dadurch ganz zu Grunde gerichtet wurden, kein Widerspruch erfolgt. Die in der großen Menge verbreitete Ueberzeugung, daß solche Opfer des allgemeinen Bestens wegen nöthig seien, und die richtige Einsicht, daß die

Durch die Gesetzgebung vom Jahre 1808 bis 1815 und namentlich durch das sogenannte Gendarmerie-Gesetz wurde nun die frühere ständische Repräsentation und überhaupt fast die ganze damalige Verfassung aufgehoben; indessen lag dieser Aufhebung keineswegs die Absicht zum Grunde, Preußen in

---

Wohlfahrt der Einzelnen von dem Gedeihen des Ganzen am sichersten bedingt würde, so wie die Verehrung gegen den Monarchen und sein Haus haben diese Hingebung bewirkt und verdienen gebührende Anerkennung, welche ihnen die Geschichte aller gehässigen Verläumdungen mancher Zeitgenossen zum Trotz zollen wird. Was wir hier eben angeführt haben, ist thatsächlich, landeskundig und über allen Zweifel, und beweiset mehr Freisinnigkeit als darin liegt, einen Stand zu befeinden, zu verdächtigen und zu verläumden, der bewiesen hat, daß die großen Lehren der Zeit nicht unnütz an ihm vorüber gegangen sind. Inzwischen müssen wir hier noch eines Punktes erwähnen, der im Auslande mißverstanden und von einer gewissen Seite her vielfältig benutzt wird, die Provinzen der Monarchie gegeneinander zu verdächtigen.

Er wird nämlich oft behauptet und auch neulich ist es unter Anderem in mehreren Aufsätzen der sonst so schätzbaren Viertel-Jahresschrift geschehen, daß die Mark und Pommern im Verhältniß zu den andern Provinzen eine zu geringe Grundsteuer zahlten, daß die dort bestehende Grundsteuer fast nur von den Bauern getragen würde, und daß die Rittergutsbesitzer noch immer ihre Steuerfreiheit zu behaupten suchten. Abgesehen davon, daß die Grundsteuer bei ihrer ersten Auflage eine ungleiche und willkürliche Kapitalsberaubung und keine Steuer war, und daher ganz außerhalb der Steuerbefugniß des Staats liegt, so sind auch alle obigen Behauptungen unrichtig, wie wir bei dem Abschnitt über die Grundsteuer das Nähere nachweisen werden, wo wir auch darauf aufmerksam machen, wie unrichtig in jenen Aufsätzen die Zahlen sind, auf welchen sich das Raisonnement stützt. Man hat in einem ehrenwerthen Blatte vorlängst den Gedanken ausgesprochen, es wäre wünschenswerth gewesen, wenn wir, ehe wir unser Werk über Verfassung geschrieben, jene Aufsätze in der Vierteljahres-Zeitschrift gelesen hätten; wir glauben, der Verfasser derselben wird bedauern, uns nicht gelesen zu haben, bevor er die Feder ergriff.

eine absolute Monarchie in dem Sinne zu verwandeln, daß der jedesmalige Wille des Monarchen und seiner Diener das Gesetz sein sollte, sondern die Aufhebung erfolgte mit der Erklärung, dies geschehe, weil die frühere Verfassung durchaus nicht mehr zeitgemäß sei und mit der bestimmten Zusicherung, der König werde seinem Volke etwas Besseres an deren Stelle ertheilen, welche Zusicherungen zu verschiedenen Zeiten und in ganz bestimmten Ausdrücken bekanntlich öfters wiederholt sind.

Wenn nun der vorige König durch das Gesetz vom Jahre 1823 die Provinzialstände von Neuem belebte und der jetzt regierende König durch die Cabinetsordre vom 1. März 1841 und durch die vom 20. Juni 1842 die Befugnisse der Stände erweiterte, so ist dies nicht als eine Concession zu betrachten, welche den ultraliberalen Ansichten der Zeit gebracht wird, sondern als ein Beweis, daß der hochherzige Monarch die Bedürfnisse seines Volks und die Interessen seiner Krone richtig zu würdigen weiß, daß ihm die Verheißungen seines Königlichen Vaters heilig sind und daß er deshalb den Wiederaufbau eines baufällig gewordenen und deshalb abgetragenen Gebäudes in seiner Gerechtigkeit und Liebe beschlossen hat.

So wenig nun der preußischen Verfassung eine gewisse historische Begründung mangelt, eben so wenig kann die Vollendung derselben weder den großen Nachbarstaaten*) noch Ein-

*) Wenn diese sich wirklich darüber besorglich äußern sollten, daß der preußische Monarch die innern Verhältnisse seines Reichs befestigt und das Band mit seinem treuen Volke enger knüpft, so scheint dabei das In-

zelnen im Volke besorglich erscheinen, im Gegentheil, es würde eher bedenklich sein, wenn diese nicht oder doch auf eine Weise erfolgte, durch welche weder die monarchische Form für die Zukunft gesichert, noch die billigen Anforderungen des Volks befriedigt würden. Die Entwickelung der jetzigen gesellschaftlichen Zustände in Europa lassen dem Absolutismus und dem Regiment der Willkür keine Aussicht, sich auf die Dauer fest zu setzen. Am wenigsten wäre die Einführung desselben in Deutschland möglich. Alle germanischen Volksstämme haben sich von den ältesten Zeiten her einer freien Verfassung, einer väterlichen Regierung erfreut und sich durch die Verehrung ihrer Fürsten dessen würdig gemacht, und außerdem ist denselben in der neuern Zeit durch die Bundesakte eine freie ständische Verfassung, ein geordneter Rechtszustand zugesichert.

Der Gedanke an eine willkürliche Regierung kann daher keine Wurzel fassen und es werden die Stimmen in Preußen, die nach einer solchen verlangen, immer nur vereinzelt bleiben. Dagegen glauben Andere, es sei gut, sich in einer gewissen Halbheit zu halten, dem Lande etwas Weniges von Verfassung zu ertheilen, nur so viel, daß man es allenfalls, wenn es unbequem würde, wieder zurücknehmen könne. Ein solches Spiel zu treiben scheint mehr als gewagt, denn die Verhältnisse der Regierung zum Volke sind zu ernst, um daraus einen Spiel-

---

teresse für Preußen nicht vorherrschend zu sein; sie würden zu andern Zeiten auch rathen, das Heer zur Ersparung der Kosten nicht mobil zu machen.

ball zu machen, und überhaupt giebt es in allen Beziehungen nichts Tadelnswertheres als die Halbheit. Die Bedingung aller socialen Verhältnisse ist die Unterordnung des Willens der Einzelnen unter allgemeine feste Gesetze. Wenn nun den Fürsten die Aufgabe geworden ist, den gesetzlichen Zustand aufrecht zu erhalten, so setzt dies doch das Vorhandensein solcher Bestimmungen voraus, in welchen nothwendig auch der Umfang ihrer eigenen Befugnisse und Pflichten fest bestimmt sein muß. Fehlen sie, so entbehrt die Regierung der Hauptstütze, auf welcher sie ruht, und zugleich der moralischen Kraft, welche aus der innigen Vereinigung von König und Volk hervorgeht, und welche den Thron gegen den Partheigeist, den Ehrgeiz und den Egoismus zu schützen vermag.

Wenn daher in einem Reiche, wie Preußen, die großen Veränderungen, welche die socialen Zustände unseres Zeitalters erfahren haben, eine Umformung der Verfassung nöthig machen, so liegt es in dem dringendsten Interesse, damit nicht zu säumen. Zwar tritt dieser Ansicht noch eine letzte entgegen, die es für besser hält, wenn die Verfassung sich langsam aus dem Kampfe der Parteien entwickelt, und die daher räth, man sollte sich nicht mit dem Schluß beeilen, um weiterhin Abänderungen eintreten lassen zu können. Diese Ansicht hat mehrere Verfechter, wenngleich aus sehr verschiedenen Gründen. Sie gehört zum Theil denen an, die den Stand der Dinge nicht zu begreifen vermögen. Der Grundbau unserer Verfassung hat die früheren Streitpunkte zwischen den Ständen und

Rechtszuständen ausgeglichen. Einen eigentlichen Parteienkampf giebt es nicht mehr; zwischen dem Könige und seinem Volke herrscht die glücklichste Harmonie, und damit sie auch für die Zukunft ungestört bleibe, muß sie eine verfassungsmäßige Grundlage erhalten. Andere wieder, welche Gegner der ständischen Monarchie sind, fürchten, daß, wenn diese sich vollkommen befestigt und in der Gesinnung der Nation noch mehr Wurzel gefaßt habe, man jede Hoffnung auf eine constitutionelle Verfassung wird aufgeben müssen. Alles dieses spricht nicht gegen, sondern für den Schluß der Verfassungsfrage. Dazu kommt, daß das Princip durch den Willen des Monarchen im Einverständniß mit der großen Mehrzahl seines Volkes feststeht, und daß mithin jedes Zaudern nur den Anschein eines Schwanken im Princip selbst verrathen würde, in welchem man zu weit vorgegangen ist, um es aufgeben zu können. Je näher nun der Augenblick der wahrscheinlichen endlichen Entscheidung kommt, um so wichtiger ist es, alles Material zu sammeln, welches zur Vervollständigung des innern Ausbaues nöthig scheint, und vor Allem die Punkte zur Sprache zu bringen, welche noch die öffentliche Meinung trennen.

Im ersten Theile haben wir es ausgesprochen, weshalb berathende Provinzialstände allein nicht im Stande sind, die allgemeinen Interessen des Landes zu vertreten, und weshalb eine Versammlung des Ausschusses aller Provinzen dringendstes Bedürfniß sei. In der Königlichen Cabinetsordre vom

19. August 1842, durch welche die allgemeinen Ausschüsse zusammenberufen sind, wird wörtlich gesagt:

„Die selbstständige Wahrnehmung der Interessen der einzelnen Landestheile ist durch die Provinzial-, Communal- und Kreisständische Verfassung genugsam gesichert, aber es fehlte bisher noch an einem Vereinigungspunkt, um die Ausgleichung abweichender Interessen da wo eine solche sich für das Gesammtwohl des Staats als nöthig erweiset, herbeizuführen, und die Mitwirkung ständischer Organe bei allgemeinen Maßregeln in Fällen zu beschaffen, wo der Landesherr sie auf möglichst kurzem Wege nöthig erachtet. Dieser Vereinigungspunkt ist nunmehr in den Ausschüssen gegeben."

Diese Worte des Monarchen haben sein Volk doppelt hoch erfreut; einmal wird in diesen der wichtige Punkt entschieden, daß allgemeine Berathungen stattfinden sollen, wenn in den wichtigen Angelegenheiten der Monarchie der König ein reifes Gutachten von der Majorität seines Volks erhalten wolle, zum andern haben auch jene Worte freudige Hoffnungen erweckt, wo gesagt wird: „Die Vereinigung der Ausschüsse ist eine Entwickelung der ständischen Institution, wie solche von Meines hochseeligen Herrn Vaters Majestät in reiflicher Erwägung des Bedürfnisses seines Volks und seiner Länder gegeben ist, indem sie den ständischen Beirath der einzelnen Provinzen durch ein Element der Einheit ergänzt."

Unverkennbar glaubt man hier eine Bürgschaft zu finden,

daß der Monarch die Verheißungen des Königlichen Vaters als ein Vermächtniß betrachtet, dessen Lösung er sich nicht entziehen wolle, woran auch ohne dies Niemand gezweifelt hat.

Einer der wesentlichsten Vorwürfe, die man der bisherigen ständischen Repräsentation macht, trifft die Bevorzugung des Grundbesitzes bei dieser, während die übrigen Interessen zurückgesetzt erscheinen. Obgleich dieser Vorwurf übertrieben ist, da in Preußen jetzt schon verhältnißmäßig eine weit größere Zahl der Bürger an der Vertretung Theil nimmt, als in andern constitutionellen Staaten und namentlich in Frankreich, so hat er doch eine gewisse Begründung; sie findet sich aber nicht in dem Princip, sondern in der Anwendung desselben. Die ständische Repräsentation ist die der Interessen, nicht aber der Interessen eines einzelnen Standes, sondern der Interessen überhaupt.

Wenn nun in unserer jetzigen Verfassung von diesem Grundsatz abgewichen ist, und nur die verschiedenen Classen der Grundbesitzer in Land und Stadt Antheil an der Vertretung haben, so findet sich hierin eine Abweichung vom Princip. Allerdings gebührt der wichtigsten und zahlreichsten Klasse der Nation, den Grundbesitzern als Inhabern des unbeweglichen Vermögens, eine Hauptstimme, aber keineswegs die alleinige.*)

*) Schon in dem ersten Theile der Schrift haben wir darauf hingewiesen, daß den Städten und ihren Bewohnern ein größerer Antheil an der Repräsentation gebühre, und wir treten daher hier nicht in Widerspruch mit unserer Ansicht.

Die drei grossen Hebel, auf welchen die materielle Wohlfahrt des Landes ruht, sind Grund und Boden, Capital und Arbeit: Allen dreien muß in einer Repräsentation der Interessen eine Vertretung bewilligt werden.

Bei der ersten Formation der Provinzialstände war nur den städtischen Grundbesitzern ein Stimmrecht und eine Repräsentations-Befugniß eingeräumt. Die Ursache lag in einer gewissen Aengstlichkeit, welche die damaligen Verhältnisse hervorgerufen hatten; wie unbegründet diese waren, hat sich seitdem gezeigt. Allein die angewandten Vorsichtsmaßregeln entsprechen auch keineswegs dem Zweck, der sie veranlaßte, und der unverkennbar auf größtmöglichste Stabilität hinauslief. Es ist jedenfalls, wie es scheint, ein Irrthum, wenn man annehmen wollte, daß Hausbesitzer mehr an den Staat gefesselt wären, als die Classe der gewerbtreibenden Bürger, denen dieser Besitz zum Theil abgeht. Der Kaufmann, der Fabrikant, die ihr Geld besser gebrauchen können, als es in Häusern anzulegen, sind, obgleich nur Miether, viel mehr an das Land und selbst an die Stadt gefesselt, als ein Hausbesitzer, der oft hoch verschuldet ist; denn dieser kann jeden Tag sein Haus verkaufen und das Land verlassen, während jene ihr Geschäft, in welchem oft bedeutende Capitalien angelegt sind, nicht aufgeben können, und daher bei der Erhaltung des Bestehenden weit mehr betheiligt sind als die Hausbesitzer.

In einer ständischen Repräsentation dürfen daher alle diese Classen nicht ausgeschlossen werden. Der Kaufmann, der

Fabrikant sind die recht eigentlichen Repräsentanten des beweglichen Capitals im Lande, und ihr Geschäfts-Verkehr spielt eine zu wichtige Rolle in der jetzigen Gesellschaft, daß sie nicht unbeachtet bleiben können. Auch die Handwerker sind als die Vertreter der Arbeit unstreitig einer Berücksichtigung werth; sie haben ein historisches Recht dazu; auch liegt es in der Gerechtigkeit und, wie wir weiterhin zeigen werden, im Staats-Interesse, daß so achtbare Klassen der Bürger sich ebenfalls im Genuß so wesentlicher Gerechtsame befinden. Ueberhaupt scheint gegenwärtig das Verhältniß des Antheils der großen Städte an der Landes-Repräsentation zu gering zu sein und ein Hauptgrund, weshalb die ständische Repräsentation so Viele unbefriedigt läßt. Städte, wie Berlin, Breslau, Königsberg, Danzig, Magdeburg, Cöln, Stettin u. s. w. sind im Verhältniß der Bedeutung, die sie haben und der Interessen, die sie vertreten, entschieden zurückgesetzt, und es scheint nothwendig, ihnen einen größern Antheil an der Repräsentation zu gewähren und in diesen Beziehungen eine Ausgleichung zu treffen.*)

Preußen, welches jetzt im Begriff zu stehen scheint, das Problem lösen zu wollen, der ständischen Verfassung bei sich eine der Zeit und dem Culturzustande des Volkes entsprechende

---

*) Eben so giebt es auch auf dem flachen Lande noch ähnliche Fälle der Ausschließung, namentlich kommen solche in der Mark vor, wo bedeutende Grundbesitzer, Käufer von Domainen-Vorwerken, weder zu den Rittergutsbesitzern noch zu den Bauern gezählt werden, und daher von der Repräsentation ausgeschlossen bleiben.

Ausbildung zu geben, ohne den historischen Boden zu verlassen, hat dabei zwar kein Vorbild, aber die Erfahrungen der letzten verhängnißvollen Zeit bieten ihm einen reichen Stoff zur Beachtung dar.

Es ist Zeuge gewesen von den Kämpfen zwischen den Regierungen und Völkern über die Ordnung der innern Verhältnisse beider gegen einander, von den Ursachen, welche diese herbeigeführt haben, von den Fehlern, den Mißgriffen auf der einen, von den Ausschweifungen auf der andern Seite. Diese Kämpfe der Ideen, der Interessen und Parteien sind zwar noch in manchen Reichen nicht ausgefochten, allein ein Resultat hat sich dabei herausgestellt, nämlich, daß die Achtung der Rechte Anderer und die Anerkennung billiger Ansprüche der Völker die sicherste Bürgschaft für die eigenen gewähre.

Jede Regierung, welche alle Glieder des Volks mit gleicher Gerechtigkeit und Liebe behandelt, und nicht einzelne Theile desselben von sich entfernt hält, wird gegen die ihr feindlichen Principien vollkommen geschützt sein und bleiben. Nur die Regierungen, welche sich in dieser Beziehung in einem krankhaften Zustande befinden, haben Grund zu Besorgnissen, und wenn diese sich auch oft nicht gleich realisiren, so wuchert doch der Keim der Unzufriedenheit fort, bis er endlich ausbricht, und die Stabilität bedroht. Eine weise und väterliche Regierung, wie die preußische, wird es nicht übersehen dürfen, daß, wenn die Verehrung des Volkes zum Herrscher und die Macht einer geordneten Verwaltung eine öffentliche Kundmachung unterdrückt, es nichtsdestoweniger rathsam bleibt, bestehende Mängel zu entfernen, die der künftigen Eintracht hinderlich werden können. Wenn wir dieses auf den vorbezeichneten Fall anwenden, so glauben wir daraus folgern zu müssen, daß aus dem rein conservativen Gesichtspunkte betrachtet aller Grund vorhanden ist, in der Repräsentation auch den übrigen Classen der Nation, welche jetzt ausgeschlossen sind, einen Antheil an ihr einzuräumen. Wir glauben, daß der erste Stand es selbst nur wünschen kann, weil sich dadurch seine eigene Stellung befestigt, weil, wie die frühere Erfahrung ihn darüber belehrt, die Isolirung schwächt.

Schon vorhin ist es erwähnt, die Regierung habe bei der ersten Bildung der Provinzial-Kammern der Verfassung mehr Stabilität zu geben geglaubt, indem sie die Repräsentation an den Grundbesitz knüpfte; allein hierbei ist 1) übersehen, daß ein durch die unbedingte Verschuldung und durch die Verkäuflichkeit höchst mobil gewordener Grundbesitz eine ganz andere Natur angenommen hat, als er zu einer früheren Zeit hatte, in welcher ihm das Patronat der Stabilität zuerkannt war; 2) daß die zu schwache Vertretung des Mittelstandes und die Entfernung von dem Grundprincip der ständischen Monarchie (Vertretung der Interessen) jenen unbefriedigt läßt, und daraus für jetzt mindestens eine Theilnahmlosigkeit desselben an der Verfassung entspringt, die leicht in eine Opposition übergehen kann; 3) wie wenig der erste Stand, welcher früher mit der ganzen Macht seiner Stellung und seiner Prärogativen ausgerüstet, diese nicht zu schützen vermochte, jetzt jener beraubt, sie wird vertheidigen können, wenn sich ihm die vernachlässigten Interessen der andern Glieder des Staats und die Macht der öffentlichen Meinung entgegenstellt, und daß er jedenfalls der Regierung keinen Stützpunkt gewähren kann, wenn er, durch hohe Verschuldung noch geschwächt, sich kaum selbst zu erhalten vermag; 4) daß aus allem diesen folgt, der Zweck, der Verfassung eine größere Festigkeit zu geben, werde durch die Anwendung des Mittels dazu verfehlt.

Indessen würde man sich einer Täuschung hingeben, in einer Ausgleichung der Stimmenverhältnisse allein die stärkere Begründung finden zu wollen; es wäre nur in der Voraussetzung ein wesentlicher Schritt vorwärts, daß es nicht an einem tüchtigen Baumaterial fehle, welches jedoch der Fall zu sein scheint.

Wir haben an mehreren Stellen die Ansicht verfochten, die ständische Monarchie beruhe auf einer Repräsentation der Interessen; soll nun letztere möglich werden, so setzt dies eine Verbindung der gleichen Interessen der bestehenden Körperschaften (aristokratischer Elemente) voraus und es ist unleugbar, daß die ständische Monarchie ohne diese völlig fundamentlos sei. Es fragt sich nun, ob bei uns solche Elemente bestehen und ob sie stark genug sind, um den Bau zu tragen. Diese Frage führt auf die andere: welche Bedeutung den Worten „Aristokratie und aristokratische Elemente" beizulegen sei. Sind sie mit dem Geiste der Zeit, mit den Bedürfnissen und den

Meinungen des Volks noch vereinbar? Fördern sie sein Bestes, welchen Einfluß haben sie auf die moralischen und materiellen Zustände der Gesellschaft, führen sie nicht zur Trennung statt zur Einheit, und wie sollen sie sich dem Monarchen gegenüber gestalten? Unstreitig ist die Beantwortung der vorstehenden Fragen von der größten Wichtigkeit, und der Staatsmann, dem die Sorge für eine tüchtige Ausbildung der ständischen Verfassung übertragen ist, darf sie als fundamental nicht aus dem Auge verlieren.

Es braucht wohl keiner Bevorwortung, wenn wir behaupten, man könne sich nur verständigen, nachdem man sich über die Sprache, in welcher dies geschehen soll, vereinigt habe. Das Wort Aristokratie gehört zu denen, die eine eigentliche und mehrere uneigentliche Bedeutungen haben und das daher oft mißverstanden wird. Es scheint nöthig, die Bedeutung dieses Worts in dem Sinne aufzufassen, welchen es eigentlich haben sollte, und in welchem wir es gebrauchen wollen.

So wie das Wort „liberal," so ist auch das Wort „Aristokratie" durch einen theils wirklichen, theils scheinbaren Mißbrauch in Verruf gekommen. — Lieberal, freisinnig sein, ist eine Eigenschaft, deren sich wahrlich Niemand zu schämen braucht, im Gegentheil, es ist für Männer in einer gewissen Stellung im Staate und in der bürgerlichen Gesellschaft eine Bedingung, wenn sie geachtet werden wollen, und der Gegensatz von freisinnig, vorurtheilsvoll, engherzig zu sein, gereicht dem zum Tadel, der mit Recht solcher Gesinnungen bezüchtigt werden kann. Demohnerachtet wird das Wort „liberal" im Leben oft angewendet, um eine politische Richtung zu bezeichnen, welche zum Zweck hat, die Ordnung der Dinge und alles Bestehende über den Haufen zu stoßen, und es ist so weit gekommen, daß, wenn man Jemand „liberal" nennt, dies seine Gesinnungen und seinen Zweck verdächtigt. Ein gleiches Schicksal hat das Wort „Aristokratie" erfahren; wenn wir uns streng an die Bedeutung der griechischen Stammworte halten, so ist es, wie bekannt, aus dem griechischen Worte ἄριστος (der Beste) und κρατεῖν (herrschen, regieren) zusammengesetzt, und sollte die beste Regierung oder vielmehr die Regierung der Besten bedeuten. In dem weitern Verlaufe der Zeit ist der ursprüngliche Sinn des Worts in Vergessenheit gerathen, und das Wort Aristokratie wird gewöhnlich gebraucht, um anzudeuten, daß sich Standes- oder Gewerbsgenossen vereinigt haben, um sich in Besitz von Vorrechten zu setzen und sich in ihnen zu erhalten, ohne daß es der Zweck sei, einen bessern Einfluß zu üben. Besonders ist es der Adel, der sich früher zur Erhaltung seiner Vorrechte und eines gewissen Uebergewichts enge verbunden hatte, den man durch das Wort Aristokratie bezeichnete. Allein hier wird es schon uneigentlich gebraucht, da sich noch mehrere aristokratische Faktionen in den verschiedensten Gestalten gebildet haben. So besteht eine Aristokratie des Geldes, der Beamten, ja selbst der Gewerbe. Gegen jeden nicht zum Besseren führenden sondern oft schädlichen aristokratischen Einfluß hat sich der Geist der

Zeit mächtig erhoben, und ihn nicht nur der Meinung, sondern auch der That nach zu Grabe getragen, dabei aber freilich, wie man sagen könnte, das Kind mit dem Bade ausschüttet.

Wenn wir nun auf die ursprüngliche Bedeutung des Wortes „Aristokratie“ zurückgehen und den Grundgedanken, den dieser enthält, nämlich die Geltendmachung eines Einflusses, der zum Besseren und zur Vervollkommnung führt, festhalten, so verdient dieser allerdings eine Berücksichtigung bei der Bildung der Unterlage einer Verfassung. Eine Aristokratie setzt also eine Vereinigung Mehrerer zur Sicherung ihrer Sonderinteressen, die sich demnächst den allgemeinen einfügen, voraus, eine Genossenschaft, welche daher der constitutionellen Verfassung entgegentritt, die, wie eben gezeigt, eine allgemeine Gleichheit in Anspruch nimmt.

Wenn nun in der ständischen Monarchie die Standesgenossen, Adel, Bürger und Bauern, die Gewerbegenossen, Kaufleute, Fabrikanten, Handwerker, Banquiers, Gelehrte und Künstler sich unter sich zu einem engen Kreise verbinden, um theils sich ihrer Stellung und ihres Berufs gemäß auszubilden und zu vervollkommnen, theils ihren Interessen mehr Gültigkeit, sowohl den übrigen Klassen als der Regierung gegenüber zu verschaffen, so würde hierin ein großer Fortschritt der Realisirung des naturgemäßen und sich deshalb häufig erneuernden Strebens nach Vereinigung zu einem gemeinschaftlichen Zweck bestehen.

Von jeher haben alle germanischen Stämme einen Hang gezeigt, in Corporationen zusammenzutreten. Das frühere Zunftwesen, die Ritterorden, die Bündnisse der Städte (die Hanse) und tausend Beispiele sind Zeichen davon; und wenn man auch noch oft hört, das Zeitalter der Corporation hätte dem des höhern Staatsleben weichen müssen, so spricht sich noch immer der Associationsgeist trotz des gegen ihn ausgesprochenen Bannfluchs und mancher zur Mode gewordenen Theorie sehr lebendig aus.

Die vielen Aktien-, Handels- und landwirthschaftlichen Gesellschaften, die Credit-, Wohlthätigkeits-, Gewerbs- und Gelehrten-Vereine, die Zusammenkünfte der Aerzte, der Kunstfreunde und andere beweisen dies zureichend.*)

Der Hang der Menschen, sich an einander anzuschließen, der sich instinktmäßig zeigt, und welcher die Grundursache aller socialen Verhältnisse bildet, wird in der Repräsentativ-Verfassung zurückgewiesen, in der ständischen Monarchie dagegen ist er fundamental, da in ihr eine Vertretung der Interessen besteht.

Je inniger nun die Standes- und Gewerbs-Genossen sich unter sich zur innern Veredelung und äußern Vertretung ihrer gemeinsamen Interessen verfassungsmäßig vereinigen und durch die Anerkennung der Regierung Staatsorgane werden,

---

*) Welchen politischen Einfluß aristokratische Elemente gehabt haben, welche Festigkeit sie der Verfassung und welche Kraft sie dem Volke geben, beweisen unter anderen England und Ungarn.

je vollkommener wird der Monarch in den Stand gesetzt, die Interessen der Einzelnen und ihr Verhältniß zum Ganzen zu würdigen; ja selbst die ständischen Kammern werden nur dadurch, daß in ihnen alle Interessen möglichst vollkommen vertreten werden, in die Lage gesetzt, wohlbegründete Rathschläge zu geben und zu unterstützen.

Wenn daher von der Ausbildung der ständischen Monarchie im Geiste der Zeit und im Bedürfniß der Nation die Rede ist, so muß die vorzüglichste Sorge der Regierung darauf gerichtet sein, dem Princip gemäß mit der Begründung aristokratischer Elemente in dem Sinne, wie wir ihn oben bezeichnet haben, zu beginnen, und alle Klassen des Volks, welche als wesentliche Theile der Bevölkerung des Staats betrachtet werden können, hierin einzuschließen; dadurch wird zugleich eine Hauptveranlassung des Vorurtheils und der Anfeindung gegen die Aristokratie des ersten Standes im Staate beseitigt werden.

Bei den jetzigen Verhältnissen der Monarchie giebt es verfassungsmäßig nur eine Aristokratie, die der Grundbesitzer, die fast ausschließlich die Repräsentationsrechte übt, da auch bei der städtischen Vertretung Grundbesitz Bedingung der Wählbarkeit ist, es daher nur als zufällig betrachtet werden kann, wenn die Wahl auf Gewerbsleute fällt. Durch die Verfassung sind zwar drei Stände anerkannt, mithin eine Gliederung ausgesprochen, allein durch die Bedingung des Grundbesitzes ihr Wesen verändert; wie in den rein constitutionellen Staaten der Wahlcensus, so ist hier der Grundbesitz allein maaßgebend. Sind aber, wie wir zu beweisen uns bemüht haben, die Grundlagen der ständischen Monarchie aristokratisch, und findet in ihr eine Repräsentation der Interessen statt, so bedarf sie auch der Bildung jener, und es müssen durch sie die drei mächtigen Hebel der materiellen Lebensthätigkeit, Boden, Capital und Arbeit vertreten werden.

Wenn nun der Grund und Boden durch die Grundbesitzer repräsentirt wird, das Capital (das bewegliche Vermögen) durch Handel, Fabrikation und Industrie, und die Arbeit durch die Zünfte und kleinen ländlichen Eigenthümer, so müssen sich, soll die ständische Verfassung eine feste Begründung erhalten, in dem zweiten und dritten Stande Corporationen ausbilden, und durch das ihnen zu ertheilende Stimmenrecht zu Staatsorganen erhoben werden.

Was die Corporation der Kaufmannschaft betrifft, so besteht diese schon als solche in allen großen Städten, die eigene Börsen haben, und es ist umsomehr von besonderer Wichtigkeit, nicht nur für ihr Geschäft, sondern für die ganze Gesellschaft, daß ihnen ein unmittelbarer Antheil an der Repräsentation eingeräumt werde, weil der Handel nicht allein der Vermittler zwischen Producenten, Fabrikanten und Consumenten, sondern auch der des Verkehrs der Staaten unter sich ist, und dadurch so tief in alle Verhältnisse eingreift, daß von seiner Blüthe das Wohlbefinden aller übrigen Classen sehr wesentlich abhängig ist. Da aber die vielseitigen Beziehungen, in welchen er steht, und der häufige Wechsel, dem diese ausgesetzt sind, eine specielle stets neue Bekanntschaft mit denselben voraussetzt, so können diese nur von Männern vertreten werden, die sich mitten in solchen Geschäften befinden.

Was den Stand der Industriellen betrifft, so umfaßt dieser zunächst alle Fabrikations-Zweige, in so fern sie nicht zu den Handwerkern gehören; der Kreis seines Wirkens ist so ausgedehnt, sein Einfluß auf die Ernährung eines großen Theils der Bevölkerung so bekannt und die Ergebnisse seiner wechselseitigen Thätigkeit so wichtig für den allgemeinen Wohlstand, daß auch ihm von Rechtswegen Repräsentations-Befugnisse gebühren.

Was die Repräsentation der Arbeit betrifft, so besteht diese schon gewissermaßen in Hinsicht der ländlichen durch die Repräsentations-Befugniß der bäuerlichen Wirthe, dagegen fehlt sie in Bezug auf die städtische Bevölkerung und die von ihr gefertigte Arbeit. Die natürlichen Vertreter derselben sind die Zünfte, die auch schon historisches Recht auf eine Vertretung haben. *)

Durch die Verwirklichung der in dem Vorhergehenden ausgesprochenen Ansicht erhält die ständische Monarchie eine Basis, die ihr gänzlich fehlt, so lange sie sich nicht auf wirk-

*) Wir glauben nach dem, was oben gesagt ist, nicht bevorworten zu brauchen, daß keine Rede davon sein kann, bei den Zünften, wie bei irgend einer der andern Staatskörperschaften die frühern Mißbräuche zurückzuführen; wir verlangen, daß der Geist in ihnen wieder lebendig werde, aber nicht der Uebergriff sich erneue.

liche aristokratische Elemente stützt; sollte das verkannt werden und unbeachtet bleiben, so besteht auch keine Bürgschaft für eine künftige lebendige weitere Entwickelung. Jedenfalls wird eine Erweiterung der Repräsentation in dem bezeichneten Sinne nicht allein ein Akt der Gerechtigkeit sein, sondern auch ganz entschieden im conservativen Sinne ausfallen. Von den sonstigen günstigen Folgen, die sie durch den moralischen Eindruck noch haben würde, sei nur noch bemerkt:

Eine der großen Krankheiten unserer Zeit besteht in der Ueberschätzung des eigenen Werthes, in der Sucht zu scheinen; aus beiden entspringt ein allgemeines Streben nach einer höheren Stellung. In keiner Zeit hat es so viele Individuen gegeben, die nicht mit dem Verhältniß zufrieden sind, in welches das Geschick sie versetzt hat. In der Repräsentativ-Verfassung will jeder Deputirter werden, um sich bemerklich zu machen, um dadurch zum Antheil an der Staats-Regierung empor zu steigen. In den monarchischen Staaten hat das Streben eine ähnliche Richtung, nur wird ein anderer Weg gewählt. Hier will Jeder studiren, ein Staatsbeamter werden, um Ordensbänder zu tragen und sich von denen, die Etwas zu suchen haben, hofsiren zu lassen.

Der Ehrgeiz ist nun einmal das Erbtheil vieler Menschen, und wenn der Einzelne in den Kreisen, in welchen er sich bewegt, seine Eitelkeit nicht befriedigen kann, wenn ihm kein Feld gelassen ist, sich auszuzeichnen, so sucht er es anderwärts. Wenn aber durch die Formation von Corporationen und einen ihnen zu gewährenden Antheil an der Verfassung, den einzelnen Gliedern derselben eine ehrenwerthe Stellung im Staate und die Gelegenheit gegeben wird, sich frei und nützlich bewegen zu können, und sie sich gegen andere Classen der Bürger nicht mehr zurückgesetzt fühlen, so wird das jetzige unruhige Streben aufhören, weil dann der Einzelne sich in dem Kreise, welcher ihm angewiesen ist, durch tüchtige Leistungen auszuzeichnen vermag.

Wenn es erst wieder dahin gekommen sein wird, daß Jedem, der in seinem Fache etwas Vorzügliches leistet, auch die öffentliche Anerkennung zu Theil wird, so verliert sich von selbst das unruhige Treiben, welches jetzt besteht. England gewährt uns das Beispiel eines solchen Geistes; dort stehen noch die Körperschaften in allen Ehren. Als vor einigen Jahren die Zunft der Schneider in London dem Herzoge von Wellington ein Bankett gab, redete dieser die Gastgeber mit folgenden Worten an: Ich fühle mich sehr beglückt, daß die alte und hochachtbare Zunft der Schneider von London mir die Ehre erzeigt, mich zu sich einzuladen, u. s. w. *)

Es wird nicht fehlen, daß die hier ausgesprochenen An-

*) Einen sehr günstigen Eindruck hat es schon gemacht, daß der König bei der Huldigung und mehreren andern feierlichen Gelegenheiten die Zünfte nach alter Sitte aufziehen ließ. Vorher wollte Niemand „Meister" heißen, so z. B. nannten sich die Schneidermeister „Kleiderfabrikanten," seit jener äußeren Anerkennung ihrer Corporations-Verhältnisse fällt dies fort; was würde erst geschehen, wenn ihre Corporation als solche sich mit andern zu den Staatsorganen rechnen könnte?

sichten Widersacher finden; es giebt Personen, die jede Veränderung als gefährlich betrachten, die Niemandem eine Stimme einräumen möchten, aus Besorgniß, sie könnte zum Sprechen gebraucht werden; diese werden es daher sehr bedenklich finden, den nicht grundbesitzenden Classen der Nation irgend eine Stimme einzuräumen, um so mehr, wenn dadurch das jetzt bestehende Verhältniß geändert werden sollte. Diese Befürchtungen sind ohne alles Fundament, denn wie schon oben gezeigt worden ist, haben diese Classen der Staatsbürger **mindestens** im Vergleich zu den Hausbesitzern ein eben so großes Interesse an der Erhaltung der Ordnung des bestehenden Zustandes und sind der Natur ihres Gewerbes nach nichts weniger als Unruhestifter; im Gegentheil giebt es etwas Bedenkliches, so ist es ihr Ausschluß von einer Befugniß, die ihnen in ihrem eigenen und im Interesse des Staats zukommt. Ganz besonders wird es Manchen, der nicht tiefer auf den Grund eingeht, beunruhigen, wenn durch eine größere Theilnahme des zweiten Standes an der Repräsentation das Stimmenverhältniß zwischen den Abgeordneten des ersten und zweiten Standes eine Veränderung erleiden sollte. Wir haben schon an mehreren Stellen darauf hingewiesen, wie nöthig es scheint zu vermeiden, daß nicht in der Landes-Repräsentation sich von Neuem eine gewisse Eifersucht ausbilde, die zu einer Befeindung der verschiedenen Stände führt; dies kann sehr leicht erreicht werden, ohne den Vertretern des Grund und Bodens den ihnen gebührenden Einfluß zu entziehen. Der

Gegenstand ist wichtig und nur eine reifliche Erwägung desselben kann zu einem vollgültigen Urtheil führen; es handelt sich zunächst davon, ob das Princip der Stabilität leiden würde, wenn dem jetzt nicht repräsentirten Theile des Volks ein größerer Antheil an der Repräsentation eingeräumt würde. Um hierüber zu entscheiden ist es nöthig, die vorher abgebrochene Untersuchung wieder aufzunehmen, welche Bürgschaft denn die Rittergutsbesitzer den Staate in dieser Hinsicht gewähren. Erst wenn diese bekannt ist, läßt es sich beurtheilen, in wie fern die Monarchie an Stabilität gewinnt oder verliert, wenn sich das Stimmen-Verhältniß des ersten und zweiten Standes verändern sollte. Bei dieser Untersuchung kann es nicht auf die momentane Gesinnung der jetzigen Generation ankommen, sondern nur auf den materiellen Gehalt der Bürgschaft.

Der Grund und Boden wird mit vollem Recht als der Repräsentant des Bestehenden betrachtet, und seine Besitzer als diejenigen, die, mit diesem verwachsen, das größte Interesse an der inneren und äußeren Wohlfahrt des Reichs haben. Hierbei stoßen wir immer auf eine Bedingung, durch deren Erfüllung der Satz vollkommene Gültigkeit erhält; diese ist, daß der Besitzer mit dem Boden wirklich verwachsen sei. Ein solches Verhältniß findet aber der Regel nach in den meisten Theilen des Landes nicht statt; die Rittergüter sind zu einer verkäuflichen Waare geworden, die öfterer von einer Hand in die andere übergeht, als das Waarenlager eines Kaufherrn, oder die Fabriken ihrer Unternehmer. Zwar hat die Regierung diesen Uebelstand erkannt, und daher die Wählbarkeit an einen zehnjährigen Besitz geknüpft; indessen kann dies nur als Nothhelf gelten und auch dies nur, wenn eine Gewißheit vorhanden ist, daß dem Besitzer der Grund und Boden zum größern Theil wirklich selbst gehört; allein auch dieses ist oft nicht der Fall, da eine Verschuldung des Grundstücks bis auf die äußerste Grenze seines Werths nicht allein zulässig, sondern durch die Hypotheken-Verfassung, durch die Credit-Institutionen erleichtert, durch die bestehende gleiche Erbtheilung nothwendig gemacht ist. Wollte man hierauf entgegnen, daß trotz der hohen Verschuldung die Gutsbesitzer die Repräsentanten der Stabilität bleiben, da in den einzelnen Kreisen des Landes noch der Einfluß der länger in ihnen angesessenen adeligen Familien, die mit ihren Angehörigen einen lebhaften Antheil an der Erhaltung des Bestehenden nehmen, bei weitem vorwiegt, so würde es, dies Alles auch zugegeben, nur beweisen, daß die Wirkung der neueren Verhältnisse noch nicht eingetreten, aber keineswegs beseitigt sei. Die Zeit, wo der Güterkauf frei geworden, ist zu neu, um die Folgen davon schon jetzt in seiner ganzen Ausdehnung hervortreten zu sehen, doch werden sie mit der Zeit nicht ausbleiben. Wenn wir nun den Gegenstand weiter verfolgen und uns an das Faktische halten, so finden wir, daß jetzt die Rittergutsbesitzer aus Adeligen und Bürgerlichen bestehen; das frühere Vorurtheil der Stände ist zwar gottlob sehr vermindert, aber noch keineswegs völlig verschwunden, es kann daher sehr leicht kommen, und es ist schon hin und wieder der Fall, daß zu dem häufigen Wechsel der Güter und zu der hohen Verschuldung derselben sich noch die Spaltung der eigenen Glieder gesellt, was nothwendig zu einer weitern Schwächung des conservativen Gewichts führt.

Jedenfalls geht aus allem diesen hervor, daß der erste Stand auf die Dauer nicht die Bürgschaft, die vorausgesetzt wird, gewährt, und daß durch den von uns empfohlenen Zutritt des zweiten und dritten Standes das conservative Princip nicht geschwächt wird. Wenn nun die Regierung das Bedürfniß erkennen sollte, der ständischen Verfassung eine gewisse Festigkeit zu geben, da sie es sich nicht verschweigen kann, daß die Grundaristrokratie allein ihr diese nicht verbürgt, so wird sie sich entschließen müssen, den lockern Grund zu verbessern, auf dem die Verfassung basirt ist. Sie wird also auf der einen Seite die Bildung aristokratischer Verhältnisse auch in den übrigen Classen der Nation befördern, andererseits aber auch der Aristokratie des Grund und Bodens mehr Stabilität geben müssen.

Da wir uns berufen gefühlt haben, über die Verfassung zu schreiben und auf die bestehenden Mängel und Gefahren aufmerksam zu machen, da wir endlich dabei keinen andern Zweck haben, als dem Könige und dem Vaterlande, so weit unsere Kräfte reichen, nützlich zu werden, so würden wir gegen uns zu fehlen glauben, wenn wir uns nicht offen aussprechen wollten.

Ohne alle Frage wird und muß die Regierung selbst es einsehen, daß das Verfassungsgebäude Preußens einer gründlichen Ausbildung bedarf. Eine Repräsentativ-Verfassung will der Monarch seinem Volke nicht geben, und wie sehr wir dies den Verhältnissen seiner Monarchie und den Interessen seines Volks angemessen finden, haben wir mit allen, uns zu Gebote stehenden Mitteln zu beweisen gesucht und wir schmeicheln uns, nicht ohne allen Erfolg in der Meinung des Landes. Dagegen hat der Monarch seinem Volke eine ständische Repräsentation zugesichert; hierin liegt die Nothwendigkeit, sie consequent auszubilden, und ihr diejenige Begründung zu geben, die ihr noch fehlt. Daß viele von den von uns gerügten Gebrechen, namentlich was die Art der Repräsentation und die Stellung des ersten Standes betrifft, wirklich bestehen, ist bekannt, und dennoch geschieht nichts, die conservativen Elemente zu heben und zu stärken. Der Grund scheint uns nicht allein in einem gewissen Widerwillen handelnd aufzutreten, zu liegen, sondern vielmehr in der Ansicht, man bedürfe nur einer Abwehr gegen öffentliche Manifestationen, um den Zustand der Passivität erhalten zu können. In der Verwaltung beruhe eine Kraft, eine Macht, die alle weiteren Stützen entbehrlich macht.

Es giebt Zeiten und Verhältnisse, wo dies ausreichend scheinen könnte, aber sie sind bald vorübergehend, es sind solche, die schönen Sommertagen gleichen, wo man sich in der ruhigen Natur schmeichelnder Lüftchen erfreut, und keine Ahnung davon hat, daß Regen, Sturm, ja Gewitter und Orkane folgen können. Bei den Verhältnissen Preußens im Jahre 1843 sind solche Sommerträume die gefährlichsten. — Im Jahre 1806 hat Preußen auch so geträumt und zerknickt ward die Monarchie, wenige Jahre später erwachte es und groß erstand Preußen. — Wer daher das erhabene Haus der Hohenzollern auf die Macht der Büreaukratie bauen will, der hat nicht auf einen Felsen, sondern auf den losen Sand gebaut, und wenn die Fluthen kommen, so schlämmen sie den Sand fort und das Gebäude stürzt zusammen. Dafür wolle Gott den König und uns bewahren, und deshalb muß auf Felsen gebauet, muß gehandelt werden. — Doch kehren wir zu dem vorhin abgebrochenen Thema zurück.

Die Verfassung hat den Rittergutsbesitzern große Vorrechte ertheilt, und mit Recht kann dagegen eine Bürgschaft gefordert werden, daß sie den dadurch auferlegten Pflichten zu genügen vermögen. Eine solche Bürgschaft können nur diejenigen gewähren, welche ein bedeutendes eigenes Grundvermögen besitzen, mithin bis zu einer gewissen Höhe ein schuldenfreies Eigenthum nachzuweisen im Stande sind. Die alten wie die neuen Verfassungen halten diesen Grundsatz fest, er liegt in der Natur der Sache und verdient auch bei uns Nachahmung; nur eine einzige Ausnahme in Hinsicht der alten adeligen Geschlechter wird in England gemacht, sie liegt in der Billigkeit und beruht auf einem historischen rechtlichen Grunde. In Preußen wie in allen deutschen Ländern waren es die alten adeligen Geschlechter, die früher als Repräsentanten des Grund-Vermögens große verfassungsmäßige Vorrechte besaßen, welche zugleich als Familien- und als Real-Rechte betrachtet werden mußten; daher konnte man von den alten eingeborenen Familien*), die sich noch im Besitz von Rittergütern befinden, billiger Weise auch in Preußen nicht einen solchen Vermögens-Nachweis verlangen. England befolgt noch jetzt denselben Grundsatz. Es muß dort jeder ländliche Bewohner, wenn er nicht zu diesen Familien gehört, ein Capital-Vermögen nach unserem Gelde von circa 100,000 Thlrn. nachweisen, um wahlberechtigt zu sein; bei uns würde dies, wegen des geringern Reichthums und des höhern Werths des Capitals auf ⅓ bis ¼ ermäßigt, hinreichend erscheinen.

Nicht minder wichtig wird es sein, die äußere Stände-Verschiedenheit der Rittergutsbesitzer mehr auszugleichen; es würde dadurch zugleich die mögliche Veranlassung zu einem inneren Zwiespalt vermieden und dem überhäuften Güterhandel eine Grenze gezogen werden. Die Vorschläge, die wir hierauf basiren, haben noch den Vorzug, daß ihre Ausführung sich auf ein Princip stützt.

Durch die neuere Gesetzgebung ist der Ankauf der Rittergüter völlig frei gegeben und sind die Ehren- und Repräsentations-Rechte in reale verwandelt worden, die an dem Besitz

*) Wir bevorworten, daß wir nicht zu den alten Familien Pommerns, wo wir angesessen sind, gehören, daher nicht in die Ausnahme eingeschlossen sind.

des Grundstücks haften. Nun scheint eine Art von Anomalie darin zu liegen, die Rechte des ersten Standes zu besitzen, ohne die Titel führen zu dürfen und es würde daher ganz in der Consequenz liegen, daß der Besitz adeliger Rechte auch adle, jedoch nur auf die Dauer des Besitzes und nur ausgedehnt auf die Person und Familie des jedesmaligen Eigeners.

Bei der Thronbesteigung des jetzigen Monarchen schien der Grundsatz, den Adel und Grundbesitz zu identificiren, Anerkennung zu erhalten, und ganz in diesem Sinne erfolgten die ersten Standeserhöhungen bei der Huldigung in Preußen; allein einige Monate später schien schon der Einfluß Anderer geltend gemacht zu sein, denn schon bei der Huldigung in Berlin ward der Grundsatz wieder verlassen.

Zur Unterscheidung von dem Geschlechts-Adel würde der Name des Guts seinem bisherigen Namen voranstehen: Herr von (der Name des Guts), dann der Familien-Name.

Eine solche gesetzliche Bestimmung würde sehr bedeutend auf die Dauer des Besitzes der Güter in denselben Händen einwirken, ohne den Nachtheil herbeizuführen, die Zahl der Adeligen in's Unendliche zu vermehren, wie dies bei dem Geschlechts-Adel der Fall ist. Durch den Gang unserer Betrachtungen werden wir auf das Verhältniß des Geschlechts-Adels geführt, eines von den Gegenständen, welche jedesmal eine heftige Polemik herbeizuführen pflegen, und die daher von so vielen Schriftstellern lieber umgangen werden. Schon im ersten Theil haben wir einige Andeutungen über den Adel gegeben und es erfahren, welche Mißdeutungen diese hervorgerufen haben. Wir finden gerade hierin eine Veranlassung, uns auszusprechen und sehen darin das einzige Mittel, die Ansichten darüber zu berichtigen.

Der Adel bildet einen der Bestandtheile der Nation und da wir glauben, daß ein Bürgerkrieg von allen der verderblichste sei, und daß ein Volk an Kraft durch Einigkeit gewinne, endlich daß die Einigkeit von der richtigen Würdigung und Erkenntniß der Stellung der einzelnen Glieder unter sich und zum Ganzen abhängt, so wollen wir uns nicht fürchten, den Bienenkorb umzustoßen, um zu sehen, wie viel Honig er ent ält, unbekümmert um die Stiche, die wir Gefahr laufen zu erhalten.

So wenig wie Jemand dem Adel seine persönliche Stellung in der Gesellschaft zu nehmen befugt ist, eben so wenig ist er ein überflüssiges Glied derselben. Drei Ursachen giebt es, welche die jetzige ungünstige Stellung des Adels herbeigeführt haben und die näher beleuchtet werden sollen.

Die erste liegt in dem Verlust der Macht, die er einst verfassungsmäßig besaß *) und die in die Allmacht der Staats-Regierung untergegangen ist. Dieser Verlust, gleichviel, ob verschuldet oder nicht, hat ihn in eine schiefe Stellung gesetzt und zum Gegenstand des Angriffs gemacht, welches stets das Schicksal derer ist, die einen gehabten Einfluß verloren haben.

*) Wir bitten diesen Worten keinen andern Sinn beizulegen; wir sprechen von einem historischen Faktum und ohne alles Bedauern.

Die zweite findet sich in der Fruchtbarkeit seiner Ehen und in der auch bei ihm eingeführten gleichen Erbtheilung, so wie in dem Festhalten eines äußeren, oft durch die Zeit gebleichten Scheins.

Nachdem der Adel bei uns alle verfassungsmäßigen Vorrechte und Privilegien verloren hat und in die große Masse des Volks zurückgetreten ist, bedurfte er des Vermögens und besonders eines großen Grundbesitzes, um noch irgend eine Stellung zu behaupten und einen äußeren Glanz zu bewahren. Allein die eben durch die gleiche Erbvertheilung und so manche andere Verhältnisse herbeigeführte Zersplitterung der Vermögens-Verhältnisse eines großen Theils desselben rauben ihm die Mittel, welche erforderlich sind, um sich durch sein Auftreten zugleich eine freie unabhängige äußere Stellung und einen bedeutenden Wirkungskreis zu sichern. Hätte der Adel nach dem Beispiele Englands den Glanz und den Einfluß der Familie den Besitzern der Stammgüter überlassen, entschlössen sich die Unvermögenden zur Suspensation ihres Adels und schlössen sich den erwerbenden Classen an, so würde jetzt die Stellung Vieler nicht so drückend sein, welche mit altem Namen, aber von allen Mitteln entblößt, oft nur im Kriegsdienst ein glänzendes Elend mit dem andern vertauschen.

Die dritte Ursache des Zerfalls des Adels ist eine innere und liegt tief verborgen in den neueren Ansichten der Zeit, in diesem allgemeinen Neuerungs-System, in der Nivellirungs-Theorie und vor Allem in dem Egoismus, der ein sehr naher Verwandter des Zeitgeistes zu sein scheint.

Wir wollen uns näher erklären, um nicht einen Anlaß zu geben, unsere Worte falsch zu deuten. Wenn wir uns auf den höhern Standpunkt stellen, von welchem Andere den Adel und dieser sich selbst betrachten sollte, so ist die eigentliche Idee, die ihm unterliegt, die, sich dem allgemeinen höhern Zweck geweihet zu haben. Aus diesem Gedanken entsprangen die Ritterorden und bildeten daher auch den Glanzpunkt in der Geschichte des Adels. Derselbe Gedanke ist und bleibt fundamental und die Achtung, die ihm aus der Verwirklichung desselben entspringen würde, zeichnet ihm die Richtung vor, welche er einschlagen soll. Hieraus folgt, daß seine Stellung keine egoistische, sondern ursprünglich eine aufopfernde war. Durch seinen Stand hat er sich der Vertheidigung des Vaterlandes, der Rechte der Krone, der Freiheit des Volks gewidmet; für diese ritterlich zu streiten ist die Aufgabe, welche er selbst sich setzen muß. Wer auf besondere Achtung Anspruch machen will, muß sie nicht den Thaten seiner Vorfahren, sondern seinen eigenen höheren Leistungen verdanken wollen. Um aber dem Ganzen wahrhaft nützlich zu sein, bedarf der Adel einer Stellung, die ihm die Gelegenheit verschafft, eine bedeutende Einwirkung üben zu können, daher muß er sich Kenntnisse erwerben, sein Vermögen zu Rathe halten, durch großen Grundbesitz mit dem Lande verwachsen bleiben, und sich stets als Bewahrer der feinen Sitten und der Schicklichkeit erweisen.

Vorhin ist gesagt worden, die Ansichten der Zeit und das Nivellirungs-System hätten seinen Verfall herbeigeführt und weiterhin bemerkt, daß die Behauptung seiner Stellung Aufopferungen von ihm fordere.

In Deutschland hat sich allgemein die Idee festgesetzt, es sei eine Ungerechtigkeit, wenn die Kinder derselben Eltern nicht in der Erbschaft gleichgestellt würden. Diese Idee theilt auch der Adel, sie ist aber unvereinbar mit der Behauptung seines Ranges; wer daher nicht für die Erhaltung der Stellung seiner Nachkommen diese Ansicht von Gleichheit der Rechte opfern will, der sorgte besser für sie, wenn er auf einen Adel und auf Ansprüche verzichtete, die drückender werden, je weniger man im Stande ist, ihnen zu entsprechen.

Außer so vielen andern Ursachen hat auch der sogenannte Hofadel nachtheilig eingewirkt und dem Grundadel wesentlich geschadet. Die Stellung, die dieser zunächst um die Person des Fürsten einnahm, machte ihn oft hochmüthig, und da es ihm an Gelegenheit fehlte, sich Verdienste um das Land zu erwerben, er aber häufig nicht ohne Einfluß auf den Gang der Geschäfte und ganz besonders der zu besetzenden Stellen blieb, so wurde der Unmuth darüber auf den ganzen Adel übertragen.

So sehr dieser auch vielleicht durch seine eigene Schuld befeindet worden ist, so ist und bleibt es wahr, daß die Monarchie und das Land ihm sehr viel verdanken, sowohl in Hinsicht der Vertheidigung des Vaterlandes als in administrativer und legislativer Beziehung. Auch für die Folge kann und wird er große Dienste leisten, wenn er sich auf eine seiner Grundidee entsprechenden Weise zu reconstituiren sucht.

Von jeher und in allen Ländern hat es sich gezeigt, daß der Adel, wo er irgend seine Stellung behauptet hat, viel Geschick für die höhere Verwaltung zeigt, daß er sich weit freier und unabhängiger erhält, als Mancher aus dem Bürgerstande, wenn er zur Macht gelangt, und daß in ihm die Völker schon oft die freisinnigsten Vertreter ihrer Rechte gefunden haben, welche sie mit Geschick geltend zu machen wußten. Wir sind weit davon entfernt, hierdurch den Talenten im Bürgerstande entgegen zu treten, oder diese verkleinern zu wollen, aber wir glauben, daß ein Stand, der sich frei von den gewöhnlichen Sorgen des Lebens zu erhalten vermag, der sich von Kindheit auf in den höchsten Circeln bewegt und, wenn er kein Brodstudium zu machen braucht, eine allgemeinere Bildung gewinnt, dadurch eine Freiheit des Geistes und Festigkeit des Willens bewahrt, die dem Monarchen wie dem Volke gleich nützlich werden kann. Wenn wir nun von dem, wie es sein sollte, zu dem, wie es ist, übergehen, so bekennen wir offen, daß eine Wiedergeburt nöthig ist, und mit Beziehung auf die Verfassung im Interesse der Monarchie liegt. Bis jetzt ist dies so wenig erkannt, daß auf Errichtung von Familienstiftungen auf Landgütern eine hohe Abgabe ruht, und die Regierung dadurch beweiset, wie sehr sie in dieser Beziehung die Verhältnisse mißversteht. Der Adel, wenn er für die Zukunft eine Bedeutung behalten und eine nützliche Stellung einnehmen will, muß wieder wahrhaft adlige Gesinnung annehmen und dieser gemäß handeln; er muß sich in einem großen und möglichst schuldenfreien Grundbesitz erhalten, und um dies zu können, Majorate stiften. Nur auf Grundbesitz basirte reiche Aristokratie ist wünschenswerth, nur diese eine dem Lande nützliche.

So sehr es nun dem Adel selbst zu empfehlen ist, dies zu erwägen, so sehr empfehlen wir den übrigen Classen, auf zwecklose Anfeindungen zu verzichten, da, wo es wirkliche Gebrechen giebt, sie zu rügen, wo es Irrthümer giebt, sie zu berichtigen; diese ewigen, aus der Luft gegriffenen Diatriben gewisser Zeitungen gegen den Adel sollte dagegen die Presse selbst mit gebührendem Unwillen strafen.

Der Einwirkung von einflußreichen Gegnern und die Furcht vor jedem entschiedenen Auftreten sind vorher als die Ursache des Zögerns bezeichnet, welche die weitere Entwickelung der Verfassung erfährt; auf die Büreaukratie allein das Heil der Monarchie zu bauen, ist als höchst unsicher bezeichnet worden. Der Zustand kann unmöglich bleiben, wie er jetzt besteht, wenigstens wird er zu keiner festen Ordnung der Verhältnisse führen. Jetzt besitzen wir von allen politischen Staatsformen einzelne Bestandtheile, die sich gemischt neben einander gestellt haben. Das monarchische Princip erblickt neben sich das demokratische und aristokratische, der Absolutismus, der auch nicht immer fehlt, die Büreaukratie.

Wir glauben uns überheben zu können die Richtigkeit

dieser Angaben näher zu erweisen; in dem ersten Theil, so wie in diesem sind die Belege zu finden. So viel steht jedenfalls fest, daß Ein Princip angenommen und verfolgt werden muß, und daß, wenn dieses auch nicht das vorzüglichste wäre, es doch der Halbheit und einem beständigen Schwanken vorzuziehen ist.

Wenn wir uns nun zu der Art der Ausführung der von uns angezeigten Reform-Vorschläge wenden, so scheint es nothwendig diese mit der Formation und Restitution ständischer Elemente zu beginnen, und sie gleichzeitig vorzunehmen, ihnen gleichsam Einen Guß zu geben. Es kömmt Alles darauf an, ein Gleichgewicht zu erhalten und aus den einzelnen Gruppen eingeschlossenes Ganze — die ständische Monarchie selbst — hervorgehen zu lassen.

Die Schwierigkeit, welche schon an und für sich jede Umformung und selbst Restauration von Verhältnissen mit sich führt, die in dem innern Organismus ihre Wurzel haben und so unmittelbar in das Leben des Volks eingreifen, steigert sich noch durch die abweichenden verschiedenen Provinzen der preußischen Monarchie, die keine gleiche Anordnung erlauben. Die Grundzüge des Plans müssen von der Regierung ausgehen, wie sich dies von selbst versteht, allein der Verwaltung wird es unmöglich sein, ihm ohne Hülfe von Personen aus den verschiedenen Ständen irgend eine Reife zu geben, und es würde zu keinem Resultate führen, die Gutachten der Stände darüber zu fordern, wenn nicht eine gründliche Ausarbeitung vorangegangen wäre; daher scheint wohl kein anderer Weg übrig, als den Gedanken des vorigen Königs zu verfolgen, die Vorarbeiten einer besondern dazu berufenen Commission zu übertragen.

In den vorstehenden Blättern haben wir eine richtiger vertheilte Vertretung der materiellen Interessen gefordert, dagegen die der geistigen übergangen; wir haben uns jetzt noch zu rechtfertigen, weshalb wir glaubten sie ausschließen zu müssen. Die Bedeutung, welche die geistigen Interessen haben, und der Einfluß, den sie auf die Entwickelung des Ganzen üben, wird wohl Niemand verkennen können, ihre Theilnahme streitet aber gegen das Princip, ihr Eintritt in die ständischen Kammern läßt keinen Erfolg und am wenigsten einen wünschenswerthen erwarten.

In der ständischen Repräsentation, die ganz besonders den materiellen Interessen gewidmet ist, scheint dem gelehrten Stande kein Stuhl offen zu stehen, denn diese beschäftigt sich mit dem Materiellen, mit der Wirklichkeit, jene mit abstrakten Begriffen, mit Theorien. Die geistigen Elemente bedürfen auch dieser Vertretung nicht, um sich Geltung zu verschaffen. Als geistig nehmen sie einen höhern Rang ein, als ihnen in dem engen Raum des Repräsentantenhauses angewiesen werden kann, sie haben ein anderes Forum um sich Anerkennung zu verschaffen; dieses ist die Oeffentlichkeit, ihr Organ die Presse; auch ohne Sitz in den Kammern üben sie auf diese wie auf die Regierung und das ganze Publikum einen Einfluß, und einen sehr nützlichen, wenn Geist und Wahrheit aus ihnen sprechen.

Wenn der Stand der Gelehrten aller Fächer, wenn geistreiche Denker ihre Stimme erheben, so bleibt sie nicht in den Grenzen eines Hauses, eines Landes, sondern hat die Welt als Auditorium und fehlt ihnen dann die Anerkennung, so tragen sie allein die Schuld. So wenig nun die reingeistigen Elemente in den engen Raum der Kammern gehören, weil sich dadurch ungleichartige Elemente neben einander stellen würden, so ist ihre Gegenwart in gewisser Beziehung nicht einmal wünschenswerth, denn die Repräsentanten der materiellen Interessen und die der geistigen würden sich entweder nicht verstehen, und dann wäre ihr Zusammentritt unnütz, oder wenn ein beredter Vortrag abstrakter Theorie die Stände-Versammlung aus dem materiellen Kreise herauszöge, und sie zu höhern Anschauungen emporhöbe, so würde an der Stelle der praktischen Berathung eine theoretische Dissertation gehalten, und verhandelt. Man wendet dagegen ein, daß den Ständen Gegenstände zur Berathung vorgelegt werden könnten, die, weil sie mehr geistiger Natur wären, wohl einen sachkundigen und beredten Vertreter wünschenswerth machten.

Wir glauben darauf erwidern zu müssen, wie es in den ständischen Kammern nicht an geistreichen und höher ausgebildeten Männern fehlen wird, wenn die Wähler ihre Schuldigkeit thun. Es scheint aber recht eigentlich die Aufgabe der Beamten des Staats zu sein, die höhern geistigen Interessen zu wahren.

Mit Recht kann eine höhere Intelligenz, die Vertrautheit

mit dem System von ihnen gefordert werden; sie müssen in intellectueller Beziehung an der Spitze stehen. Durch die Bewilligung einer Aufnahme geistiger Elemente in die Kammern würde höchstens eine einseitige Opposition gegen die Ansichten der Regierung entstehen, und wahrscheinlich nur eine Candidatur für den Staatsdienst dadurch gegründet werden.

Im preußischen Staatsdienste befinden sich so viele fähige und geistig ausgebildete Männer, wie das Bedürfniß es nur immer erfordern kann, und wenn man sie nicht zu finden weiß, so trägt davon die Verwaltung selbst die Schuld. Wer es bezweifelt, daß die geistigen Interessen durch die Verwaltung und namentlich durch die preußische, gehörig gewahrt werden, den verweisen wir auf die Gesetzgebung Preußens in den Jahren von 1807 bis 1820, und ihm werden alle Zweifel schwinden.

Auch eine kirchliche Vertretung wird von einigen Seiten als historisch begründet gefordert. Wir möchten fragen, welche Kirche vertreten werden solle? etwa auch die Secten, in welche die evangelische zerfällt? übrigens ist die Kirche als solche historisch nie repräsentirt worden. Ihren früheren Sitz in der Ständeversammlung nahm sie als Vertreteterin des derselben gehörigen Grundeigenthums ein, sie war die Repräsentantin des corporativen Grundvermögens; mit dem Verlust desselben hat die Geistlichkeit auch ihre Stellung in den Ständeversammlungen eingebüßt. Soll der Kirche oder den Bischöfen derselben irgend eine Vertretung zu Theil werden, so kann diese nie in Wahlkammern stattfinden, sondern nur da, wo es zwei Kammern giebt, in der ersten derselben.

Versuchen wir nun die Aufmerksamkeit auf einige andere Mängel zu richten, deren Entfernung ebenfalls wünschenswerth erscheint.

In dem Gesetz vom Jahre 1823 wegen Errichtung der Provinzial-Stände ist die Bestimmung enthalten, daß, um eine Petition oder Reclamation der Stände bis zum Thron bringen zu können, eine Majorität der Stimmen von $\frac{2}{3}$ erforderlich sei; hat die Petition die einfache Majorität, allein nicht die so eben bezeichnete, so wird sie zwar zur Allerhöchsten Kenntniß gebracht, aber nur als eine Notiz, welche keiner Beantwortung bedarf. Der Zweck, welcher damals zu dieser Bestimmung die Veranlassung gegeben zu haben scheint, ist leicht zu errathen, es sollte dadurch das Petitionsrecht eingeengt und wo möglich verhindert werden, daß nicht so leicht Beschwerden über die Verwaltung bis zum Thron gebracht werden könnten, und diesen Erfolg hat es auch gehabt.

Welchen billigen und verständigen Grund kann es wohl geben, der Majorität das Recht zu entziehen, ihre Wünsche, die Bedürfnisse des Landes auf verfassungsmäßigem Wege dem Monarchen vorzutragen? Es giebt Fälle, wo es gerathen bleibt, daß sich eine überwiegende Mehrheit für etwas erkläre, z. B. wo wesentliche Abänderungen in der Verfassung beabsichtigt werden, oder wenn von Eingriffen in die Rechtsverhältnisse von Corporationen oder Einzelnen die Rede sein sollte. Dergleichen Vorsichtsmaaßregeln sind aber jedenfalls nur da zu empfehlen, wo den Ständen eine entscheidende Stimme zukommt, nicht wo es sich nur darum handelt, ihre Bitten vor den König zu bringen. Den ängstlichen Gemüthern will man glauben machen, daß diese Erschwerungen nöthig wären, um ungebührliche Anträge von Seiten der Stände zu verhindern. Es scheint, dieses Gespenst würde kein Glück mehr machen. Eine zu große Aufregung haben sich die Provinzial-Landtage bisher nicht zu schulden kommen lassen, sondern sich mehr an das Materielle gehalten, und da ihr geschäftlicher Wirkungskreis wenig befriedigend war, so wandte sich ihr Thätigkeitstrieb einstweilen auf directe Beförderung des Verbrauchs. Ja in manchen Provinzen boten sich der Patriotismus und die Gastfreundschaft gleichsam die Hand, den guten Magen der Herren Abgeordneten auf die Probe zu stellen.

Doch Dank sei es der Großherzigkeit des Monarchen, die Zeit der Nullität wird vorübergehen — sie ist es schon. — Dieses hat der erste Landtag nach dem Regierungsantritt bewiesen. Mit Zuversicht kann daher das Land hoffen, alle diejenigen Hindernisse entfernt zu sehen, die nur darauf berechnet sind, den Monarchen mit den Wünschen der Majorität seiner getreuen Stände in Unbekanntschaft zu erhalten, die vorhandene Gleichgültigkeit fortbestehen zu lassen und Reclamationen gegen etwanige Mißgriffe in der Gesetzgebung und Verwaltung zu verhindern. Es ist nur zu bekannt, wie manche Rücksichten ohnehin schon bestehen, bis sich der einzelne Abgeordnete entschließt einen Antrag zu unterstützen, der möglicher Weise nicht gut aufgenommen werden könnte; wenn hierzu noch gerechnet wird, wie viele Abgeordnete Beamte sind, so ist es leicht zu erkennen, wie schwer es hält, daß in solchen Fällen sich eine einfache Majorität herausstellt, und wie eine von $\frac{2}{3}$ oft in der Unmöglichkeit liegt. Die Regierung kann nur selbst wünschen, alle Verhältnisse zu kennen die mangelhaft sind und einer Abänderung bedürfen, ja es ist heilsam, wenn selbst diejenigen Beschwerden, die keine volle Begründung haben, zu ihrer Kenntniß gelangen, als das beste Mittel sie zu berichtigen.

Ein anderer wesentlicher Mangel liegt in der 2jährigen Zwischenzeit der Landtage; dies hat den Nachtheil, daß die Geschäfte sich häufen, die Berathungen oft der Gründlichkeit, die Anträge und Gutachten der Reife entbehren und sich dann von einem Landtage zum andern verschleppen, worunter das Land wesentlich leidet.

Gegen die Abhaltung jährlicher Landtage wird angeführt:

Es bestehe kein Bedürfniß, die Landtage zu vermehren, da es an Stoff für die Berathungen der Stände fehle;

Es würden dadurch die Kosten vermehrt und die Abgeordneten zu oft aus ihren Privat-Verhältnissen herausgerissen.

Es belästige die Verwaltung und unterbreche den regelmäßigen Gang der Geschäfte.

Diesen Ansichten fehlt es an Begründung. Nie und zu

keiner Periode hat es mehr Stoff zu ständischen Berathungen gegeben, als jetzt vorhanden ist, und die nächste Zeit darbieten wird.

Wenn die Regierung sich entschließen sollte, die jetzigen günstigen Zeiten zur weiteren Entwickelung der Verfassung zu benutzen, so wird schon dieser Gegenstand allein reichen Stoff zur Thätigkeit der Landtage gewähren.

Allein auch abgesehen von dem Material, welches die Verfassung zur Berathung der Stände abgeben könnte, giebt es noch unendlich viele andere Gegenstände die eine Berücksichtigung verdienen; der jetzt beabsichtigte Bau der Eisenbahnen und was sich an diesen knüpft, steht dabei oben an. Wir werden uns in dem Abschnitt über die Verwaltung weitläufig über denselben aussprechen, und verweisen den Leser dorthin; ebendaselbst werden wir uns über den Erlaß an der Salzsteuer verbreiten, und zu beweisen suchen, zu welchen segensreichen Folgen dieser Akt der Großmuth des Königs die Veranlassung werden kann, wenn jener so benutzt wird, wie sich die Gelegenheit dazu darbietet, und die Stände der Regierung dabei entgegenkommen. Ein anderer Gegenstand, der eine gründliche Erledigung verdient, findet sich in den polizeilichen Verhältnissen des Landes. Da diese zum großen Theil in erster Instanz von nicht besoldeten Personen verwaltet wird, so scheint es ein großer Mangel, daß die Gesetzgebung nicht bestimmtere Vorschriften erlassen hat, als die jetzt bestehenden, wo so Vieles noch der eigenen Auslegung überlassen geblieben ist. Vor Allem scheint es nöthig, daß endlich die Grenze zwischen der Befugniß der Polizei und Justiz schärfer gezogen werde. (Dieser Grenzstreit ist ein sehr alter). Beide waren früher vereint, oder vielmehr ressortirte einer aus dem andern und erst in neuerer Zeit ist die förmliche Trennung eingetreten. Es liegt gewiß in einem dringenden Bedürfniß, die noch bestehenden Controversen zu beseitigen.

Indessen würde auch dieses noch nicht genügend erscheinen, bis die Regierung eine Polizei-Ordnung erlassen haben wird. Die Unsicherheit, in der sich jetzt die Polizei-Behörden befinden, ist ihnen eben so peinlich als dem allgemeinen Wohl nachtheilig. *)

Ob die Polizei gut oder schlecht, oder in vielen Punkten gar nicht geübt wird, ist etwas rein Persönliches geworden. Für den Mißbrauch ist zwar gesorgt, daß den Contravenienten nicht Unrecht geschehe, aber nicht für die Sicherheit des Publikums. Wir könnten die sprechendsten Beispiele anführen, wenn es hier der Ort zu sein schiene. Das hohe Ministerium, dessen Sorge das Innere anvertraut ist, wolle diesen wichtigen Punkt ins Auge fassen und zur Allerhöchsten Kenntniß bringen.

Ein besseres Armengesetz, eine nähere Bestimmung wegen der Domicil-Gewinnung, ein Gesetz zur Ordnung der Verhält-

---

*) Die Zunahme der Bevölkerung, die an manchen Orten immer mehr und mehr überhandnehmende Völlerei, und die offenen, in dieser Beziehung so häufig vorkommenden Excesse, fordern dringend gesetzliche Bestimmungen, um den Behörden ein wirksameres Einschreiten zu gestatten.

nisse des Guts-Gesindes, über Errichtung von Besserungsanstalten für die aus dem Zuchthause entlassenen Sträflinge und vieles Andere gewähren reichen Stoff zur Begutachtung der Stände.

Indessen mehr wie alles dieses wird in der nächsten Reihe der Jahre die Revision der Gesetzgebung den öftern Zusammentritt derselben fordern.

In den Provinzen der Monarchie, wo das Land-Recht besteht, ist man mit einer Gesetz-Revision beschäftigt und sie liegt im dringendsten Bedürfniß; an ihr wird schon seit einer langen Reihe von Jahren gearbeitet, und sie wird auch nach der den Ständen gegebenen Zusicherung als die persönlichen und Eigenthums-Verhältnisse betreffend, ihrer Begutachtung vorgelegt werden.

Soll nun diese, der Wichtigkeit des Gegenstandes gemäß, eine reife Berathung erfahren, so wird, wenn die Gesetz-Commission ihre Arbeit ununterbrochen fortsetzt, bei der Menge der Objekte es unmöglich werden, diese während der Dauer eines Landtages gründlich zu begutachten, wenn diese nur alle zwei Jahre abgehalten werden sollen. Die Folge hiervon würde sein, daß sie auf den nächsten, erst nach zwei Jahren erfolgenden Landtage verschoben werden müßte. Unterdessen hat aber die Gesetz-Commission doch hoffentlich nicht müßig gesessen, zu dem alten Rest kommen dann neue hinzu und auf diese Weise ist kaum ein Ende abzusehen. Erwägt man nun, wie wenig zu erwarten ist, daß die Ansichten der Provinzial-

Landtage in gleichem Sinne ausfallen werden, und daß ferner mit Gewißheit anzunehmen ist, daß der Staats-Rath und die Gesetz-Commission sich auch nicht in allen Fällen mit den Ständen übereinstimmend erklären werden, und daher dieselben Gegenstände wiederum an die Landtage zurückgehen müssen, so steht in Aussicht, daß bei zweijähriger Landtagsperiode ein halbes Menschenalter erforderlich sein wird, um zum Schluß zu kommen.

Zur Vertheidigung der Ansicht, daß jährliche Landtage sich recht eigentlich im Bedürfniß des Landes befinden, läßt sich noch Vieles anführen; indessen wollen wir uns hier damit begnügen, gezeigt zu haben, es fehle nicht an wichtigem Stoff zu den Berathungen.

Was nun den zweiten Punkt, die Kosten und die Zeitversäumniß der Abgeordneten betrifft, so verdient er wohl im Betreff des Nutzens, der daraus für das Land erwächst, keine Beachtung, und die Männer, welche sich entschließen, einen Theil ihrer Zeit den öffentlichen Angelegenheiten zu widmen, werden dem höhern Ziel gern ein solches Opfer bringen.

In Hinsicht des letzten Punktes: jährliche abzuhaltende Landtage würden störend auf den Gang der Verwaltung eingreifen, so ist zwar nicht zu verkennen, daß sowohl die Vor- als die Nacharbeiten, welche die ständischen Berathungen veranlassen, die Thätigkeit der Verwaltung bedeutend in Anspruch nehmen werden; der Grund liegt aber nicht sowohl in der Mittheilung der Propositionen als in der großen Zahl der

Punkte, die eine Erwägung verdienen und dazu einer Bearbeitung bedürfen. Versammeln sich die Stände jährlich, so häufen sich die Arbeiten weniger, ihr Zusammensein wird daher kürzere Zeit fordern und um so schneller geschlossen werden können, wenn die Ausschüsse die Proponenda gründlich an sie gelangen lassen.

So wesentliche Vortheile auf der einen Seite die Provinzial- und Communal-Verfassung der Nation dadurch gewähren, daß sie ihre innern Angelegenheiten zum großen Theil selbst verwaltet und auf den Provinzial-Landtagen begutachtet, so ist auch auf der andern nicht zu leugnen, daß die Isolirung der Kammern in acht verschiedenen Provinzen bei Berathung über allgemeine Gegenstände, zu einer den Geschäften nachtheiligen Schwerfälligkeit führt, und ihre Gutachten keineswegs befriedigend ausfallen können, da sie aus einem einseitigen Gesichtspunkt hervorgegangen sind.

Die Verordnung vom 20. Juni 1842, die Erweiterung der Provinzial-Stände und die Errichtung der Ausschüsse betreffend, geht auch von diesem Gesichtspunkte aus; im §. 3 heißt es wörtlich:

„Die Wirksamkeit des Ausschusses soll vielmehr eintreten, „wenn die Ansichten der Landtage verschiedener Provinzen „über einen von ihnen berathenen Gesetz-Entwurf bedeutend „von einander abweichen, oder wenn in der weitern Berathung „der Gesetze in den höhern Instanzen der Legislatur neue „Momente hervortreten und Wir es angemessen finden, durch

„ständische Organe eine Ausgleichung der verschiedenen Ansich-
„ten herbeizuführen.“

Nun heißt es aber wieder in §. 2 derselben Verordnung:

„Die verfassungsmäßige Wirksamkeit der Provinzial-Stände,
„so wie solche durch den Artikel III. des allgemeinen Gesetzes
„vom 5. Juni 1823 vorgeschrieben ist, erleidet durch den
„Ausschuß §. 1 keine Beeinträchtigung.“

Es scheint bei einer oberflächlichen Betrachtung zwischen diesen beiden §§. ein gewisser Widerspruch zu liegen. Dies ist jedoch nicht der Fall.

Die Sätze sind sehr kurz gefaßt, enthalten aber sehr richtige Andeutungen, mit denen sich jeder, der die Richtigkeit der weitern Ausbildung der Monarchie erkennt, sich einverstanden erklären wird.

Der scheinbare Widerspruch in diesen §§. läßt sich in Folgendem finden. Bisher waren die Provinzial-Stände das alleinige gesetzliche Organ des Volks zum Monarchen. Die durch das Gesetz vom 1. März 1842 angeordneten Ausschüsse, die jetzt durch die Huld des Königs zu einer allgemeinen Landes-Berathung sich versammelt hatten, nehmen für die höheren allgemeinen Gegenstände den Platz ein, den bisher die Provinzial-Stände im Besitz hatten.

Als bloße Deligirte der Provinzial-Stände können die Mitglieder des Ausschusses nicht betrachtet werden; einem Deligirten kann von seinen Comittenten eine Instruktion gegeben werden, und diese würde in der Regel die sein, die Ansichten der Majorität des Landtages fest zu halten; für diesen Fall würden die Ausschüsse aus willenlosen Automaten bestehen und jede fruchtbare Berathung wäre unmöglich. Dies kann daher nimmermehr die Absicht sein. Es muß mithin den Mitgliedern der Ausschüsse das Recht zustehen, nach eigner, bester, durch die allgemeine Berathung geläuterte Ansicht, ihre Meinung abgeben zu können; für diesen Fall wird aber scheinbar der Einfluß der Provinzial-Kammern beschränkt, denn sie hören auf, die oberste Instanz zu bilden, welches die Bestimmung des §. 2 zu verlangen scheint, nach welcher die verfassungsmäßige Wirksamkeit derselben keine Beeinträchtigung erleiden soll. Allein, wie schon vorhin gesagt, dieser Widerspruch ist nur ein scheinbarer.

Durch die Berechtigung, welche jene Verordnung den Provinzial-Ständen ertheilt, Abgeordnete aus ihrer Mitte zu den allgemeinen Berathungen aller Provinzen des Reichs zu senden, wird ihr Wirkungskreis nicht eingeengt, sondern sichtbar erweitert, und zwar im wesentlichen Interesse ihrer Committenten. Die Provinzial-Kammern bilden wie bisher das ständische Organ, aber sie sind außerdem noch berechtigt, durch einen Ausschuß aus ihrer Mitte sich über diejenigen Gegenstände im Interesse der gesammten Monarchie zu berathen, welche zwar den Provinzial-Ständen mit vorgelegt wurden, über die es ihnen aber in ihrer isolirten Stellung oft unmöglich war, ein begründetes Gutachten abzugeben, und die mithin nur zu häufigen Compromittirungen führen können, wobei aber der eigentliche Zweck, der Regierung ein begründetes Gutachten abzugeben, verfehlt wird.

Was nun den Wirkungskreis der Ausschüsse betrifft, so ist dieser durch die Natur der Sache bezeichnet; er fängt da an, wo die isolirte Stellung der Provinzial-Kammern sie ungeeignet macht, ein begründetes Urtheil abzugeben und hört da auf, wo mit den Befugnissen derselben Collisionen eintreten würden. Der §. 2 bestimmt dies und nichts weiter. Die allgemeinen Ausschüsse sollen keine für sich bestehende Kammer mit initiativer Stimme, keine eigentlichen Reichsstände bilden, sondern sich immer wieder in die Provinzial-Stände zurückziehen. Zu den Funktionen der Ausschüsse gehört nun unzweifelhaft die Begutachtung aller derjenigen Gegenstände, welche nicht speziell die einzelnen Provinzen, sondern das ganze Land berühren, und wo mithin das Provinzielle dem Allgemeinen untergeordnet bleiben muß; ferner alle Gegenstände, wo es sich im Fall eines Kriegs oder der Ausführung großer Landes-Meliorationen von Staats-Anleihen und deren Garantie handelt, desgleichen wenn von Abgaben-Erlaß oder von neuen Steuern die Rede ist u. dgl. mehr. Daß die Provinzial-Stände über alle diese Gegenstände, wenn nicht unerwartete eilige Umstände eine Ausnahme fordern, vorher gehört werden können, scheint nach den Bestimmungen des §. 2 der Verordnung vom 20. Juni 1842 unzweifelhaft, und kann nur als zweckmäßig erkannt werden.

Wie die Verhältnisse sich bisher gestaltet haben, blieb es

rein den Ansichten der Behörden überlassen, aus den oft sich entgegenstehenden Gutachten der Provinzial-Landtage diejenigen herauszuwählen, die mit den ihrigen übereinstimmten, und sie konnten dem Monarchen demnächst immer ohne direkte Verletzung die Wahrheit vortragen, daß die und die Stände sich damit einverstanden erklärt hätten. Was dagegen die eigentliche Ansicht der Majorität des Landes war, blieb dem Monarchen unbekannt. Ein solcher Zustand kann weder das Land befriedigen noch die hohen Staats-Interessen befördern. Dieser große Uebelstand wird nun durch den Zusammentritt der Ausschüsse abgewendet. Allein nach den Bestimmungen der Verordnung vom 20. Juni 1842 ist dieser von dem jedesmaligen höchsten Befehl abhängig. Dadurch wird es ein Akt augenblicklicher Huld des Monarchen, und ist als solcher dankbar zu erkennen, allein es läßt diejenigen Bürgschaften vermissen, welche im Sinne der Stabilität dringend nöthig sind. Es hat daher den heißen Wünschen, welche das preußische Volk aus allen Theilen des Reichs zum Thron sendet, nicht völlig entsprochen, weil dadurch der Zustand der Ungewißheit, der Sorge und Hoffnung nicht aufgehoben wird, dessen Beseitigung die vom Monarchen erlassene Verordnung vom 20. Juni 1842 hoffen ließ. Nur erst, wenn der regelmäßige Zusammentritt der Ausschüsse und der Umfang ihrer Befugnisse durch die Huld des Monarchen für immer festgesetzt und dadurch zu einem Grundgesetz der Verfassung erhoben sein wird, kann der wesentlichste Punkt derselben (die ständische Repräsentation) als im conservativen Sinne abgeschlossen betrachtet werden; erst dann werden die Folgen eintreten, welche aus der Stabilität für die Monarchie und deren Festigkeit entspringen. *)

So wichtig es nun für die jetzige und künftige innere Wohlfahrt der preußischen Monarchie sein wird, wenn die Verfassung eine feste Ausbildung unter der jetzigen Regierung erhält, so entschieden wird es die Kraft Preußens in seinen Verhältnissen zu Deutschland und zu den übrigen europäischen Großmächten verstärken. Preußen hat im Jahre 1815 auf dem Wiener Congreß vor dem ganzen Europa erklärt, seinem Volke eine Verfassung geben zu wollen, mit Angabe der Grundlagen, auf welche diese gebaut werden sollte. Da diese bisher nur theilweise in Erfüllung gegangen sind, so mußte das Ausland annehmen, der preußische König, welcher damals den Thron einnahm und der sein Volk schon mit so vielen freisinnigen Institutionen beschenkt hatte, könne nur durch wichtige Gründe verhindert worden sein, die Ausführung zu verschieben. Diese bestanden auch wirklich und lagen, wie wir es schon in dem ersten Theil angedeutet haben, in dem damaligen aufgeregten Zustande Deutschlands und in dem Umstand,

*) Es verdient hier noch erwähnt zu werden, daß dadurch zugleich die Verheißungen des vorigen Monarchen, welcher diesen seinen Willen unter dem 24. Okt. 1810, 7. Sept. 1811 und 22. März 1815 und noch bei vielfachen Gelegenheiten gegeben hat, gelöset sein, und zugleich die verschiedenen Auslegungen, die über den Sinn derselben im Volk verbreitet sind, faktisch declarirt werden würden.

daß es nicht weise gewesen sein würde, mit den so eben erst neu hinzugekommenen Provinzen sich in Verhandlungen wegen der Verfassung einzulassen, und endlich darin, daß eigentliche Reichsstände, wie sie dort genannt werden, mit der ständischen Monarchie, die doch eigentlich gemeint war, nicht vereinbar sind.

Nachdem aber jetzt diese Aufregung in Deutschland verschwunden ist, und da die neuen Provinzen bereits 28 Jahre mit der Monarchie vereinigt sind und in dankbarer Anerkennung des glücklichen Zustandes, in welchem sie sich befinden, in der Verehrung des Königs mit den alten Provinzen wetteifern, so spannte die Zusammenberufung der Ausschüsse ganz Deutschland und schien ihm ein Zeichen zu sein, daß die Gründe geschwunden wären, welche bisher der endlichen Entwickelung der Verfassung entgegengestanden hatten. Diese Spannung war um so erklärlicher, da ganz Deutschland es fühlt, daß seine Einigkeit die Bedingung seiner innern und äußern Wohlfahrt sei, daß diese jedoch vorzüglich von einer Annäherung der Verfassung der verschiedenen Staaten bedingt werde, die jetzt so wenig besteht. (Wir werden bei dem Abschnitt über Deutschland zeigen, daß man bisher zwei ganz divergirende Wege verfolgte). Die Denkschrift an die Ausschüsse rechtfertigte nun nicht die Erwartungen, die die Cabinetsordre vom 20. Juni in Deutschland angeregt hatte, und die mithin zu sanguinisch gewesen waren. Man würde sich aber sehr täuschen, wenn man glauben wollte, jene Denkschrift hätte die

Hingebung und Verehrung der Nation zu ihrem hochherzigen Monarchen und den Glauben, den sie hat, im Geringsten zu schwächen vermocht.

Unter diesen Verhältnissen verdient die Haltung der Ausschüsse in mehrfacher Beziehung eine lobende Anerkennung von Seiten des Landes. In ganz Europa giebt es kein Volk, welches so viele thätige Beweise von treuer Hingebung, von Aufopferung und Liebe seinem Herrscher gegeben hat, als das preußische und es scheint daher unmöglich, daß in der Brust eines so hochherzigen Fürsten auch nur entfernt der Gedanke aufkommen könnte, es sei ein ausdrückliches Verbot nöthig gewesen, die Anregung gewisser Fragen abzuwenden, deren alleinige Beseitigung der Monarch sich selbst vorbehalten hat, und deren Lösung sein Volk mit Vertrauen von ihm erwartet.

Jedenfalls war es ein Beweis von richtigem Tackt und eben so richtigem Gefühl, daß die Ausschüsse sich streng in den Grenzen gehalten haben, die ihnen vorgezeichnet waren.

Indessen hat diese erste Zusammenberufung dennoch eine weit tiefere Consequenz als der oberflächliche Schein verspricht. Es liegt in ihr eine faktische Anerkennung, daß die Organisation der provinzialständischen Kammern in Hinsicht einer allgemeinen Repräsentation mangelhaft ist. Die Cabinets-Ordre vom 18. Okt. 1842 spricht sich darüber ganz bestimmt aus. Der Wille des Monarchen wird durch Mittheilungen über die Bewegungs-Gründe erklärt und diese lauten dahin, daß gemeinschaftliche Berathungen die Bedingung einer das Wohl des Landes fördernden ständischen Entwickelung wären.

Der Vereinigungs-Punkt ist nun in den Ausschüssen gegeben.

Die bestimmte Erklärung des Monarchen, daß es im Bedürfniß seines Volks liege, durch die Ausschüsse dem ständischen Beirath der einzelnen Provinzen das Element der Einheit zu ergänzen, kann keinen Zweifel übrig lassen, daß die Institution der Ausschüsse in der Verfassung einen dauernden Platz erhalten werde.

Ein Monarch, dessen ganzes Streben unverkennbar zum Ziele hat, die Wohlfahrt seines Volkes dauernd zu fördern, wird sich nicht darauf beschränken, einen augenblicklichen Glücksstand zu schaffen, der nur eine vorübergehende Erscheinung in der Entwickelungs-Geschichte der preußischen Monarchie einnimmt, sondern sein edler Stolz wird ihn treiben, ein bleibendes Denkmal zu gründen und der Nachwelt zu überliefern.

Wenden wir uns wieder zu dem weiten Umfang der Wirksamkeit der Ausschüsse, und halten uns dabei an den Gedanken, den der Monarch selbst ausgesprochen, daß ihnen solche Gegenstände überwiesen werden sollen, in welchen es sich von den allgemeinen Landes-Interessen handle, so finden sich noch mehrere Punkte, als die vorhin bezeichneten, die ihnen anheim fallen. Dahin gehört vor Allem die Befugniß, ihre Gravamina in Hinsicht der etwa geglaubten Verletzung der Verfassung vor den Monarchen zu bringen.

Den Fall vorausgesetzt, daß solche Eingriffe erfolgten, so wäre dies einer der Gegenstände des allgemeinsten Interesses und nicht speciell der einzelnen Provinzen. Es kann ja der Fall sehr wohl gedacht werden, und es wird nicht ausbleiben, daß Zweifel über die Auslegung der Verfassung vorkommen, und daß die einzelnen Stände sich in dieser Beziehung im Irrthum befinden können; in einem solchen Falle wäre es viel wünschenswerther, wenn durch die gründlichen, unter den Augen der Regierung selbst stattgefundenen Berathungen der Ausschüsse dieser widerlegt würde, als wenn die Regierung die einzelnen Provinzial-Stände darüber bescheiden müßte. Aber auf der andern Seite angenommen, sie würden von den Ausschüssen als begründet befunden und von der Regierung als solche nach reiflicher Berathung mit den Ausschüssen erkannt und nach den Wünschen der Stände geordnet, so würde dadurch jedenfalls eine unangenehme Spannung vermieden, die unvermeidlich eintreten würde, wenn die sämmtlichen Provinzen erst gehört werden müßten und die Ertheilung des Bescheides sich sehr lange verschöbe, oder hinterher noch an die Ausschüsse gebracht werden sollte.

Außerdem gehört auch die Kenntnißnahme der Einnahme und Ausgabe des Staats ihrer Natur nach zum Ressort der Ausschüsse, so wie die Befugniß, ihre etwanigen Bemerkungen und Bitten deshalb vorzutragen; den Provinzial-Kammern diese zu übertragen wäre im höchsten Grade zwecklos.

Da wir uns schon im ersten Theile dieses Werks umfassend über die Gründe dafür ausgesprochen, auch nachgewiesen haben, weshalb uns die Kenntnißnahme der wirklich erfolgten Einnahme und Ausgabe genügend erscheint und nur diese vom vorigen Monarchen seinem Volke zugesichert ist, so überheben wir uns, hier auf eine weitere Erörterung einzugehen, um so mehr, da die vielfachen Bekämpfungen unserer Ansicht nichts Neues enthalten, und wir auch später bei dem Abschnitt über Deutschland noch einmal auf diesen Punkt zurückkommen werden; nur verdient es noch erwähnt zu werden, daß es nie unsere Ansicht war, wie man uns derselben beschuldigt hat, die Ausschüsse sollten eine zweite Oberrechnungskammer bilden, da die erste die ihr gestellte Aufgabe so vollkommen erfüllt, sondern wir fordern damit nur, daß den Ständen sowohl der wirkliche Umfang der Lasten bekannt werde, welche das Volk trägt, als auch die Verwendung, welche von ihnen gemacht wird.

Es kann hier nur darauf ankommen, in großen Umrissen die künftige Wirksamkeit der Ausschüsse anzudeuten, und wir wenden uns daher zur Bezeichnung der wesentlichsten Punkte der Verfassung, wenn diese ihren vielseitigen und schon öfters ausgesprochenen Zweck erfüllen soll.

Der erste ist und bleibt, daß die dem Lande verliehene Verfassung, nachdem sie durch die Huld des Königs ihre Vollendung erhalten hat, zu einem Landesgesetz erhoben würde und zugleich eine staatsrechtliche Geltung enthalte, daß sie der Bundesakte und den Bestimmungen des §. 13 derselben gemäß als ein vom Monarchen ertheiltes, von dem Volke dankbar angenommenes Staats-Grundgesetz in dem Archiv des Bundes niedergelegt und unter die Garantie des Bundes gestellt werde. *)

Ein zweiter besteht darin, daß in der Verfassung ausdrücklich ausgesprochen werden muß, daß die Bestimmungen derselben weder im Ganzen noch im Einzelnen eine Veränderung anders erleiden könne als im Einverständniß des Monarchen und der Stände. Dieser Punkt führt nun wieder zu der in der öffentlichen Meinung schwebenden Controverse, wie die Verfassung zu schützen sei; bei der Wichtigkeit des Gegenstandes wird es nicht überflüssig sein, hier noch Einiges dem oben bereits Gesagten hinzuzufügen.

Es giebt in der Welt Personen, Dinge, Worte, von denen man sich viel verspricht, bis man überzeugt wird, wie wenig dahinter ist. Zu dieser Categorie gehört ganz besonders das Wort Schutz. Keines hat die Menschen so oft getäuscht, keines den Völkern und dem Einzelnen durch einen blinden Glauben so viel Schaden gebracht. Niemand wird behaupten wollen, daß es überhaupt einen absoluten Schutz geben könne, und am wenigsten findet dieser da statt, wo die Unveränderlichkeit eines Zustandes zwischen zwei in steter Ver-

---

*) Wir müssen bitten, uns hier nur als Schriftsteller zu betrachten, dessen Aufgabe es ist, seinen Lesern vollständige Mittheilungen zu machen. Der Preuße würde diese Garantie gleichgültig betrachten können, da das bloße Wort seines Monarchen alle weitere Bürgschaft überflüssig macht.

änderung befindlichen Gegenständen geschützt werden soll. Dieser Fall tritt ganz besonders bei dem Schutz ein, welchen der übereingekommene Vertrag den Rechten des Fürsten und seines Volkes gewähren soll.

Diejenigen, die einen absoluten Schutz verlangen, fordern etwas Unmögliches; Andere, die ihn durch Fesseln gewinnen zu können glauben, die sie der ihnen gegenüberstehenden Gewalt angelegt haben, befinden sich erst recht im Irrthum. Wer für gewisse Zustände eine Sicherung verlangt und namentlich für die, welche zwischen dem Regierer und Regierten bestehen, muß sie in der Natur der Verhältnisse und in den wechselseitigen eigenen Interessen der dabei Betheiligten aufsuchen; geschieht dies, so wird dieser Schutz mindestens so lange vorhalten, als jene richtig gewürdigt werden, wodurch wenigstens viel gewonnen ist. Unleugbar liegt die physische Gewalt in dem Volke, während die Stärke der Regierung ihrer Natur nach mehr eine geistige rein moralische ist, aber gestützt auf den Besitz der Macht durch die in ihrer Hand ruhende Verwaltung. Die Wohlfahrt der Völker fordert es nun, daß die geistigeren Elemente und nicht die rohe physische Gewalt das Regiment führen, daher muß vor Allem der Monarch ganz im Interesse des Volks möglichst gegen die Ausbrüche dieser physischen Gewalt geschützt werden. Wollte man nun gegen die Uebergriffe des Monarchen oder seiner Diener sogleich an die physische Gewalt appelliren, so würde man herbeiführen, was man im eigenen Interesse verhindern muß, daher ist es nöthig gegen solchen Uebergriff eine moralische Controlle anzuordnen, die um so wirksamer sein wird, als sie Zeit zu reifer Erwägung läßt, und am Ende die physische im Hintergrunde steht.

Der beste und sicherste Schutz der Verfassung liegt vor Allem in der richtigen Würdigung der wechselseitigen Verhältnisse von König und Volk zu einander. So wie der Mensch aus Körper und Geist besteht, die nur durch ihre Vereinigung ihren Werth und ihre Bedeutung erfüllen, eben so wird erst aus König und Volk ein großes Ganzes, die Monarchie. Ein König von seinem Volke getrennt gedacht, ist ein Geist ohne Körper. In dieser Nothwendigkeit der Vereinigung liegt die beste und zugleich die ehrenhafteste Bürgschaft.

Doch wir begnügen uns mit diesem Bilde; schon vorhin haben wir uns umständlich über diesen Gegenstand ausgesprochen, eine weitere Ausführung würde nur eine Wiederholung sein. Es bietet sich uns jetzt noch ein anderer Punkt zur nähern Erwägung dar. Die Wohlfahrt und die politische Stellung des Staats fordern, wie vorhin gezeigt worden ist, daß die ungetheilte Regierungs-Gewalt in der Hand des Monarchen sich befinde, allein keine absolute, sondern eine aus den Gesetzen entspringende. Im Widerspruch mit vielen andern Publicisten haben wir gegen mögliche Uebergriffe der Regierung nur die Macht der öffentlichen Meinung verlangt. Die Wirksamkeit derselben setzt aber voraus: einmal, daß die Stände des Reichs gehört und darauf beschieden werden müssen; beides bewilligt die Verfassung; zum andern, daß die Presse bis zu einem gewissen Grade frei sei. Dies ist eine unerläßliche Bedingung in einer ständischen Monarchie, denn wenn dies des Fall nicht ist, kann es überhaupt keine öffentliche Meinung geben und am wenigsten eine, die irgend ein Gewicht hat oder verdient. Daher muß die Freiheit der Presse wenigstens bis auf einen gewissen Grad durch die Verfassung anerkannt werden. Wie soll es denkbar sein, daß sich eine auf Recht und Wahrheit stützende öffentliche Meinung aussprechen soll, wenn das Recht nicht öffentlich vertheidigt werden darf, wenn die Wahrheit nicht geprüft wird, wenn es daher möglich ist, unter einer blendenden Außenseite alle möglichen Theorieen aufzustellen und in die Welt zu senden, ohne daß es erlaubt ist, ihren Werth zu würdigen. Eine Verwaltung, welche die Presse ungebührlich beschränkt, erklärt sich für schwach, sie erkennt stillschweigend an, entweder daß sie den Schriftstellern ein geistiges Uebergewicht einräume, oder daß noch wesentliche Mängel bestehen, die sie nicht abändern will.

Zwar entgegnet man, nicht deswegen beschränke man die Presse, sondern weil sie die Nation aufrege, die öffentliche Meinung irreleite und die Verwaltung verdächtige.

Die erste Behauptung so wie die zweite gehen von falschen Voraussetzungen aus. Das preußische Volk aufzuregen würde, Gott sei dafür gelobt, eine schwierige Aufgabe sein. Das preußische Volk zählt 15 Millionen Köpfe, und wenn von diesen 1500 (das will viel sagen) sich aufregen lassen, so bilden sie erst den zehntausendsten Theil der Nation. Auch ist im preußischen Volke zu viel Intelligenz und zu viel gesunder Menschenverstand, als daß es sich je hätte irre leiten lassen, wenn es sich von seiner Pflicht und seiner Anhänglichkeit an König und Vaterland handelt. Richtig ist es, daß Angriffe auf die Verwaltung viel gelesen werden, allein dies liegt auch in der Natur der Verhältnisse. Bisher ist die Presse ungebührlich beschränkt gewesen, auch ist es nicht zu leugnen, daß noch manche Mängel bestehen, die einer Besprechung bedürfen.

Durch die Huld unsers hochherzigen Königs sind in dieser Beziehung die Fesseln gelöst, die das preußische Volk unverdient, aber ohne Murren getragen hat; kann man sich wundern, daß das Publikum schon aus Neugierde über eine so ungewohnte Lectüre begierig herfällt? Allein die Verwaltnng trägt auch selbst dazu bei, um das zu befördern, was sie hindern will. Manches Buch, welches keinen Absatz, wenige Leser und noch weniger beifällige gefunden haben würde, erhält erst ein Publikum, weil es verboten wird.

Der erste Theil unseres Buchs hätte auch eine Auflage weniger erlebt, wenn Herr L. K. dem Buch nicht ein Relée gelegt, nicht die besoldeten Blätter es geschmäht und Broschüren abgefaßt wären, um auf uns zu schimpfen.

Sobald die Verwaltung dahin gekommen sein wird, die Gespenster-Furcht abzulegen, begründeten Tadel ohne Empfindlichkeit und mit der Absicht hinzunehmen, das Gute daraus zu benutzen, und albernes Geschrei so unbeachtet zu lassen als das Gebell der Hunde, die hinter dem Wagen herlaufen, wenn man durch Dörfer fährt, so kann sie sich versichert halten, das größere und verständigere Publikum auf ihrer Seite zu sehen.

Wir sind weit davon entfernt, einer zügellosen Presse das Wort zu reden, was noch mehr ist, wir glauben, diese schade wesentlich den wohlthätigen Einwirkungen einer freisinnigen, und es ist unserer Ansicht nach daher zu wünschen, daß eine gewisse heilsame Beschränkung durch Censur noch fortbestehe. Indessen hat die Presse, seit ihr in Preußen mehr Freiheit gegeben ist, auch keineswegs einen zügellosen Charakter angenommen. Selbst die rheinische Zeitung, der man es vorwirft die Regierung bisweilen zu heftig angegriffen und im Einzelnen gegen die Regeln der Klugheit gefehlt zu haben, gehört dennoch zu keinem der schlechtesten politischen Blätter Deutschlands, nur möchten wir ihr mehr Gemessenheit empfehlen. Wir sind um so unpartheiischer bei dieser Erklärung, da sie in ihrer politischen Richtung von der unserigen abweicht, ja uns selbst mannigfach angegriffen, in anderen Punkten aber auch vertheidigt hat. *)

---

*) Der Verwaltung sind besonders unangenehm die Besprechungen der Provinzial- und auswärtigen Blätter über die inländischen Angelegenheiten und die Tagesneuigkeiten aus Berlin; dies zu verhüten giebt es kein sicheres Mittel als den Berliner Tagesblättern in dieser Beziehung mehr Freiheit zu gestatten, wenigstens würde dadurch den Entstellnngen vorgebeugt, über die man jetzt unzufrieden ist.

Von den vielen Wohlthaten, welche die Nation schon dem Monarchen in der kurzen Zeit seiner Regierung verdankt, ist keine, die so freudig von dem preußischen Volke begrüßt worden ist, und keine die ihm innerhalb und außerhalb Deutschland so viel Popularität erworben hat, keine die so vortheilhaft gewirkt, als die Aufhebung der zu weit geführten Beschränkung der Presse; diese Wirkung wird mit der Zeit immer mehr und mehr hervortreten, wenn erst die Bestrebungen, welche hin und wieder bestehen, wieder eine Beschränkung eintreten zu lassen, ganz aufgehört haben werden. Sehr zweckmäßig erscheint die Allerhöchste Verfügung vom 31. October 1842 an alle Behörden, unwahre Angaben officiell zu widerlegen, indessen scheint dies allein unzureichend. Die Verwaltung selbst fühlt es und läßt daher in Königsberg ein neues Tagesblatt erscheinen, um gewissen dort bestehenden Tendenzen entgegen zu treten.

Wir versprechen uns keinen bedeutenden Erfolg von dieser Maaßregel; die bisherige Erfahrung spricht für diese Ansicht. Die Regierung thut sehr wohl, unwahren, lügenhaften Angriffen durch die Presse officiell zu widersprechen; allein bei der Vertheidigung durch eigene Organe wird sie stets den Kürzern ziehen, schon deshalb, weil sie sich gewissermaaßen dadurch zur Partei macht. Auch ist dies in den Verhältnissen, in denen die preußische Regierung sich befindet, am allerzwecklosesten, da die meisten Angriffe auf sie von Deutschland kommen,*) Ein Regierungsblatt kann sich unmöglich auf eine beständige Polemik hiergegen einlassen.

So heilsam es nun auf der einen Seite ist, daß das Publikum sich frei aussprechen und seine Interessen öffentlich vertheidigen kann, eben so nothwendig wird es wiederum, daß die Regierung nicht falschen Angriffen blosgestellt bleibe; dies ist nur zu erreichen, wenn unabhängige Blätter bestehen, die den Willen und das Geschick besitzen, die Regierung aus freier Wahl zu vertheidigen. Sie müssen unabhängig sein, rügen dürfen, was dem Volke und der Regierung selbst schädlich ist und daher eine Aenderung fordert, sie müssen es, um Interesse zu erwecken und Vertrauen zu verdienen; allein mit gleicher Wärme müssen sie die Regierung gegen unwahre Beschuldigungen vertheidigen und ihren tüchtigen, wohlwollenden Maaßregeln Anerkennung zu verschaffen wissen.

Nach solchen Organen hat sich nun die Regierung vor Allem umzusehen. Sie muß es über sich gewinnen können, diesen zu gestatten, auch die Handlungen der Regierung einer freimüthigen Kritik zu unterziehen, und es sich zugleich vorbehalten, wenn sie mit dieser nicht einverstanden ist, in demselben Blatte eine Widerlegung einrücken zu können, damit demselben Leser das Eine und das Andere zu Gesicht kommt.

Nur wenn die Regierung ihre Vertheidigung gesichert sieht, kann sie ruhig den Angriff erwarten, und erst, wenn die

*) Diese Worte sind geschrieben, ehe das Verbot des Absatzes der Allg. Leipziger Zeitung von der Regierung erlassen worden war.

Unvollkommenheiten erörtert sind, auf eine so wünschenswerthe und heilsame Unterstützung ihrer Maaßregeln durch die öffentliche Meinung rechnen. Versäumt die Regierung es dagegen, sich auf diese Weise zu schützen, so wird sie sich fortwährenden Verlegenheiten und Reibungen ausgesetzt sehen, und wollte sie wieder zur Unterdrückung schreiten, das Kind, wie man sagt, mit dem Bade ausschütten, so würde sie dadurch nur ihre Schwäche manifestiren und sich die Gemüther des Volks entfremden, weil diesem dadurch eine Bürgschaft gegen die Willkür der Beamten entzogen wird, deren es, wie vorher gesagt ist, in der ständischen Monarchie mit nur berathenden Ständen bedarf.

Drittens. So wenig die Verfassung einer einseitigen Abänderung ausgesetzt werden darf, eben so wohl muß der Rechtszustand gegen willkürliche Umgestaltung geschützt bleiben. Gesetze, durch welche die persönliche oder die religiöse Freiheit oder das Eigenthum der Bürger gesichert worden sind, können nur mit Zustimmuug der Stände eine Umänderung erfahren, wenn auch ihnen in allen übrigen Punkten nur eine berathende Stimme zusteht.

Die Grenzen der beiden ersten Categorien lassen sich sehr leicht scharf bezeichnen und haben wir uns schon im ersten Theil S. 89—90 darüber ausgesprochen. Dagegen bedarf der letzte Punkt, daß das Eigenthum der Bürger nicht durch einseitige und willkürliche Verfügung gefährdet werden dürfe, einer näheren Besprechung, da wir hier auf einen Fall aufmerksam machen können, welcher die Nothwendigkeit derartiger Bestimmungen, wie eben vorgeschlagen sind, nur zu klar hervorhebt.

Das preußische Landrecht war bisher in gewisser Beziehung die einzige schriftliche Verfassungs-Urkunde, und enthält als solches gesetzliche Bestimmungen, durch welche gewisse Rechte der Einzelnen dem Staate gegenüber anerkannt sind.

Durch die Gesetzgebung vom Jahre 1807 bis 1823 entstanden in ihm wesentliche Lücken. Die Reformation, die damals erfolgte, war in ihrem Effekt eine wirkliche Revolution, obgleich unter der Aegide des Monarchen ausgeführt und daher frei von den Unordnungen, welche sonst große Umwälzungen so verderblich machen. Mit dem Verschwinden der Ursachen zu so großen, das Vermögen und die Rechte der Nation betreffenden Umformungen mußte auch ein gesicherter Rechtszustand wieder eintreten. Hiervon durchdrungen wurde vom vorigen Monarchen erst der Staatsrath errichtet, um in Ermangelung der natürlichen Rathgeber des Throns, diesem alle Gesetzabänderungen zur Begutachtung vorzulegen; demnächst wurde bei Errichtung der Provinzialstände diesen zugesichert, sie bei allen Veränderungen der das Eigenthum und die Person betreffenden oder eine Vermehrung der Steuern bezweckenden Gesetze zu hören. Demohngeachtet ward im Jahre 1831 ein Ministerial-Bericht durch eine zufällige Veranlassung hervorgerufen, und vom Könige durch eine Cabinets-Ordre vom 4. Decbr. 1831 bestätigt und zum Gesetz erhoben, welches das Eigenthum der preußischen Unterthanen unsicher machen würde, wenn seine Anwendung erfolgen sollte. Unverkennbar ist dem vorigen Könige die eigentliche Bedeutung dieses dunkel und unverständlich gefaßten Ministerialberichts, in dessen Gefolge die Cabinets-Ordre erlassen ist, vorenthalten, denn wenn sie mehr als die Declaration einer mißverstandenen Gesetzstelle sein sollte, so würde er doch die Stände und den Staatsrath darüber gehört haben, bevor er den bisher bestandenen, wenigstens allgemein geglaubten Rechtszustand dahin declarirt hätte, daß gegen Handlungen der Staats-Gewalt und gegen die den Einzelnen daraus erwachsenen Nachtheile keine Reklamations-Wege übrig blieben. Durch dieses Gesetz hat die Verwaltung es in der Hand, ohne daß es zur Kenntniß des Fürsten kommt, Jedem sein Eigenthum unter irgend einem Vorwand zu verkürzen. *) Um den Leser in die Lage zu setzen, ein eigenes Urtheil zu fällen, ob unsere Ansicht, daß durch selbiges das preußische Staatsrecht eine Umwandlung erhalten habe, richtig sei, lassen wir das Gesetz selbst hier folgen, um so mehr, da es so wenig gekannt zu sein scheint, daß selbst in dem neuern Werk von Wilhelm Ostermann „das preußische Staats-Recht. Dortmund 1841," dieses Gesetz ganz ignorirt wird.

Allerhöchste Cabinets-Ordre vom 4. December 1831, betreffend die genauere Beachtung der Grenzen zwischen landeshoheitlichen und fiskalischen Rechtsverhältnissen.

---

*) Es wird dem Publikum sehr erwünscht sein, wenn von Seiten der Justiz-Behörden über den Sinn dieses Gesetzes, in so fern er bisher und vielleicht auch hier mißverstanden sein sollte, eine authentische Deutung gegeben würde.

Da ich die im Berichte des Staatsministeriums vom 16. v. Mts. für die Gerichte abgefaßte Belehrung über den in vorgekommenen einzelnen Fällen nicht beobachteten Unterschied zwischen landeshoheitlichen und fiskalischen Rechtsverhältnissen, den Landesgesetzen und der Landesverfassung überall gemäß finde so genehmige Ich dieselbe und will, daß sie auf gesetzlichem Wege bekannt gemacht werde. Das Staatsministerium hat daher den zurückerfolgenden Bericht nebst Meinem gegenwärtigen Befehle durch die Gesetzsammlung zur öffentlichen Kenntniß und zur Befolgung der Gerichte zu bringen.

Berlin den 4. December 1831.

Friedrich Wilhelm.

Ew. Königlichen Majestät Allergnädigstem Befehle vom 9. Juny d. J. zufolge sind wir über die Belehrung in Berathung getreten, welche den Landesgerichten in Beziehung auf den Unterschied zwischen landeshoheitlichen und fiskalischen Rechtsverhältnissen, der in mehren Fällen mißverstanden worden ist, auf den Grund der Gesetze und Verfassung des Landes nach den Allerhöchsten Bestimmungen ertheilt werden soll, ohne die Berichtigung solcher Mißverständnisse von der Vollendung der Revision des Landrechts abhängig zu machen. Wir verfehlen nunmehr nicht, unsern Bericht hierüber ehrfurchtsvoll zu erstatten.

Was zu den Hoheitsrechten des Staatsoberhaupts gehöre

und was unter dem Fiskus zu verstehen sei, ist in den Titeln 13 und 14 des zweiten Theils des Landrechts genau bestimmt und die Gerichte dürfen nur hierauf hingewiesen werden, um die hin und wieder vorgefallene Verwechslung des Landesherrn und des Fiskus zu vermeiden. Auch ist nach den uns vorliegenden Verhandlungen darüber kein Zweifel angeregt, daß ein privatrechtlicher Widerspruch wider den Akt des Hoheitsrechts selbst nicht stattfinde, wohl aber ist behauptet worden, daß ein Anspruch aus den Folgen und Wirkungen dieses Aktes nicht wider die Person des Landesherrn, sondern wider das Staatsvermögen Behufs der Entschädigung zulässig sei. Aus dieser irrthümlichen Ansicht ist beispielweise das Verfahren der Gerichte hervor gegangen, die sich für competent hielten, eine Klage wider den Fiskus auf Ersatz erlittener Kriegsbeschädigungen anzunehmen und über den Anspruch zu entscheiden. Allein so wenig der Souverain in Ausübung seiner Hoheitsrechte selbst von der Einwirkung irgend einer Gerichtsbarkeit abhängt, so wenig hat derselbe die Folgen dieses Gebrauchs seiner Rechte in einem gerichtlichen Verfahren zu verantworten und die Meinung, als ob in solchen Fällen der Anspruch nicht wider den Souverain, sondern wider den Fiskus gerichtet sei, beruhet auf einer gänzlichen Verwechselung der Rechtsverhältnisse; denn theils kann eine rechtliche Verbindlichkeit des durch die fiskalische Behörde vertretenen Staatsvermögens, die aus einem Akte des Souverains abgeleitet wird, nicht anders erörtert und entschieden werden, als daß das Recht des Souverains diesen Akt vermöge seiner Landeshoheit auszuüben, der gerichtlichen Cognition unterworfen wird, welches als unstatthaft anerkannt ist, und bei der Unabhängigkeit des Souverains der als solcher keinen Gerichtsstand vor den Landesgerichten hat, unausführbar sein würde, theils ist weder der Fiskus verpflichtet, weil er die Handlung des Souverains nicht zu verantworten hat, noch die fiskalische Behörde zur Einlassung auf den Proceß legitimirt, weil sie nicht zur Vertretung der Hoheitsrechte des Souverains bestellt ist. Hiernach sind namentlich die wider den Fiskus in vermeintlicher Vertretung einer einzelnen Provinzial-Verwaltungsbehörde angestellten Klagen auf Ersatz eines Schadens aus den Zufällen des Krieges und aus dem Besteuerungsrechte, so wie solche Ansprüche an den Fiskus der Kompetenz der Gerichte gesetzlich entzogen worden, deren Verhandlung vor Gericht die Folge gehabt haben würde, über das Hoheitsrecht des Staatsoberhaupts zum Abschlusse von Verträgen mit fremden Staaten und zu Bestimmungen über die Maaßgaben ihrer Erfüllung in privatrechtliche Erörterungen verfassungswidrig einzuschreiten. Soviel wir übrigens aus den uns vorliegenden Verhandlungen ersehen, sind es einige Bestimmungen in der Erleitung zum Landrechte, die das Mißverständniß der Gerichte hauptsächlich veranlaßt haben. Wenn nämlich in den

§§. 73—75. verfügt wird, daß das Privat-Interesse der Einzelnen dem Gemeinwohl aufgeopfert, der Einzelne dagegen für den erleidenden Verlust vom Staate entschädigt werden muß, so hat man dieser Bestimmung hin und wieder den Sinn beigelegt, als ob der Landesherr sich verpflichtete, diejenigen zu entschädigen, deren Privat-Interesse durch die Ausübung seiner Hoheitsrechte gefährdet wird. Allein davon abgesehen, daß eine solche Auslegung des Landrechts, dessen Vorschriften auf privatrechtliche Verhältnisse beschränkt sind (§. 1. der Einleitung) über seine Grenzen hinaus zu einem unfruchtbaren und unausführbaren Resultate führen würde, wie sich namentlich bei Ausgleichung der Kriegsschäden und bei der Vollziehung der Steuergesetze genügend ergiebt, darf man nur nicht außer Acht lassen, daß der Landesherr hier als Gesetzgeber zu seinen Unterthanen spricht, um in den erwähnten Bestimmungen den einfachen Grundsatz zu finden, daß, wenn das Interesse der Gesammtheit der Einwohner des Staats eine Einrichtung in der Verwaltung erfordert, welche das Privat-Eigenthum des Einzelnen gefährdet, die Entschädigung des Einzelnen aus dem Gesammtvermögen zu leisten sei. Dieser allgemeine Grundsatz wird an mehreren Stellen des Landrechts auf specielle Rechtsverhältnisse angewendet, wie beispielsweise §§. 29—32 Tit. 8. p. 1. §§. 4—11 Tit. XI. p. 1. Jederzeit dagegen, wenn der Landesherr erforderlich gefunden hat, eine Maaßregel der innern Verwaltung unmittelbar durch einen Akt der Gesetzgebung anzuordnen, und wenn hiebei ein

Bedürfniß vorhanden gewesen ist, dem Privat-Interesse vorzuziehen, ist die Verpflichtung zum Schadenersatze aus dem Staatsvermögen besonders festgesetzt worden, wie z. B. im Zollgesetze vom 26. Mai 1818. §. 19. In allen dergleichen Fällen findet daher entweder aus dem allgemeinen Grundsatze §. 75. der Einleitung zum Landrechte oder aus speciellen Vorschriften des Gesetzgebers ein Entschädigungs-Anspruch an das Staatsvermögen im fiskalischen Civilprozesse wider die betreffende Verwaltungsbehörde statt.

Auch die Vorschriften im §. 80. der Einleitung zum Landrechte, nach welcher Rechtsstreitigkeiten zwischen dem Oberhaupte des Staats und seinen Unterthanen bei den ordentlichen Gerichten erörtert und entschieden werden sollen, ist mißverstanden worden. Im vorhergehenden §. 79. wird der Grundsatz aufgestellt, daß die Entscheidung vorfallender Streitigkeiten denjenigen Gerichten überlassen werden müsse, welche einem jeden Einwohner des Staats durch die Gesetze angewiesen sind. Im §. 80. wird dieser Grundsatz auf die privatrechtlichen Verhältnisse des Landesherrn angewendet, um auszudrücken, daß auch für diese kein specieller und außerordentlicher Gerichtsstand stattfinden dürfe, daß also Processe des Landesherrn aus fiskalischen Rechten und Nutzungen (§§. 11. u. f. Tit. 14. p. II. L. R. §. 1. Tit. 35. Proceßordnung) und aus Privathandlungen (§. 18. Tit. 13. p. II. L. R.) den ordentlichen Gerichten zu überweisen sind. Zwischen dem Oberhaupte des Staats, als solchem, und den Unterthanen giebt es weder Rechtsstreitigkeiten zu entscheiden, noch ein Landesgericht, welches darüber zu entscheiden hatte.

Ew. Königlichen Majestät unterwerfen wir allergehorsamst, nach diesen auf die Landesgesetze und die Landesverfassung gegründeten Belehrungen die Landesgerichte ohne Ausnahme Allerhöchst anzuweisen, daß sie innerhalb der durch die Gesetze und die Gerichtsordnung ihnen vorgezeichneten Grenzen das prozeßualische Verfahren und die richterliche Entscheidung wider fiskalische Behörden in Vertretung der Staatsverwaltung auf Gegenstände des Privatrechts beschränken und sich enthalten, Gegenstände des Majestätsrechts auf das Gebiet privatrechtlicher Verfügungen zu ziehen.

Berlin, den 16. Novbr. 1831.

Das Staatsministerium.

Friedrich Wilhelm, Kronprinz.

Frh. v. Altenstein. v. Schuckmann. Gr. v. Lottum.
Gr. v. Bernstorf. v. Hake. Maaßen. Frh. v. Brenn.

Für den Justizminister v. Kamptz.

An
Seine Majestät den König.

Zuvörderst wird es hier für einen Irrthum erklärt, wenn derjenige, welcher durch einen Akt des Hoheit-Rechts beschädigt worden ist, deshalb einen Anspruch an das Staatsvermögen machen wolle, dann folgt eine Deduktion, die wir durch gesperrte Schrift bezeichnet haben, welche eine sehr gute Logik beweiset und in der mit andern Worten gesagt ist, was der Staat zu thun beliebt, geschieht in Folge seiner Hoheits-Rechte, wovon er Niemandem Rechenschaft zu geben hat, wegen dessen er daher auch vor keinem Gericht belangt werden kann; und ferner: da der Fiskus nicht gefragt zu werden braucht, wenn von einem Akt des Hoheits-Rechts Gebrauch gemacht wird, so könne er auch nicht diesen vertreten. Mithin dürfen in Folge des dem Staate zustehenden Hoheit-Rechts Jedem seine persönlichen Rechte und sein Eigenthum verkürzt werden, ohne daß der Betheiligte aus dem Staatsvermögen Ersatz fordern kann, und für seine Reclamation ihm ein anderer Weg offen bleibt, als der der Gnade, die in der Regel von der Gunst des darüber berichtenden Raths abhängen wird. Inzwischen werden hier die eigentlichen Hoheits-Rechte (Kriegs-Erklärungen u. s. w.), auf die, wie wir zugeben, daß diese Deduction paßt, und für deren Folgen kein Schadenersatz geleistet wird, mit administrativen Maaßregeln und solchen Bestimmungen der neuen Gesetzgebung und Verwaltung so wie den Verfügungen der oben angeführten §§. 73—75 vermischt, und hierin die Annahme, daß, wenn das Privat-Interesse der Einzelnen dem Gemeinwohle geopfert werden müßte, dem Betheiligten volle Entschädigung aus dem Staats-Vermögen gegeben werden müßte, für irrthümlich erklärt, und darauf hingewiesen, daß wenn der Staat nicht Gnade eintreten lasse, er nicht dazu gezwungen werden könne, da Niemand über ihm stehe, und daher jede Klage nur zu einem unfruchtbaren und unausführbaren Resultat führe. Doch wir enthalten uns hier einer weitern Ausführung, und haben nur darauf hinweisen wollen, wie nöthig eine Controle der Stände bei allen das Eigenthum betreffenden Gesetzesänderungen sei, zumal wir fest überzeugt sind, daß der preußische Monarch die Anwendung dieses Gesetzes so weit sie ihm bekannt wird, nimmermehr dulden würde.

Viertens. Ein höchst wichtiger Punkt der Verfassung betrifft den Antheil der Stände an den Geldverhältnissen des Staats; je geordneter diese sind je glücklicher befindet sich das Land. Von dem National-Reichthum, von dem herrschenden Wohlstande sind die Mittel abhängig, über welche die Regierung zu gebieten hat, und von diesen und ihrer zweckmäßigen Verwendung wiederum die Macht des Staats und die Leichtigkeit, großartige, dem Lande nützliche Unternehmungen zu machen, die Wissenschaften und Künste zu fördern u. s. w.

Wenn die Fürsten sich in der Lage befänden, die finanziellen Zustände der ihrem Scepter unterworfenen Völker und ihre nahe Verbindung mit der ganzen Wohlfahrt des Staats aus eigener Anschauung zu kennen, so würden sie gewiß aufhören die Theilnahme der Stände als eine Beeinträchtigung ihrer Rechte zu betrachten, sondern vielmehr in dieser nur eine heilsame Einwirkung erblicken.

Worin nun diese Theilnahme in der preußischen Verfassung bestehen soll, ist schon zum Theil bestimmt. Die Stände sollen bei einer Staatsanleihe ihre Zustimmung geben, und dieselbe garantiren; sie sollen bei neuen Auflagen, welche etwa das Bedürfniß forderte, darum befragt werden, und eine Uebersicht des Staatshaushaltes erhalten.

Letzteres ist aber nicht ausreichend, und wenn die Absicht des Königs erfüllt werden soll, sein Volk mit den Geldverhältnissen des Staats bekannt zu machen und es von der nützlichen Verwendung der Einnahmen zu überzeugen, so müssen den Ausschüssen wenigstens die Tableaux der Brutto-Einnahme, der Erhebungs-Kosten und der Ausgaben überhaupt mitgetheilt und ihnen die speciellere Einsicht nicht verweigert werden, denn nur so allein werden sie in den Stand gesetzt, begründete Anträge auf etwanige Verbesserungen zu machen. Da dem Monarchen ja immer die Entscheidung bleibt, so ist doch wahrlich nichts Bedenkliches dabei, das Gutachten der Stände den Ansichten der Beamten gegenüber zu hören.

Es sei uns erlaubt, am Schluß dieser Beleuchtung diejenigen Veränderungen, welche nöthig scheinen, um die ständische Monarchie ihrer Grundidee gemäß zu entwickeln, mit wenigen kurzen Worten zusammen zu fassen.

Das Fundament der ständischen Monarchie beruht auf aristokratischen Elementen, auf einer Gliederung der Nation; die Bedingung ihres Lebens ist daher die Hervorrufung derselben durch Stärkung der noch vorhandenen Elemente, durch Wiedererweckung der halb erstorbenen und durch Belebung neuer, da wo sie jetzt noch ganz fehlen. Da in einer Repräsentation der Interessen es nothwendig ist, den wesentlichen

Interessen auch wirklich eine Repräsentation zu gestatten, so folgt daraus, daß nicht blos dem Grundbesitz, wie jetzt, sondern auch dem beweglichen Vermögen und der Arbeit Repräsentations-Rechte einzuräumen sind, und die Corporationen und Zünfte, die diese repräsentiren, durch Ertheilung eines Stimmrechtes zu Staatsorganen zu erheben.

In den Provinzial-Kammern wird jetzt eine Majorität von zwei Drittel der Stimmen gefordert, um eine Petition bis zum Thron gelangen zu lassen; diese Uebelstände zu beseitigen, ist die Bestimmung nöthig, daß die einfache Majorität in diesen Fällen genügen solle.

Da der Umfang der Gegenstände, welche im Interesse des Landes eine baldige Erledigung wünschen lassen, zu groß ist, und diese nur zu erwarten ist, wenn die Stände häufiger zusammentreten als jetzt, so zeigt sich hierin das Bedürfniß eines jährlichen Zusammentritts derselben.

So entsprechend die gesonderten Kammern für die Berathungen der gesonderten Interessen der so sehr von einander abweichenden Bestandtheile des Staats erscheinen, so wenig geeignet sind sie wieder zu der Begutachtung der allgemeinen Gegenstände. Zur Erledigung dieses Uebelstandes wird daher der Zusammentritt der isolirten Kammer zu einer allgemeinen gefordert, und durch die aus ihrer Mitte gewählten Ausschüsse erreicht, welche jedoch, soll die Verfassung Bestand erhalten, sich ebenfalls regelmäßig zu versammeln haben.

Die Befugnisse dieser Ausschüsse sollen nun die der Provinzial-Stände nicht verengen sondern erweitern und da eintreten, wo deren Wirksamkeit aufhört (wie das zu verstehen, ist vorhin entwickelt).

Den Schlußstein des Ganzen bildet die Verfassung, durch welche die Rechte der Krone und die Befugniß des Volkes scharf und so wie gezeigt worden, begrenzt werden müssen, so daß die Souverainetät und die Ausübung der Staats-Gewalt dem Monarchen verbleibt, jedoch das Volk gegen Willkür und gegen Einseitigkeit geschützt ist, und in den vollen Genuß aller der Freiheiten gesetzt wird, deren es zur freieren Bewegung innerhalb der gesetzlichen Grenzen bedarf.

Bisher sind wir bei dem Ausbau der ständischen Monarchie in Preußen von dem Gesichtspunkte des Nützlichen ausgegangen, und haben zugleich das jetzt Bestehende, mithin nicht allein den materiellen Zustand der Verhältnisse sondern auch die im Monarchen und im Volk vorherrschenden Ansichten scharf im Auge behalten. Dies hat uns jedoch nicht gehindert, die Consequenz des Princips fest zu halten, um dadurch eine Einheit zu begründen, welche dem ganzen Gebäude Festigkeit giebt. Die Anforderungen, die wir in dieser Beziehung machen zu müssen glaubten, fordern keine Opfer, die außerhalb der Grenzen des Rechts der Billigkeit liegen.

Jetzt sei es uns noch gestattet, auch dem historischen Gesichtspunkt einige Aufmerksamkeit zu schenken und zu erforschen, welchen Werth und welche Bedeutung dieser habe und in wie fern die von uns gestellten Anforderungen in den Hauptbestimmungen eine historische Begründung haben oder deren entbehren.

Sowohl der hochselige als der jetzt regierende König haben es wiederholt und auf das Bestimmteste ausgesprochen, daß sie dem Lande eine auf historischem Grunde ruhende Verfassung ertheilen wollten, mit Berücksichtigung der veränderten Zeitverhältnisse. Ohne Zweifel ist dies auch das einzige Fundament, auf welchem eine Verfassung gebaut werden kann, die nicht das Produkt von Philosophemen oder von einer Revolution ist, sondern ein Fundament in dem Geiste des Volkes, dem sie zugetheilt wird, finden soll. Es fragt sich vor Allem, was unter historischem Ursprung verstanden werde.

Die Beantwortung dieser Frage ist zwar eine etwas schwierige, die Erörterung derselben aber wegen der möglichen verkehrten Deutung des eigentlichen Gedankens eine sehr nothwendige, da wir es gewagt finden, daß man, ohne eine nähere Bezeichnung Worte gebraucht hat, aus welchen alles Mögliche hergeleitet werden kann.

Wenn wir auf den historischen Grund zurückgehen, so finden wir in der Verfassung der preußischen Monarchie fast eben so viele Abweichungen als besondere Landestheile. Wir finden Churfürsten, Markgrafen, Herzöge, Fürsten und Herren, denen in der früheren Zeit die Landeshoheit fehlte, wir finden einen Adel, der nebst der Geistlichkeit die Gesetze genehmigte, selbst von Steuern befreit war und ohne dessen Zustimmung selbst in manchen Theilen weder ein Krieg erklärt noch ein Frieden geschlossen werden durfte; wir finden privilegirte Städte, welche dieselben Vorrechte genossen, wie der Adel und die Geistlichkeit, wir erblicken Corporationen und Zünfte, die sich im Besitz von Ausschließungs-Privilegien befanden, wir finden mit einem Worte, wenn wir auf das Historische zurückgehen wollen, einzelne Landestheile, in welchen nach heutigen Begriffen es weder ein Volk, noch mit Souverainitäts-Rechten bekleidete Fürsten gab.

Diese eben gelieferte Schilderung wird noch bunter, wenn wir von den früheren auf die frühesten Zeiten zurückgehen. Das Historische hat keinen festen Zeit-Abschnitt wo es aufhört; was in einer Zeit gewesen ist, war in einer andern nicht, und in so fern man sich an die äußere Form hält, wird man zu keinem historischen Resultat gelangen. Sehr nahe liegt nun die Frage, welcher von den Zeitabschnitten eigentlich derjenige historische sei, den der Gesetzgeber gemeint und den er als das Fundament der zu restaurirenden preußischen Verfassung angesehen wissen will? Es möge nun gewählt werden, welcher da wolle, jeder führt uns nothwendig auf Zustände, die zwar bestanden, sich aber nach und nach theils aufgelöst, theils geläutert haben, theils auch des Todes verblichen sind, und aus deren Grabe erst die Monarchien und der Mittelstand hervorgegangen sind, die, nachdem sie die Todten gemeinschaftlich begraben hatten, sich selbst in einem Kampf gegen einander befinden, wobei die Demokratie und die Monarchie sich einander gegenüber gestellt haben.

Wenn wir uns nun ferner fragen, wo sich denn der historische Rest, nachdem diese historischen Zustände verschwunden sind, auffinden lasse, auf dem gebaut werden könne, so zeigen sich äußerlich nur schwache Ueberbleibsel mit so geringem Baumaterial versehen, daß sie höchstens mit verarbeitet werden können. Zu fabelhaft würde es erscheinen, die früheren historischen Zustände wieder ins Leben rufen zu wollen; eine solche Absicht kann unmöglich dem Gesetzgeber zugetraut werden, sondern wir müssen dem Gedanken desselben nothwendig einen tiefern Sinn unterlegen. Den Schlüssel dazu finden wir in der Verbindung der Worte, dessen er sich bedient, „die Verfassung solle zeitgemäß und auf historischem Grunde ruhen."

Das Wort zeitgemäß schließt nun ein Zurückschreiten auf die frühern historischen Zustände und ihre veralteten Formen völlig aus. Es wird daher klar, der Gesetzgeber will nicht letztere selbst, sondern nur den Geist erhalten wissen, der den alten deutschen Verfassungen zum Grunde liegt und aus welchen sich der jetzige Zustand historisch entwickelt hat. Er will nicht, daß die Verfassung seines Reichs auf philosophischen Theorieen gebaut werde, sondern in seinem Wesen eine altdeutsche Grundlage behalte. Wenn wir nun untersuchen, welches der Geist und das Wesen der deutschen Verfassung war, und dabei auf die älteste Geschichte zurückgehen, so finden wir, daß zu keiner Zeit in Deutschland eine willkürliche Herrschaft bestanden hat, ein krasser Absolutismus eben so wenig als eine unumschränkte Diener-Herrschaft; von beiden hat sich Deutschland bis auf die neuere Zeit ziemlich frei gehalten; seine frühere Geschichte ist in dieser Beziehung makellos. Deutschlands Völker sind immer frei gewesen, sie haben sich stets eines geordneten Rechtszustandes erfreut und wurden in höchster Instanz durch das Reichs-Kammer-Gericht und den Reichs-Hofrath in Wien, gegen Uebergriffe der Fürsten geschützt.*)

Eine Gliederung der Stände ist ächt germanisch und ganz historisch; sie zerfielen in den Fürsten- und Herren-Stand, in den der Geistlichkeit, des Adels, des Bürgerthums und den der freien Männer. Eben so sehr liegt die engere Verbindung der Standes- und Gewerbgenossen im Geist der alten Verfassung Deutschlands. Welche Früchte sie getragen, daran erinnert uns der Hanse-Bund; in keinem Lande hat sich ein so kräftiger Bürgerstand entwickelt wie in Deutschland in gewissen Zeitabschnitten seiner Geschichte. Wenn wir nun auf das, was dem Historischen nach zeitgemäß ist, zurückgehen, so finden wir es in dem Vorstehenden ausgedrückt. Deutschland hat im Laufe der Geschichte keinen Despotismus zu dulden gehabt, als etwa den eines momentanen Mißbrauchs, es ist deshalb auch von großen Umwälzungen befreit gewesen, wie sie Frankreich, Spanien, Portugal erfahren haben; es hat nie unter dem fort-

*) Die Fürsten wurden sogar in solchem Falle zwar nicht von dem eigenen Volke vertrieben, wie davon in der neuern Geschichte Deutschlands ein Beispiel gegeben ist, wohl aber durch Urtheil und Recht der Regierung entsetzt, wie das Schicksal des Herzogs Christian Ludwig von Mecklenburg davon einen Beweis giebt.

währenden Drucke einer Büreaukratie geseufzt; dafür hat der Adel und das Bürgerthum die Rechte und die Freiheiten, die ihnen zugestanden, bewahrt, es hat sich stets eines geordneten Rechtszustandes erfreut und in den in ihm ausgebildeten aristokratischen Elementen und den Corporationen, Zünften und Innungen sich ein kernhaftes Volk erhalten, welches von seinen Fürsten angeführt und gestützt auf seinen Adel immer noch Stärke behielt um die Ketten zu sprengen, welche ihm seine politische Zerrissenheit zugezogen hatte.

Der vorige König und der jetzt regierende Monarch, hieran ist nicht zu zweifeln, indem sie es ausgesprochen haben, die preußische Verfassung auf historischem Grunde und in zeitgemäßer Form aufbauen zu wollen, faßten dabei den Geist und das Wesen der frühern deutschen Verfassung ins Auge, und dieser ist derselbe, welchen wir unter Benutzung der gemachten Erfahrung und mit Berücksichtigung der Umwandlungen der Zeit, für die Verfassung Preußens in Anspruch nehmen.

Ueber die Verwaltung.

In dem ersten Theil haben wir uns über die preußische Verwaltung und den mannigfachen Nutzen, den sie dem Lande gewährt hat, ausgesprochen, und zugleich auf wesentliche Fehlgriffe und bestehende Mängel aufmerksam gemacht. Von dem dort Gesagten finden wir nichts zurückzunehmen, auch haben wir bis jetzt keine durchgreifende Veränderungen mitzutheilen.

Das Land befindet sich in dieser Beziehung in der Periode der Hoffnung!

Zwei wichtige Punkte, die preußische Verfassung und die Verhältnisse Deutschland's, sind die Gegenstände, mit welchen sich dieser Theil vorzugsweise beschäftigt; wir werden daher nur wenig Gegenstände berühren, die in das Fach der Verwaltung einschlagen, nur solche, die ein bedeutendes Interesse haben und sich eben an der Tagesordnung befinden.

Zwar könnten wir noch manches mittheilen, welches im Interesse der Monarchie und des Landes wohl verdiente zur Sprache gebracht zu werden; allein so wenig wir Bedenken tragen uns offen und freimüthig auszusprechen, wo es dem Lande, dem wir angehören, Nutzen bringen kann, so sind wir doch weit davon entfernt, ein Geschäft daraus zu machen, alle Mängel und Unvollkommenheiten herauszusuchen, die bei uns ebenso wenig, als in andern Ländern fehlen. Dazu kommt, daß seitdem wir den ersten Theil verfaßt haben, bedeutende Veränderungen im höchsten Personal der wichtigsten Ministerien eingetreten sind; es ist billig abzuwarten, was die neue Verwaltung dem Lande bringen wird und gewiß verdient es Beifall, wenn die so eben erst an die Spitze der Geschäfte getretenen Minister *) nicht zu übereilten Reformen schreiten; nur dürfen diese nicht ganz ausbleiben. Das Ministerium des Innern hat nicht allein einen neuen Chef und statt eines abgegangenen Büreauchef's deren zwei wieder bekommen, sondern es sind noch mehrere Veränderungen dort im Personal der Räthe eingetreten; überhaupt scheint die Zahl der hohen Staatsbeamten noch im Wachsthum begriffen zu sein.

Wenn es auch nicht unsere Absicht ist, uns über die Verwaltung des letztgenannten Ministeriums im Ganzen auszusprechen, so können wir doch eine Verfügung nicht mit Stillschweigen übergehen, die, wenn sie weiteren Fortgang haben sollte, einen

---

*) Das Ministerium des Innern ist aus der Hand des wegen seiner geschwächten Gesundheit aus dem Dienst getretenen Herrn v. Rochow in die des Grafen v. Arnim, das der Finanzen, da der Graf v. Alvensleben ins Kabinet des Königs eingetreten, in die des Herrn v. Bodelschwing übergegangen; das auswärtige Porteseuille hat der Herr v. Bülow, die Domainen und Forsten der Graf v. Stollberg erhalten. Der Herr v. Savigny ist Minister der Gesetzgebung geworden.

entschieden nachtheiligen Einfluß auf manche Provinzen und die Zunahme der Bevölkerung in ihnen üben würde, und sich daher ganz besonders zu einer öffentlichen Besprechung eignet. Das Edict vom 9. Oktbr. 1807, wodurch den Besitzern von Lehn- und Fideicommiß-Gütern erlaubt ward, sie ganz oder theilweise zu parcelliren, wenn durch ein Attest der von jenem Gesetz für competent erklärten Behörden nachgewiesen wurde, daß das Kaufgeld oder der davon jährlich zu erlegende Canon einen vollen Ersatz für das dafür überlassene Grundstück gewährte, war von den segensreichsten Folgen für einen Theil der Monarchie und verletzte um so weniger die Rechtsverhältnisse als zugleich bestimmt war, daß das gezahlte Kaufgeld zur Ablösung der ersten Lehnsschulden, oder in deren Ermangelung zu Lehn oder Fideicommiß verwendet werden müßte.

Dieses weise und landesväterliche Gesetz des hochseeligen Königs hat sehr wesentlichen Bedürfnissen, namentlich in den östlichen Provinzen abgeholfen. Dort fehlte es damals und noch jetzt zugleich an Kapital und an Menschenhänden, um die übergroßen Gutsflächen gehörig zu bebauen; durch dieses Gesetz wurde nun den Gutsherren die Gelegenheit gegeben, entfernte Theile ihrer Ländereien durch Vererbpachtung zu benutzen, ohne Kapital dazu zu verwenden und sich die zur Cultur des andern Theiles nöthigen Menschenhände zu verschaffen, so wie es auch der arbeitenden Klasse eine Gelegenheit, sich von ihren Ersparnissen ein Eigenthum zu kaufen, gewährte. Allein es ward dadurch noch ein anderer großer Zweck gefördert. Die frühere Verfassung und Alles was ihr anhing, hatten das Land nicht nur unbevölkert gelassen, sondern es fehlte ganz an den kleinen Gutsbesitzern, an diesem gesunden fleißigen Theil der Bevölkerung, die jedem Lande so unentbehrlich sind, und aus welchem sich nicht nur das Heer, sondern auch die großen Städte mit gesunden und kräftigen Menschen rekrutiren können.

Dieses Gesetz, durch welches allein in Pommern hunderte von neuen Dörfern entstanden sind, und welches nebst dem Gesetz wegen Eigenthums-Verleihung der Bauerhöfe so unglaublich auf die Zunahme der Bevölkerung eingewirkt hat, ist plötzlich durch die Cabinets-Ordre vom 28. Juli 1842 suspendirt worden.

Als Beweggrund zu einer solchen Maaßregel wird angeführt, daß, da das Gesetz vom 14. Okt. 1811 und die Ablösungs-Ordnung vom 7. Juni 1821 die Ablösung des Erbpacht-Canons durch Kapital freigestellt habe, sich Lehn oder Fideicommiß-Güter in Geldlehn- oder Geld-Fideicommisse verwandeln könnten, welches gegen die Natur derselben streite. Dieser Grund ist aber nicht durchgreifend.

Die eben angeführte Bestimmung wegen Ablösbarkeit der Grundrenten durch das Gesetz vom Jahre 1811 und der Ablösungs-Ordnung vom Jahre 1821 gehören zu denen, die ohne allen höhern Zweck in das Eigenthum eingreifen und die Sicherheit der Verträge schwächen. Solche Gesetze sollte keine Regierung erlassen, und es wäre daher wünschenswerth und ein Act der Gerechtigkeit gewesen, wenn die Bestimmungen von 1811 und 1821, insofern sie noch nicht zur Ausführung gekommen sind, für die Folge aufgehoben worden wären, denn es wird durch dieselben eine einseitige Befugniß ertheilt, geschlossene Verträge aufzulösen, welches außerhalb der Rechte der Regierung liegt.

Es ist mithin ein doppelter Mißgriff, wenn man, um diese das Rechtsverhältniß störenden Bestimmungen aufrecht zu erhalten, eine in seinen Wirkungen so wohlthätige Verordnung wie die von 1807, suspendiren wollte, und mit Recht wird man darin eine höchst bedauernswerthe Bedrohung der preußischen Agrar-Gesetzgebung erblicken, welche im Lande so schöne Früchte getragen hat, und welche zu untergraben ein unverantwortlicher Mißgriff sein würde. Die darüber sprechende Verfügung ist zwar erst unter dem Ministerium des Grafen v. Arnim erschienen, aber man nimmt an, es sei unstreitig ein früheres Vermächtniß, und wir rechnen daher um so mehr auf die Nichtausführung derselben. Sind wir gut unterrichtet, so hat eine andere Veranlassung diese Suspensation herbeigeführt, als die in der Verordnung ausgesprochene. In Schlesien ist ein einzelner Fall vorgekommen, wo von der Befugniß des Gesetzes von 1807 ein Mißbrauch gemacht sein soll; statt ähnlichen Fällen durch einen Anhang zu jenem Gesetze vorzubeugen, schreitet man zu einer allgemeinen Suspension, und bringt unzählige Familien dadurch in die größte Verlegenheit. Es sind viele kleine Leute, die schon

Punktationen über Grundstücke zu neuen Coloniestellen mit Gutsherren theils mündlich verabredet, theils schriftlich aufgesetzt, aber wegen Entfernung des Richters nicht abgeschlossen haben, und die sich auf diesen aufbauen wollten, jetzt aber nicht dürfen, daher im nächsten Frühjahr in Verlegenheit sein werden, wo sie unterkommen, wovon sie leben sollen.

Wir würden uns vielleicht enthalten haben, dieses mitzutheilen, wenn die daraus entspringenden Nachtheile nicht zu bedeutend wären, und sich nicht die Meinung verbreitet hätte, es sei der erste Versuch die Gesetzgebung vom Jahre 1807 bis 1823 zu untergraben, man wolle zu der Zeit von vor 1806 zurückkehren. Wir halten diesen Fall nicht für so bedenklich, sondern glauben, daß diese Suspension nur durchgegangen ist, weil man in Berlin oft die Folgen nicht ahndet, welche so allgemeine Bestimmungen hervorbringen können; wir erblicken hierin eine Krankheit, an welcher wir schon längere Zeit leiden, ein Uebel, welches sich noch oft und so lange wiederholen wird, bis die Verwaltung zu der Ueberzeugung gekommen sein wird, wie nützlich es ihr selbst sei, wenn die gesetzlichen Bestimmungen, die von ihr erlassen werden sollen, vorher zur Kenntniß des Publikums gebracht werden, und die Regierung erst entscheidet, nachdem das Publikum gehört ist, und nicht das Publikum, wenn die Regierung schon gesprochen, oder was noch schlimmer ist, schon gehandelt hat. Welchen wohlthätigen Einfluß das Gesetz von 1807 wirklich geübt hat, wollen wir wieder durch unwiderlegliche Zahlen in der nachfolgenden Liste beweisen.

Nr.	Benennung der Colonien.	Zahl der Colonisten.	Diese cultiviren eine Fläche v. cca. M. M.	Umfang d. einzelnen Colonien und zwar d. größten	d. kleinsten	Zahlen an Klassensteuer jährlich Thl.	Sgr.	Seelenzahl.
1	Bernsdorff	12	175	20	7	35	—	62
2	Blankenhagen	22	275	20	4	52	—	117
3	Dorotheenthal	49	617	20	6	128	15	245
4	Claushagen	7	130	27	14	25	—	32
5	Neu-Göedshagen	11	210	20	15	39	—	60
6	Heinerichsfelde	29	489½	27	9¼	82	—	153
7	Henkenhagen	8	200	25	25	48	—	81
8	Schönwalde	99	2971	150	12½	358	—	611
9	Wangrin	6	118	25	12½	21	—	39
10	Friedrichsdorff I.	30	209	30	2	100	15	244
11	Friedrichsdorff II.	10	60	6	6	40	—	84
12	Friedrikenwalde	25	173	16	4	132	15	267
13	Kurtsdorff	9	83	10	7	—	—	—
14	Hägerfelde	12	481	40	40	47	15	97
15	Neu-Labuhn	29	265	12	5	175	15	231
16	Leoshoff	8	40	5	5	18	—	32
17	Lasbeck	18	540	30	30	88	15	155
18	Ludwigshorst	29	225	15	3	93	—	195
19	Neu-Maldewin	26	365	9	5	70	15	161
20	Friedrichsgnade	9	54	6	6	92	15	136
21	Witzmitz	12	316	30	15	63	15	96
22	Wilksfreude	9	137	30	5½	39	—	72
23*)	Grammhoff	4	124	43	25	18	15	25
		473						3195

*) Die einzelnen Colonisten, deren Zahl nicht unbedeutend ist, sind hier nicht mit aufgeführt.

Die hier mitgetheilte Liste weiset die Zahl der Dörfer nach, die in dem Kreise, in welchem wir angesessen sind, in Folge jenes Gesetzes sich größtentheils auf früheren wüsten Ländereien erhoben haben, so wie die Zahl der Wirthe und Köpfe überhaupt, die in diesen wohnen, den Umfang der Grundflächen, welche sie besitzen, endlich die der classificirten Kopfsteuer, die von ihnen gezahlt wird. Nimmt man nun an, daß die in Folge jenes Gesetzes stattgefundene Parcellirungen in den übrigen 19 Kreisen von Alt-Pommern gleichen Erfolg gehabt haben, welches nicht unwahrscheinlich ist, da der Regenwalder Kreis keinesweges zu den größeren gehört, so wären in diesem einzigen Theile der Monarchie neu entstanden 437 Dörfer mit 8987 Grundbesitzern. Man wird sich hieraus überzeugen, was ein Federstrich schaffen, was er möglicherweise zerstören kann.

Hätte der vorige König, als er das Gesetz erließ, noch gleichzeitig dafür Sorge getragen, daß der weitern Verbreitung der segensreichen Folgen desselben nicht durch unsere beklagenswerthe Hypotheken-Verfassung ein Hemmschuh angelegt worden wäre, so würde der jetzige Monarch noch über hundert Tausende von Menschen mehr herrschen, die sich auf solchen Grundstücken ernährten, welche jetzt wüst liegen; es fragt sich, wann die Zeit kommen werde, wo man dem gesunden Körper die Tourniquets abnimmt? Manche unserer Leser werden sich nicht mit der vorher ausgesprochenen Ansicht zufrieden erklären, sondern lieber ein „Gottlob" ausrufen, daß die Parcellirungs-

Sucht doch irgend wo und wie gehemmt würde; sie mögen sich beruhigen; diese Sucht, so will es die Laune des Schicksals, besteht in der Regel nur da, wo das Bedürfniß es fordert.

In manchen andern Gegenden, wo Landbesitzungen von geringem Umfang zusammen gekauft worden, schreit man wieder: wohin wird das führen? Es liegt nun einmal in dem Lauf der Dinge, daß ein Bestreben ungünstige Verhältnisse auszugleichen besteht; der große Ordner der Verhältnisse hat die weise Einrichtung getroffen, daß das wohlverstandene Interesse den besten Leitfaden gewährt und jedes Eingreifen sich selbst bestraft.

Wo es noch Güter, wie in den nördlichen Provinzen von 6 bis 20,000 Morgen Umfang giebt, von welchen unter den bestehenden Verhältnissen oft kaum die Hälfte irgend wie benutzt werden kann, da ist die Parcellirung heilsam, und die Regierung, welche sie befördert, macht eine Eroberung im Innern ihres Reiches.

Die Minister des Innern und der Polizei haben jetzt in dieser Beziehung eine wichtige Aufgabe zu lösen, und wenn sie es verstehen, so werden ihre Namen zunächst dem des Monarchen stets in dankbarer Erinnerung bleiben.

Die erste dieser Aufgaben ist das Gesetz von 1807 aufrecht zu erhalten, ja es vielmehr noch mit solchen Modificationen zu erweitern, welche den Mißbrauch, wie er vorgekommen sein soll, ausschließen und die heilsamen Wirkungen desselben befördern. Vor Allem ist dabei zu empfehlen, Rücksicht auf die besondern Verhältnisse der einzelnen Provinzen zu nehmen; denn ein allgemeines Gesetz für die ganze Monarchie zu erlassen, die sich in so wechselnden Verhältnissen befindet, würde ein ähnliches Resultat herbeiführen, als wenn ein Arzt allen seinen, mit den verschiedenartigsten Krankheiten geplagten Patienten summarisch ein Brechpulver verordnen wollte. Während in einem Theile der Monarchie die Parcellirungen so weit gegangen sein mögen, daß sie sich wie in Frankreich beinahe in Staub auflösten, hat das Gut N. N. in Hinterpommern 20,000 Magdeburger Morgen Flächeninhalt und die Pfandbrief-Institution, von der es mit 40,000 Thlr. beliehen war, ist bei der Subhastation kaum ohne Verlust davon gekommen. Das Gut N. N. macht aber auch einen Theil des preußischen Staates aus, und da es ähnliche Verhältnisse in andern östlichen Theilen der Monarchie giebt, so hat die Regierung ein nahes Interesse, für die Benutzung und stärkere Bevölkerung solcher Gegenden Sorge zu tragen. Jeder Volkswirth wird zugeben müssen, daß Grund und Boden nur einen relativen Werth haben, ihn nur durch die daran verwandte Arbeit bekommen; wo daher die arbeitenden Hände und das arbeitende Capital fehlen, wird der Boden beinahe werthlos, ja es unterliegt keinem Zweifel, daß der Nutzen des Grund und Bodens und sein Capitalwerth nach dem Quadrat der Dichtigkeit der Bevölkerung steigt; wie wichtig ist es daher, diese zu fördern!

Sehr wünschenswerth wäre es, wenn alle Hemmungen der zunehmenden Kultur und Bevölkerung beseitigt werden könnten; das unglückliche Lehnsverhältniß von Hinterpommern läßt sich als eins von diesen bezeichnen.

Die hinterpommerschen Lehngüter sind verkäuflich, ohne Consens der Agnaten verschuldbar; ihr einziger Zweck, nämlich die Erhaltung der Familien im Besitz, fällt daher fort, ja es haben sogar die Chikanen, die mit diesen untergrabenen Lehnsverhältnissen verbunden sind, weil sie den Kredit erschweren, den Werth der Güter herunterdrücken, einen großen Theil der frühern Besitzer aus ihrem väterlichen Erbe vertrieben, auch viele anderen Nachtheile herbeigeführt.

Der größte Widerstand gegen eine bessere Ordnung der Verhältnisse ist in neuerer Zeit von der Regierung ausgegangen. Die schon seit einer langen Reihe von Jahren gepflogenen Verhandlungen haben jetzt eine solche Wendung erfahren, daß wenig Hoffnung auf einen guten Erfolg geblieben ist.

Die Behörden sollten doch bedenken, und namentlich der Minister des Innern es erwägen, daß sie in der Hinterpommerschen Lehnsverfassung eine Ruine vor sich haben, die jetzt noch Baumaterial besitzt, daraus manches neue kräftige Gebäude aufzuführen, und daß es unrecht sein würde, der Zeit die völlige Verwitterung zu überlassen. Friedrich der Große, dessen Geist seiner Zeit um ein Jahrhundert voraus war, erkannte die nachtheiligen Folgen, welche diese

Lehnsverhältnisse für die ihm so besonders — werthe — Ritterschaft von Pommern hatten, und legte deshalb die erste Mine unter das schon damals morsche Gebäude; was würde er sagen, wenn er wüßte, man bemühete sich jetzt wieder ein Jahrhundert zurückzugehen!

Eine zweite und dritte wichtige Aufgabe der beiden vorerwähnten Ministerien beruhet darin, die unglückliche Hypotheken-Verfassung, welche jetzt besteht, zu ändern, und endlich für bessere allgemeine Taxprincipien zu sorgen.

Daß man sich mit beiden beschäftigt, ist uns in einem offiziellen Schreiben von den hohen Behörden selbst mitgetheilt worden; gewiß wird diese Nachricht dem ganzen Lande sehr willkommen sein, wenn man nur hoffen dürfte, daß die Absicht zur That werde. Was die nöthige Verbesserung der Hypotheken-Ordnung betrifft, so hängt dieselbe wie man behauptet, theils von der Gesetzgebungs-Commission, theils von der Verwaltung ab. Sollte dies der Fall sein, so werden wohl erst unsere Nachkommen dadurch beglückt werden, denn die Gesetzgebungs-Commission beschäftigt sich mit so vielen andern Gegenständen, daß dieser gewiß in den Hintergrund gestellt bleiben wird.

Wenn dagegen dem Minister Mühler die Vorschläge zu den Reformen übertragen werden sollten, wozu ihn seine praktische Bekanntschaft mit den bestehenden Mängeln vorzüglich befähigt, und von dessen Thätigkeit das Land schon wiederholte Beweise erhalten hat, so würde eine baldige Erledigung zu hoffen sein, um so mehr, da auch dem Minister des Innern, der dabei als Vertreter des Ackerbau-Interesse betheiligt ist, die Mißbräuche nur zu gut bekannt sein werden.

Eben so nöthig, allein viel schwieriger ist es, allgemeine Taxgrundsätze zu entwerfen; man sollte kaum glauben, daß es in Preußen noch keine genügenden giebt; wir haben Maaß und Gewicht für Alles, nur nicht für den Werth des Grund und Bodens. Bisher hat man sich mit den Taxprincipien der Pfandbrief-Institution beholfen. Allein diese sind ganz unbrauchbar, um den Werth eines Grundstückes zu bestimmen. Dies geht schon aus dem Zweck hervor, zu welchem sie ent worfen sind.

Die Pfandbrief-Institutionen wollen gesichert sein, daß der Credit, den sie gewähren, nie den Werth des Gutes übersteigt. Da dies ihr vorherrschender Gesichtspunkt ist, so taxiren sie nie den wirklichen, sondern nur einen gegen alle Zufälle gesicherten Werth, woher es denn auch kommt, daß Güter schon 300 pCt. über der landschaftlichen Taxe sub hasta verkauft sind.

Da es nun keine andere Taxen giebt, so werden die landschaftlichen Taxen auch als maaßgebend bei Subhastationen gesetzlich angewandt, und der Zuschlag erfolgt, wenn das Gebot zwei Drittel erfüllt. In den Zeiten, wo großer Begehr nach Grundstücken stattfindet, vermindern sich die Nachtheile, wenn dieses aber nicht ist, werden die Güter verschleudert und die Gläubiger um das Ihrige gebracht. Wir können als

Beispiele die Güter P. und T. und C. Kr. von Pommern anführen, die über 50,000 Thlr. verschuldet waren, zu 17,000 sub hasta zugeschlagen wurden und nachdem alle hinterstehenden Gläubiger ausgefallen waren, sich binnen Jahresfrist zu 65,000 Thlr. verwerthet haben. In einem andern Falle ward ein Gut, täuschen wir uns nicht, von der Landschaft zu 36,000 Thlr. abgeschätzt, zu 46,000 Thlr. sub hasta verkauft und nach sieben Jahren, nachdem für 99,000 Thlr. Holz und Parzellen aus dem Gute entnommen waren, zu 60,000 Thlr. anderweitig verkauft. *)

Noch nachtheiliger wirkt der Mangel an richtigen Taxen auf den Credit der Grundbesitzer. Die einzelnen Kaufpreise geben keinen richtigen Maaßstab, schon deshalb nicht, weil möglicher Weise simulirte Contracte vorkommen können; noch weniger ist dies bei den landschaftlichen Taxen der Fall, weshalb es den Gutsbesitzern bei vollkommener Sicherheit öfters sehr schwer wird, gekündigte Kapitalien anderweitig aufzunehmen, oder nothwendige Verbesserungen durchzuführen, und wodurch es den Vormündern von Pupillen fast unmöglich gemacht wird, solche Hypotheken zu finden, die gesetzliche Sicherheit gewähren, weshalb große Capitalien, Minorennen und Stiftungen gehörig, zu 2½ pCt. wegen mangelnder Gelegenheit sie sicher auf Grundstücken anzulegen, bei der Königlichen Bank untergebracht sind.

---

*) Wir sind gern zur Beweisführung bereit.

Es ist hier nicht der Ort, dies weiter zu verfolgen, allein so viel steht fest, daß der Mangel an richtigen Taxprincipien und einer einfacheren Hypothekenverfassung sowohl von den Grundbesitzern als Kapitalisten gleich schmerzlich empfunden wird. Die großen Schwierigkeiten die es hat, allgemeine Taxprincipien zu entwerfen, kann sich Niemand verschweigen, inzwischen darf dies die Regierung nicht abhalten, den jetzt bestehenden Uebelständen abzuhelfen. Die wesentlichsten bestehen immer darin, daß man sich so schwer zum Handeln entschließt, auch sich nicht überwinden kann, das einfache Verfahren dem complicirten vorzuziehen. Wer mehr leisten will, als möglich ist, leistet oft gar nichts.

Wir erlauben uns, sowohl in Hinsicht der Hypotheken-Verfassung als der Taxmethoden auf Mecklenburg hinzuweisen. Der Mecklenburger ist, dies muß man ihm lassen, praktisch; seine Hypotheken-Verfassung ist von allen uns bekannten die einfachste und beste; eigentliche Taxprinzipien, was gewöhnlich unter diesen verstanden wird, bei welchen eine Ertrags-Berechnung zum Grunde liegt, giebt es dort nicht. Der Acker zerfällt in 6 Hauptklassen und diese wieder in viele Unterabtheilungen, deren die erste 16 und die sechste 100 hat. Jede Klasse und jede Unterabtheilung in ihr, hat einen für immer feststehenden Ertragswerth, der beim Acker nach preußischem Gelde für 100 □ Ruthen*) (etwa 4 : 5 Magdeb. Morgen) von etwa 2 Thaler

*) Diese mecklenburgische Ruthe hat 16 Lübsche Fuß, oder 15 Fuß rheinländisches Maaß.

15 Sgr. preußisch Geld bis auf 5 Silbergroschen in der letzten herunterfällt. Aehnliche feste Ertragspreise werden bei Wiesen und Weiden angenommen. Baare Gefälle und was dem gleich ist, werden dem ermittelten Werthe zu-, Abgaben jeder Art abgerechnet, und für außerordentliche Ausgaben 5 pCt. vom ganzen Werth abgezogen. Es ist nicht zu verkennen, wie vielen Rechnungs-Irrthümern diese Art der Boden-Schätzung ausweicht und wie vortheilhaft es sei, daß sich die ganze Sorgfalt auf den wesentlichsten Punkt, der Bonitirung des Grund und Bodens beschränkt. Bei uns hat man ungefähr 6—9 Klassen, in dem Mecklenburgischen befinden sich allein beim Acker 246. Wenn es auch scheint, daß das zu weit getrieben sei, und daß überhaupt die Taxen bei dieser Art der Bonitirung niedrig zu stehen kommen, so schadet dies viel weniger dem Kredit, als bei uns, wo man kein richtiges Urtheil darüber zu fassen im Stande ist, ob eine Taxe zu hoch oder zu niedrig sei, indem denen, welchen daran gelegen ist, oft jeder Maaßstab der Beurtheilung fehlt.

Der Geldwerth des Grund und Bodens würde sich nun in den verschiedenen Provinzen und in den oft so weit von einander abweichenden Localverhältnissen sehr abweichend ergeben und müßte in den veränderten Localitäten näher ermittelt werden, bis sich, wie in Mecklenburg, gewisse Erfahrungssätze herausgestellt haben würden, nach denen man bei der Beurtheilung der Qualität desselben verfahren könnte.

Wer näher mit den Werthsbestimmungen des Grund und Bodens bekannt ist, wird sich überzeugen müssen, daß durch diese Methoden der Werthsbezeichnung derjenige, der das Gut kaufen oder beleihen will, ein sicheres Fundament hat, auf welches er seine Werthsberechnung anlegen kann, vorausgesetzt, daß die Bonitirung nach gleichen Grundsätzen und unter einer ganz glaubwürdigen Controlle erfolgt.

Alle andern Verhältnisse, die auf den Werth Einfluß haben, kann auch der weniger Sachverständige beurtheilen, ob z. B. die nöthigen Gebäude und zwar im baulichen Zustande vorhanden sind, und welche äußeren Verhältnisse sonst auf den hohen oder geringen Werth influiren.

Wie die Verhältnisse jetzt bei uns liegen, gehen aus den Hypothekenbüchern und den Taxen der Landgüter öfters weder die Größe derselben, noch die näheren Bestimmungen der Beschaffenheit des Bodens oder die Verhältnisse der verschiedenen Bodenarten zu einander hervor, und wenn diese auch vielleicht mühsam herausgesucht werden könnten, so ist dies Manchen zu umständlich, und namentlich dem Richter, der die Sicherheit prüfen soll, oft unmöglich.

In Meklenburg hat sich die vorerwähnte Methode der Schätzung seit einem Jahrhundert bewährt und verdient daher auch wohl die Aufmerksamkeit der Behörden; inzwischen müssen wir bevorworten, daß es nicht unsere Ansicht sein kann, eine blinde Nachahmung zu empfehlen, sondern nur sich mit dem Grundgedanken bekannt zu machen; es muß vor Allem festgehalten werden, daß in den Taxen der Werth der eigentlichen unveränderlichen Substanz des Bodens besonders gewürdigt zu werden verdient, und daß, wenn bei den Gütern noch feste baare Einnahmen bestehen, diese wie es sich von selbst versteht, den Kapitalwerth derselben erhöhen, so wie beständige Lasten ihn vermindern.

Aus Gründen, die schon vorher angedeutet sind, wollen wir es einer andern Zeit ersparen auf die finanziellen Verhältnisse Preußens einzugehen und uns damit begnügen, unsere Untersuchungen auf einzelne finanzielle Gegenstände zu beschränken, welche an der Tagesordnung sind, und daher zunächst das allgemeine Interesse in Anspruch nehmen; als solche betrachten wir

erstens, den beabsichtigten Bau eines Netes von Eisenbahnen über die ganze Monarchie;

zweitens, die erfolgte Heruntersetzung der Salzpreise, und wie diese zum Besten des Landes weiter ausgebeutet werden können;

drittens, die Untersuchung, wie hoch sich die sogenannte Grundsteuer in den verschiedenen Provinzen der Monarchie beläuft, und in wiefern aus der ungleichen Höhe derselben eine Gefährdung der einzelnen Provinzen und der einzelnen Stände abgeleitet werden könne.

Ueber den Bau eines Netzes von Eisenbahnen in Preußen.

Den allgemeinsten Beifall hat in allen Theilen der Monarchie die Absicht des Königs gefunden, einen umfassenden Eisenbahnbau zu vollführen und es ist erfreulich zu sehen, welche Fortschritte der Sinn für das Allgemeine im preußischen Volk gemacht hat, da selbst diejenigen Provinzen, die vielleicht zur Zeit von dem Bau ausgeschlossen bleiben, sich dennoch mit Lebhaftigkeit für ihn erklärt haben.

Aus dem allgemeinen Interesse, mit welchem die landesväterliche Absicht des Monarchen aufgenommen worden ist, geht ferner hervor, wie sehr das Land das Bedürfniß fühlt, einen lebendigen innern Verkehr zu besitzen und daß es dafür kein Opfer scheut; dies erhöht auch wieder auf der andern Seite die Verpflichtung der Regierung, den beabsichtigten Bau in weise und vielseitige Erwägung zu ziehen; es handelt sich hier nicht allein um ein Kapital von 50—60 Millionen, sondern noch weit mehr um die höheren Landeszwecke, die sich daran knüpfen, um die staatsöconomischen, militairischen und administrativen.

Sowohl die an die Stände erlassene Denkschrift, als die mannigfachen darüber bekannt gewordenen Aufsätze beweisen es aber leider, wie wenig gründlich dieser Gegenstand aus dem höheren Gesichtspunkte aufgefaßt ist und welchen beklagenswerthen Weg man zum Ziel gewählt hat, einen Weg, der zum Glück nirgends hinführt; denn wäre er zu verfolgen, so würde er die Regierung eben so compromittiren, als zum Nachtheil des Landes gereichen könnte.

Die Verwaltung wird es sich selbst nicht verhehlen, was das ganze Land einsieht, wie mannigfache Fehlgriffe bisher von ihrer Seite bei der Ertheilung der früher ausgegebenen Concessionen gemacht sind, und dennoch scheint sie, ohne sich der ihr zukommenden Stellung dabei bewußt geworden zu sein, dieselben in großem Maaßstabe wiederholen zu wollen.

Die Erfindung der Eisenbahnen ist in gewerblicher Beziehung eine der merkwürdigsten der Zeit, ein Kind der Bedürfnisse. Die Industrie gleicht den Congreveschen Raketen, die immer aus sich selbst eine neue Kraft entwickeln, bis sie endlich auch ihren Wendepunkt erreicht haben.

In den Ländern, wo zuerst die Eisenbahnen gebaut worden sind, hat, wie gesagt, das Bedürfniß sie erzeugt. Uns fehlt bis jetzt, einzelne Ausnahmen abgerechnet, ein so lebendiger Gewerbsverkehr, um dasselbe behaupten zu können, und wir müssen daher beim Bau derselben uns der Hoffnung hingeben, daß die Eisenbahnen den uns mangelnden Verkehr hervorrufen werden. Diese Hoffnung ist vollkommen begründet, allein bei der Anlage derselben müssen wir uns der entgegengesetzten Stellung, in welcher wir uns befinden, und von der wir ausgehen, bewußt sein, und daher bei den Bauanlagen nicht in blinder Nachahmung eines aus ganz anderen Verhältnissen hervorgegangenen Vorbildes verharren, sondern den Bau auf Erreichung unseres Zweckes berechnen.

In den gewerbreichen Gegenden hat der lebendige Verkehr derer, die sich in ihm tummeln, der Zeit einen hohen Werth beigelegt, den sie bei uns noch nicht hat. Durch die schnelle Beförderung auf den Eisenbahnen nähern sich die Plätze und es wird dadurch dem Einzelnen möglich, in derselben Zeit, in welcher er früher ein Geschäft abmachte, deren drei und mehrere zu Stande zu bringen.

Bei uns fehlt es mehr an Geschäften, als an Zeit sie zu machen, daher müssen diese zuerst vervielfältigt werden, um auch für jene einen höhern Werth zu gewinnen; es folgt hieraus, daß für jetzt der Produkten- und Waarenverkehr Nr. 1. und der Personenverkehr Nr. 2. sei. —

Wenn die Regierung so große Kapitalien zum Bau eines Netzes von Eisenbahnen verwenden wollte, nur um Reiselust zu erwecken und den Personen-Verkehr zu befördern, welchen das Bedürfniß noch nicht fordert, so würde dies mit Recht eine nutzlose Verausgabung ihrer Mittel genannt zu werden verdienen.

Der erste Gesichtspunkt der Regierung bei Anlegung von Eisenbahnen muß nebst der Landesvertheidigung jedenfalls dahin gerichtet sein, denjenigen Theilen der Monarchie, die auf Ackerbau angewiesen sind, den ihnen jetzt mangelnden Markt für ihre Produkte durch wohlfeilen Transport zu verschaffen, weil durch den steigenden Werth des Grund und Bodens diejenigen Kapitalien doppelt und dreifach wieder gewonnen werden, welche sich zum Bau der Eisenbahn theils auflösen, theils aus dem Lande gehen.

Bei einer nähern Erörterung des Gegenstandes würde zuvörderst zu entscheiden sein, ob es überhaupt schon an der Zeit ist, in Preußen Eisenbahnen zu erbauen oder nicht. Diese Frage hat die Regierung bereits zu Gunsten des Baues entschieden und gewiß mit vollem Recht.

Der lange Frieden dessen Europa genießt, hat einen Industrie-Krieg hervorgerufen, in welchem Preußen nicht zurückbleiben darf, und in dem es sich auch um die Macht handelt. Die Kraft des Dampfes und ihre Anwendung auf Eisenbahnen sind in diesem Kampf das neu erfundene Pulver. Es würde heißen, Preußen wolle das Gewehr strecken, für die Folge mit ungleichen Waffen kämpfen, wenn es eine andere Entscheidung getroffen hätte, als geschehen ist. Das Kriegsmanifest hat die Regierung erlassen, dieser Punkt ist abgemacht, wenn die Regierung jetzt aber sagt, wir wollen die eigentliche Führung dem Liebhaber dazu, den Speculanten, den Schwindlern auf der Börse, so wenig wir diese auch sonst wohl lieben, überlassen, uns aber begnügen, die Kaperbriefe auszutheilen, so würde sie ihre Stellung verkennen, die Interessen des Landes aufopfern, und zu verrathen scheinen, daß sie es sich nicht zutraut, den Bau so wohlfeil zu betreiben, und die Verwaltung so zweckmäßig zu leiten, als der erste Beste, der das Geld hat Actionair zu werden.

Es wird zur näheren Begründung eines Urtheiles nöthig sein nachfolgender Punkte einer näheren Beleuchtung zu unterziehen:

a) welche Einflüsse die Eisenbahnen auf den Ackerbau, auf

Handel und Gewerbe üben, wenn sie mit Rücksicht auf deren Förderung angelegt werden;

b) welche Vortheile diese bei der Vertheidigung der Grenzen und bei der innern Verwaltung versprechen;

c) welche Vortheile es gewähren würde, wenn der Staat sie baute? welche, wenn es den Bau der National-Industrie überließe?

d) wie die Fonds dazu am Besten zu beschaffen sein werden, ohne den übrigen Industriezweigen das zu ihrem Betriebe so nöthige Geld zu entziehen.

a) Von der Wirkung der Eisenbahnen auf Ackerbau, Handel und Gewerbe, oder mit andern Worten, von ihrer staatsoeconomischen Wichtigkeit.

Wenn die Wirkung der Eisenbahnen mit kurzen Worten ausgedrückt werden soll, so besteht diese in Zeitersparniß, und in schnellerem und wohlfeilerem Transport von Waaren und Personen, also in einer Annäherung der Entfernung der Verkehrplätze, in einer Concentration des Verkehrs und der Menschen. Die Theorie und die Erfahrung belehren uns beide darüber auf das Zuverlässigste, daß in der Leichtigkeit und Centralisation des Verkehres, in der Wohlfeilheit der Transporte und in der Sicherung, daß es an diesen nie fehle, der Keim einer fortwährenden Entwickelung liegt, daß mithin in der Anwendung der rechten Mittel diese hervor zu rufen, die Bürgschaft des Erfolges zu suchen sei.

So unläugbar nun die Eisenbahnen den vorbezeichneten Effect haben, so unzweifelhaft ist ihre Wirkung seegensreich für das Land, wenn die Anlagen mit Umsicht und Benutzung der Lehren, die die Wissenschft darbietet, gemacht werden.

Bis jetzt war es ein Monopol der Natur dem Verkehr die nöthigen Verbindungsstraßen in den großen Strömen zu geben. Dem schöpferischen Geiste der Menschen ist es endlich gelungen, sich von diesem Monopol frei zu machen und auch über die Gegenden leichte Verbindungsstraßen zu führen, welchen die Natur sie verweigert hatte; inzwischen bleibt es rathsam, ihrem Vorbilde zu folgen, und während wir durch Hauptbahnen den Produkten einen bessern Markt, dem Handel neue Richtungen bezeichnen, durch mannigfache Einschnitte die Verbindung vollkommener zu machen, und so diese in eine der großen Pulsadern des Verkehrs zu verwandeln.

Wenn wir ein Auge auf die Umgebungen aller großen Wasserstraßen werfen, so finden wir, daß sich um sie der Verkehr des Landes gleichsam gesammelt hat, daß an ihren Ufern sich die blühendsten Städte, die dichtbevölkertsten Landschaften befinden, und daß in der Regel in dem Verhältniß der weiteren Entfernung von ihnen, in gleichem Maaße der Wohlstand und die Bevölkerung abnimmt. Die Erfahrung aller civilisirten Länder und aller Zeiten bestätigt dies, und da es in der Natur der Sache selbst liegt, daß eine Erleichterung des Verkehrs diesen lohnender macht und mithin fördert, so kann es wohl um so weniger Zweifel haben, daß Eisenbahnen, in zweckmäßiger Richtung angelegt, die Gegenden zu den blühendsten erheben, durch welche ihnen ihre Richtung angewiesen ist.

Soll jedoch diese eben gezogene Schlußfolge eine richtige und eine solche sein, auf welcher man mit Sicherheit fußen kann, so setzt es voraus, daß die Eisenbahnen in Gegenden, wo die Production zurückgeblieben ist, die Fabrikation sich in ihrer Kindheit befindet, nicht allein auf Personenverkehr beschränkt bleiben dürfen, und daß es nicht ihre Hauptbestimmung sei, die Personen schnell von einem Orte zum andern zu bringen, sondern vor Allem, wie die Ströme, den Produkten- und Waaren-Verkehr zu befördern. Eisenbahnen, die nur auf das Fortkommen von Personen eingerichtet werden, haben in vielen Gegenden Preußens in national-oeconomischer Beziehung wenig Werth,*) sie sind nicht viel mehr als Droschkenunternehmungen im Großen. Eine Eisenbahn von Berlin nach Königsberg, allein für den Personenverkehr bestimmt, würde freilich eine Annehmlichkeit für die Bewohner dieser beiden Punkte und auch der Zwischen-Stationen haben, und wir wollen zugeben, nicht ganz ohne Einfluß auf den ver-

*) Bei dieser Behauptung hat mir ein sehr ausgezeichneter Geschäftsmann bemerkt, für den Handel behielten Eisenbahnen, selbst nur auf Personenverkehr beschränkt, immer einen bedeutenden Werth.

Wir wollen dies unter Umständen zugeben, da wo schon ein großes Gewühl des Geschäfts besteht, wo mithin Zeit gewonnen werden muß, immer mehr Geschäfte zu machen; dies ist der Fall aber nicht unter Verhältnissen wie sie zum Theil bei uns bestehen, und die wir deshalb besonders hervorheben, weil man sie nicht zureichend erkennt, und daher zu besorgen steht, sie werden nicht die gehörige Würdigung erfahren.

mehrten Handel der Hauptorte mit einander bleiben, aber es würde wahrscheinlich veranlassen, daß in den kleinen Städten, durch welche die Locomotiven eilen, sich die Betriebsamkeit in gleichem Maaße verminderte, weil die Bewohner derselben ihre Einkäufe nun in den großen Städten machen würden, wo sie wohlfeiler kaufen, und eine größere Auswahl haben; eine solche Bahn würde weder die Unterhaltungskosten tragen, noch einen wesentlichen Nutzen stiften; dieser kann nur eintreten, wenn die Eisenbahnen auch auf Waaren-Transport berechnet sind, mithin die Production und Fabrikation directen Nutzen davon ziehen, dadurch den Wohlstand des ganzen Landstrichs heben und in Folge dessen auch die Bevölkerung und die Consumtion zunehmen.

Eisenbahnen die nur auf Personenverkehr berechnet bleiben, lassen bei beschränktem Nutzen sehr wesentliche Nachtheile besorgen.

Der bedeutendste derselben besteht darin, daß sie künstlich die Bevölkerung in den großen Städten zum Nachtheile des Landes zusammendrängen und monströse Hauptstädte schaffen, gegen welche das ganze Land demnächst in den Hintergrund gestellt wird. So wie Paris jetzt schon Frankreich ist, so könnte Berlin einst Preußen werden, was wir für ein Unglück halten würden.

Der Zweck jeder *umsichtigen* und *weisen* Regierung muß dahin gerichtet sein, eine möglichst *verhältnißmäßig vertheilte Bevölkerung hervorzurufen* und den Wohlstand über die ganze Monarchie zu verbreiten; nicht aber durch künstliche Mittel die Concentration des Verkehrs auf einzelnen Punkten zu erzwingen, und die Bevölkerung und den Verkehr auf diese — zum Verderben des ganzen Landes — zusammenzudrängen.

Wenn wir uns nun auf den Standpunkt der preußischen Regierung versetzen, so wird sich diese darüber nicht täuschen können, daß bei uns noch kein so gedrängter Geschäftsverkehr (einige kleine Inseln im Staate abgerechnet) besteht, um den Bau von Eisenbahnen als ein Bedürfniß zu betrachten, sie wird aber einsehen müssen, daß Eisenbahnen als Mittel den Verkehr zu erzeugen im Bedürfniß liegen, weshalb die ganze Aufmerksamkeit auf diesen Punkt zu leiten sei.

In den östlichen Provinzen giebt es ganze Landesdistricte, die wegen Mangel an großen Städten, an gewerblicher Industrie und an Wasserverbindung nur einen beschränkten Markt haben, und von welchen sich schon einige, die in neueren Zeiten von Chausseen berührt worden sind, gegen früher, in ihrem Wohlstand sehr gehoben haben; diese ungünstig gelegenen Gegenden, welche bisher ihrem Schicksal überlassen werden mußten, nun in Flor zu bringen, dazu bietet sich jetzt der Regierung die Gelegenheit dar, und wenn sie dieselbe ergreift, wird nicht allein ihren Bewohnern geholfen werden, sondern es wird auch die vermehrte Productions-Fähigkeit des Bodens die innere Kraft des Staates steigern, welches wiederum von Wichtigkeit für die Gesammtheit ist. Denn in diesen durch die Zunahme der Bevölkerung, einer bessern Kultur fähigen, Landesdistricten vertheilen sich die Lasten, welcher die Regierung zur Behauptung ihrer politischen Stellung und geistigen Entwickelung bedarf, auf mehrere Schultern. Wenn nun in den eben bezeichneten Gegenden die Eisenbahnen einen um so sichtbareren Einfluß auf den Ackerbau zeigen würden, eben weil sie zurückgeblieben sind, so wird doch auch ohne Ausnahme in allen übrigen Gegenden der ganzen Monarchie dieselbe günstige Einwirkung hervortreten, und es unterliegt keinem Zweifel, daß die von Staatswegen auf den Bau verwandten Kapitalien bei zweckmäßiger auf Produkten- und Waaren-Verkehr berechneter Anlage sich nicht nur direct und indirect verzinsen, sondern den National-Reichthum und die Hülfsquellen des Staates vermehren werden. Wenn wir uns bemüht haben den Nutzen der Eisenbahnen auf den Ackerbau hervorzuheben, so geschah es, weil der Einfluß derselben auf diesen bisher zu wenig berücksichtigt worden ist; dabei übersehen wir aber keinesweges ihren Einfluß auf die Fabrikation und den Handel, nur glauben wir, daß der Flor beider wiederum in einem Staate von den Fortschritten der Ackerbau-Produktion bedingt wird, und daß eine gleichmäßige Förderung aller drei großen Hebel des National-Reichthums nöthig sei, um einen gewissen Erfolg erwarten zu können.

So bestimmt nun in dem Vorhergehenden nachgewiesen ist, daß die Eisenbahnen ganz besonders auf den Waarenverkehr eingerichtet werden müssen, so folgt daraus, daß sie doppelter Schienenlagen bedürfen, und selbst für den Fall, wenn es vielleicht zweckmäßiger befunden werden sollte, sie in den östlichen Provinzen für jetzt nur auf Waaren- und Personen-Transport durch Pferde einzurichten. Wir sind überzeugt, daß sie nur auf diese Weise rentiren können und werden weiterhin diese Ansicht zu verfechten suchen. Inzwischen auch die doppelte Schienenlage allein wird nicht zum Zweck führen. Die Wohlfeilheit des Waarentransportes ist eine Hauptbedingung, von welcher allein ein bedeutender Erfolg zu erwarten steht, besonders wenn die Kosten den des Wassertransports an Billigkeit nahe gebracht werden könnten. Durch Dampfkraft wird ein solches Ziel schwerlich erreicht werden; die Locomotiven selbst fordern und verzehrert große Kapitalien, die nöthige Feuerung ist sehr kostbar, und wird es immer mehr werden; endlich darf nicht unbeachtet bleiben, wie sehr es die Eisenbahnen selbst erschüttern muß, wenn bei einem frequenten Verkehr schwere Lasten pfeilschnell über selbige wegrollen sollten.

Es scheint daher nur übrig, sich für den Transport mit Pferden zu entschließen. Man nimmt an, daß ein Pferd auf der Eisenbahn so viel fortbewegt, als mindestens zwölf auf chaussirten Wegen; ist dies richtig, so würde, wenn die Bahnsteuer der Arbeit eines Pferdes gleichgestellt würde, der Transport immer um zwei Zwölftel oder ein Sechstel wohlfeiler werden, sich mithin der Markt um das Sechsfache erweitern ohne die Transportkosten zu erhöhen. Die Produkte mithin, die wegen ihrer Schwere und ihres geringen Werthes jetzt nur auf 5 Meilen die Transportkosten tragen, würden 30 Meilen weit zu Markte gebracht werden können.*) Eben so ist zu ermessen, wie lebhaft der Verkehr werden würde, wenn die Transportkosten zwischen den Endpunkten der Monarchie und der Hauptstadt, und zwischen Preußen und dem übrigen Deutschland sich um fünf Sechstel verminderten. Wir wollen versuchen, es in Zahlen zu beweisen. Auf einer guten und ohne besondere Steigerung gebauten Eisenbahn zieht ein Pferd mindestens 240 Zentner, d. h. das Zwölffache gegen Chausseen; wenn nun ein Pferd auf die Meile einschließlich des Bahngeldes 20 Sgr. kostete, so betrüge dies 1 Pfennig für den Centner auf die Meile, mithin von Berlin bis Cölln, welches 84 Meilen entfernt ist, 7 Sgr. pro Zentner Fracht, während sie jetzt auf dieser Strecke $1\frac{1}{2}$ bis $1\frac{3}{4}$ Thlr. beträgt; und wollten wir annehmen, das Pferd sollte einschließlich des Bahngeldes 30 Sgr. pro Meile kosten, so würde dies ein und einen halben Pfennig, und bis Cöln $10\frac{1}{2}$ Sgr. ausmachen.

Uns scheint dies so schlagend, daß es keiner weitern Ausführung bedarf und daß es unverantwortlich sein würde, wenn man bei der Ausführung der Eisenbahnen die Vortheile, die hierin liegen, nicht würdigen sollte, wobei wir nur noch be-

*) Es wird weiterhin gezeigt werden, wie viel günstiger sich das noch stellt, wenn der Transport mit anderen zweckmäßigen Einrichtungen in Verbindung gebracht wird.

merken wollen, daß die hier beispielsweise gemachte Berechnung nur eine ohngefähre ist und sein kann, aber mindestens viel Wahrscheinlichkeit für sich hat.

b) Welchen Einfluß können die Eisenbahnen auf die Vertheidigung der Grenzen und auf die leichtere innere Verwaltung üben.

So wichtig ein Netz von Eisenbahnen in national-oeconomischer Hinsicht für Preußen ist, eben so dringend fordert den Bau derselben die Vertheidigung der Grenzen des Vaterlandes.

Keines der großen europäischen Reiche hat in militairischer Beziehung eine so unglückliche Lage wie Preußen.

Sein langgedehnter, in der Mitte von andern Staaten durchbrochener Körper grenzt zugleich an Rußland und Frankreich, welches beide die einzigen Mächte sind, von denen eine Störung des Friedens zu befürchten ist, und es scheint um so mehr im Bedürfniß zu liegen, sich besonders eine rasche Verbindung mit dem Rhein zu sichern, als Frankreich den Bau der beiden Eisenbahnen nach der deutschen und nach der belgischen Grenze, und zwar in ganz unverhohlener Absicht mit der größten Thätigkeit betreibt. Wenn nun ferner berücksichtigt wird, mit welcher Anstrengung in jenem unruhigen Nachbarstaat der Festungsbau von Paris betrieben wird, mit welcher Thätigkeit und welchem Kostenaufwand im tiefsten Frieden alle französischen Arsenale ungeheure Kriegsvorräthe bereiten, wie das Streben Ludwig Philipps dahin geht, Belgien, wie sein Vorfahr Ludwig der Vierzehnte den Elsaß, im tiefsten Frieden zu erobern, so scheint es wohl an der Zeit Gegenvorkehrungen zu treffen, und es würde eine ächte deutsche Indolenz verrathen, sich wieder wie zur Zeit Napoleons einer Ueberrumpelung bloß zu stellen.

Die Lage Preußens und die gebieterischen Umstände fordern uns daher dringend auf, auch in militairischer Beziehung die Hauptstadt der Monarchie und den eigentlichen Körper derselben mit ihren beiden Armen in Westen und Osten durch Eisenbahnen in Verbindung zu setzen, um mit der Hauptstärke des Heeres in eben so kurzer Zeit die Grenzen erreichen zu können, als die ist, welche die Nachbaren bedürfen, um bei ihren Vorrichtungen aus dem Innern ihrer Staaten an unsere Grenzen zu gelangen. Zu großen Militairtransporten, namentlich um ein ganzes Armee-Corps einschließlich der Kavallerie in kurzer Zeit an den Rhein zu versetzen, werden Locomotiven, wenn auch die übermäßigen Kosten ihrer Anschaffung im Großen nicht gescheut werden sollten, nie geeignet sein, sondern dazu sind ganz andere Einrichtungen erforderlich.

Zwar würde es möglich sein, wenn die Locomotiven vorhanden sind, die Kanonen, die Munition und einen Theil der Infanterie, aber niemals die Kavallerie und die Artilleriebespannung, und eben so wenig ganz große Massen Infanterie mit diesen dahin zu versetzen.

Obgleich das Militairfach uns ganz fremd ist, so lehrt doch der gesunde Menschenverstand es, daß man Kanonen ohne Pferde, und Infanterie ohne Kavallerie nicht wagen darf dem Feinde gegenüber aufzustellen, mithin Einrichtungen bestehen müssen, durch welche es allen Abtheilungen des Heeres möglich ist, zugleich den Ort ihrer Bestimmung zu erreichen; dies kann nur bei doppelter Schienenlage und durch gleichzeitige Thätigkeit von Dampf- und Pferdekraft bewirkt werden, und auch nur dann, wenn von Seiten der Regierung die nöthigen Vorbereitungen dazu in weiser Voraussicht getroffen sind. Zu diesen gehören vor Allen die Wagen und Pferde zum Transport und die jederzeitige Disposition über sie.

Erkennt die Regierung nun an, daß ein Bedürfniß das Heer mit großer Schnelligkeit zur besseren Vertheidigung der Grenzen an diese versetzen zu können besteht, so lassen die Mittel sich bald finden.

Ein solches und zwar ein sehr zweckmäßiges scheint uns zu sein, wenn die Eisenbahnen unter eine königliche Verwaltung, und zwar unter die der Post gestellt würden. Geschieht dies und wird ihr auch der Waarentransport auf den Eisenbahnen übertragen, so wird sie eine große Masse von Pferden halten müssen, die im Frieden dem Lande durch die von ihr übernommenen Waarentransporte Nutzen stiften, der Post Geld einbringen, und demnächst auch zu militairischen Zwecken jeder Zeit disponibel stehen.

Was die Fortschaffung der Kavallerie betrifft, so scheint uns diese ohne künstliche Zurichtung möglich zu sein. Die Erfindung eines einfachen und wohlfeilen Gestelles zum Transport von Pferden kann nicht schwierig sein. Dieses würde man vielleicht schon erhalten, wenn man ein dem gewöhnlichen Holzschlitten ähnliches dazu wählte, nur um so viel länger und breiter, daß auf jedem etwa 12 bis 18 Pferde stehen könnten. In oder an den Unterbäumen des Gestells brächte man die Räder an, welche auf den Schienen liefen, und oben eine Bretterlage mit einfachen Befriedigungen, damit die Pferde nicht seit- oder rückwärts herunter treten könnten. An der auswärtigen Seite ließen sich Raufen und Krippen anbringen, um den Pferden während des Transportes das Futter zu reichen.

Dieser eben beschriebene, für geringe Kosten herzustellende Wagen mit 18 Pferden beladen würde ohne Anstrengung von einem Postpferde fortgezogen werden; angenommen nun, alle zwei Meilen befände sich eine Station, so könnte jedes Postpferd in 24 Stunden mindestens zwei Transporte mit Fracht fortbringen, und eben so oft leer zurückkehren, was keine übermäßige Anstrengung fordern würde. Durch diese Anordnung würde ein Postpferd in 24 Stunden 36 Pferde fortschaffen, mithin 100 Pferde täglich 3,600, die bequem in 8 Tagen den Weg von Berlin nach Cöln und noch schneller zurücklegen könnten, wenn man nicht einen Theil der Zeit des Tages ausschließlich für die Locomotiven reserviren müßte. 24,600 Pferde brauchten also sechs hintereinander folgende Tage zur Reise dorthin. Was den Transport der Artillerie- und Trainpferde betrifft, so würde dazu keine fremde Anspannung erforderlich sein, sondern die Pferde sich unter einander selbst im Ziehen ablösen.

Zur Fortschaffung der Infanterie in ganz großen Massen würde nun ebenfalls das Pferdefuhrwerk allein zweckmäßig sein. Auf einem Wagen, auf welchem 18 Pferde Platz haben, würden sich 40 Mann nebst Waffen und Gepäck sehr gut behelfen können.

Wenn zu ihrer Fortbringung auch 100 Pferde verwandt würden, so transportirte jedes Pferd wiederum in 24 Stunden 80 Mann und 100 Pferde 8000, mithin möglicher Weise in 6 Tagen 48,000 Mann. Da höchst wahrscheinlich, auf jeder Station mindestens 100 und vielleicht 150 Postpferde in Friedenszeiten gehalten werden müßten, so bedürfte es selbst zu so großen Truppen-Versetzungen nur wenig außerordentlicher Fuhrkräfte; daß die Post aber mit Heranziehung der Pferde von den Neben-Stationen die 150 Pferde bei so außerordentlichen Fällen zu stellen vermag, ist kaum zu bezweifeln und im Fall dies nicht zureichte, würden die angrenzenden Grundbesitzer zur Hülfe gezogen werden. *)

---

*) Zu den Schwierigkeiten eines raschen Transports der Truppen von

In dem hier mitgetheilten Zahlen-Exempel haben wir mehr auf die Möglichkeit einer Ausführung hinweisen wollen, und auf die Wichtigkeit, welche die Eisenbahnen dadurch in militairischer Beziehung erhalten, als daß wir unsere Angaben für feststehend ausgeben wollten; nur in Folge von wirklichen Versuchen kann man in dieser Beziehung zu sichern Resultaten gelangen; wir glauben aber, es besteht kein unüberwindliches Hinderniß und überlassen es gern anderen, viel erfahreneren Männern; als wir sind, den Gedanken weiter zu verfolgen und zu berichtigen.

Unzweifelhaft bleibt es jedoch, daß wohleingerichtete Eisenbahnen die Regierung in den Stand setzen, die Bewegungen der Truppen nicht nur in viel kürzerer Zeit, sondern auch mit großen Kostenersparungen zu bewirken.

Männer vom Fach wollen berechnet haben, die außerordentlichen Ausgaben, welche der Marsch des ersten Armeecorps bis zum Rhein veranlassen würde, beliefen sich auf 800,000 Thlr., welcher Ausgabe noch die für die auf dem Marsche aufgetragenen Schuhe und zerrissenen Montirungsstücke hinzugerechnet werden muß. Bei dem Transport mit Pferden auf der Eisenbahn werden sich die obigen Kosten sehr bedeutend vermindern.

Berlin bis zum Rhein hin gehört noch ganz besonders die Unterbrechung der Grenzen der Monarchie und es würde daher mit den verschiedenen Fürsten, durch deren Gebiet die Bahn führt, deshalb schon bei dem über Anlegung von Eisenbahnen zu treffenden Abkommen darauf Rücksicht genommen werden müssen.

Wenn es auch von geringerer Wichtigkeit ist, so verdient es doch die Aufmerksamkeit der Regierung, wie wesentliche Vortheile selbst in administrativer Hinsicht die Eisenbahnen gewähren werden. In einem so gedehnten Reiche wie das preußische, welches eine Central-Verwaltung hat, wo mithin so viel auf das schnelle Ineinandergreifen der verschiedenen Räder ankömmt, ist es von dem größten Nutzen, sowohl für die Ausführung der Befehle als ganz besonders für die Controlle, wenn die entfernten Provinzen dem Centralpunkte möglichst nahe gebracht werden. Durch Eisenbahnen, mit Locomotiven befahren, nähert sich Königsberg Berlin auf die frühere Entfernung von Frankfurt a. d. Oder, und Aachen auf die von Magdeburg.*) Durch die Eisenbahnen werden mithin die Hauptpunkte der Monarchie in den Kreis von 1 bis 2 Tagereisen von der Hauptstadt versetzt.

Wie unendlich viel kann und wird nicht in der Folge mündlich abgemacht werden, worüber jetzt Monate lang geschrieben wird, bis man sich verständigt hat.

Wenn ferner der Verwaltungs-Chef sich entweder selbst oder durch einen seiner Räthe in so kurzer Zeit von der Sachlage durch eigene Ansicht überzeugen kann, wie aufmerksam wird dies nicht die Behörden, selbst in den entferntesten Theilen der Monarchie, erhalten?

*) Wenn der Transport statt durch Dampf durch Pferde erfolgen sollte, so würde sich die Entfernung nach dem Verhältniß der Schnelligkeit ändern.

Allein auch in pecuniärer Beziehung wird es Vortheil gewähren. Wie bedeutend sind jetzt nicht die Ausgaben für Diäten und Fuhrlohn für die mit Geschäftsreisen beauftragten Beamten; welche Ersparungen werden nicht bei Versendungen von Geldern und anderen Gegenständen, Waffen, Montirungsstücken u. s. w. eintreten, wenn die Frachtunkosten sich um $\frac{5}{6}$ vermindern? Indessen alle diese Vortheile wird die Regierung nur in ihrem ganzen Umfange genießen, wenn sie selbst baut, und bei der Anlage Rücksicht darauf nimmt.

c) Ist es im hohen Landes-Interesse nöthig, daß der Staat die Eisenbahnen baue und verwalte, oder ist es dies nicht?

In dem Vorhergehenden ist der Einfluß geschildert worden, den Eisenbahnen auf die Förderung der Production, der Fabrikation und des Handels, so wie auf die leichte Vertheidigung der Grenzen haben können; es folgt hieraus, wie stark die Regierung dabei betheiligt ist, sich auch des Erfolges zu sichern, wie wichtig es sei, die Mittel zu kennen, durch welche dies bewirkt werden könne. Die Regierung hat bisher die Anlage von Eisenbahnen der Privatspeculation überlassen; sie will in dieser Richtung weiter gehen und nicht selbst verwalten, sondern sich nur die Aufsicht vorbehalten und durch Zinsgarantie der von den Actionairen vorgeschossenen Kapitalien diese zur Verwendung derselben anreizen. Es ist unmöglich, daß die Regierung die Wichtigkeit der Eisenbahnen erkannt haben kann, wenn sie diese aus der Hand geben will; es ist unmöglich, sich der Verwaltung einer Parthie zu entziehen, von welcher der National-Reichthum und die Sicherheit des Reiches abhängt, es ist unmöglich, eine Angelegenheit, bei welcher so viele allgemeine Interessen betheiligt sind, der Privat-Speculation und den Sonder-Interessen abzutreten, ohne sich im hohen Grade für die Zukunft zu compromittiren.

Man wird uns wahrlich nicht den Vorwurf machen wollen, daß wir der Verfechter einer sich über alle Verhältnisse verbreitenden Bevormundung sind, wenigstens verdienen wir diesen Vorwurf eben so wenig, als den, die Vorzüge einer tüchtigen Verwaltung nicht vollkommen aufgefaßt zu haben; allein wir sind überzeugt, daß die Regierung nie eine Verwaltung aus der Hand geben darf, bei welcher es sich von so wichtigen Staats-Interessen handelt, zu deren Sicherung die Uebersicht des ganzen öconomischen, gewerblichen und merkantilischen Zustandes der Monarchie erforderlich ist. Eben so gut könnte die Regierung die Verwaltung der Finanzen einer Actiengesellschaft übertragen, oder die Universitäten und die Vertheidigung des Vaterlandes gegen Kostenersatz einer Privat-Association abtreten.

Doch wir wollen die Sache selbst reden lassen und dem Urtheil der Leser nicht vorgreifen.

Wenn wir auf die Gründe zurückgehen, weshalb die Regierung der Privat-Association den Bau und die Verwaltung der Eisenbahnen überlassen will, so hat sie den kürzlich versammelten Ausschüssen und dem Volke nur Einen angegeben; dieser lautet:

„Es erschien in mancher Hinsicht nicht sachgemäß, solche „National-Unternehmungen der Privat-Industrie, welcher bis„her die Eisenbahnen ein weites Feld fruchtbarer Thätigkeit „dargeboten haben, ganz zu entziehen; man würde damit die „eigenthümlichen Vortheile aufgeben, welche die fortschreitende „Gewerbsamkeit und der erwachende Associationsgeist im Volke „der bisherigen Art, wie die vaterländischen Eisenbahnen ent„standen, zu verdanken hat, und in Gefahr gerathen, das ge„genwärtige, durch alle Stände verbreitete Interesse dafür zu „schwächen."

Wenn wir den Sinn dieser Worte im guten Glauben hinnehmen, so erblicken wir in ihm nur einen mehrfachen Irrthum. Als Gegenstand der Privat-Industrie kann nur ein solcher betrachtet werden, wo die Betheiligten Hoffnung haben, ihre Kapitalien mit Gewinn anzulegen und wo ihre industrielle Mitwirkung, ihre Intelligenz, ihre Thätigkeit dazu beitragen, den Ertrag der Unternehmung zu erhöhen. Dies Alles ist hier nicht der Fall; es handelt sich von einem Bau, den die Regierung, wie wir zeigen werden, viel wohlfeiler und besser auszuführen im Stande ist als eine Privatgesellschaft, und es handelt sich von einer Verwaltung, welche die Regierung, wenn sie will, wohlfeiler und besser leiten kann als jene. Die Einwirkung der Actionaire auf den Betrieb ist eine rein passive, zu welcher auch nicht die allermindeste Intelligenz gehört, da die Ausführung immer den dazu angenommenen Technikern übertragen bleiben muß; ihre Thätigkeit ist auf eine Handhinreichung beschränkt, um aus dem Staatsschatz die Zinsen zu empfangen. Wie vollkommen es der Regierung bekannt ist, daß bei dem beabsichtigten Bau der Eisenbahnen auf keinen Gewinn zu rechnen sein werde, mithin dieser kein Gegenstand der Speculation sein könne, geht daraus hervor, daß sie die Zinsen des Anlagekapitals garantiren will, um dadurch den Associationsgeist zu reizen. Wie daher eine Unternehmung als ein weites Feld fruchtbarer Thätigkeit bezeichnet werden könne, bei welchem die Regierung die Garantie der Zinsen des Anlagekapitals übernehmen muß, das wird Niemandem einleuchten, und am wenigsten den Geldmännern.

Wenn die Regierung den aufrichtigen Vorsatz gefaßt hat, für die Folge der Privat-Industrie nicht mehr entgegen zu treten, so wird eine solche Absicht sehr dankbar anerkannt werden; es fehlt ihr nicht an Gelegenheit, dies auf eine Weise zu bethätigen, die freudige Begrüßung erhalten wird. Ganz besonders unbegründet erscheint die Besorgniß der Regierung, durch den Ausschluß der Privaten von dem Bau der Eisenbahnen werde sich das gegenwärtig durch alle Stände verbreitete Interesse an denselben vermindern. Gern wollen wir es zugeben, daß ein solches Interesse bestehe, aber nicht, um Kapitalien zu 3½ pCt. anzulegen, sondern um den Produkten und Fabrikaten leichtere Absatzwege zu eröffnen, den Handel belebter zu sehen.

Wenn es je eine große Uebereinstimmung im Lande gegeben hat, so findet sie jetzt und zwar gegen den Bau auf Actien statt und für den Bau durch die Behörden, weil man allgemein einsieht, welche Nachtheile es für das Land haben würde, wenn der Bau der Privatspeculation übergeben werden sollte.

Man wird uns hierauf erwidern, durch dergleichen Behauptungen zeigten wir, wie wenig unterrichtet wir selbst seien; denn die Abstimmung der ständischen Ausschüsse beweise dies, da sich nur 48 Stimmen für den Bau durch die Regierung, 51 Stimmen aber gegen denselben erklärt hätten. Zu unserer Rechtfertigung weisen wir auf das Verhältniß hin, wie gestimmt worden ist. Notorisch hatte die große Mehrzahl der Ausschußmitglieder sich für den Bau durch die Regierung bereits ausgesprochen; inzwischen ward ihnen die Discussion darüber nicht gestattet und angedeutet, die Regierung werde auf keinen Fall bauen, sie hätten nur zu wählen, zwischen einer gänzlichen Verzichtung, oder dem Bau auf Actien. Nachdem man sich nun in die Nothwendigkeit gefügt hatte, wurde nach abgemachter Sache noch erlaubt zu versuchen, welches Resultat die andere Abstimmung ergeben haben würde, wenn die Discussion nicht untersagt worden sei. Aus einer, nur gleichsam zum Ueberfluß versuchten Abstimmung konnte wohl unmöglich ein anderes Resultat hervorgehen; Niemand kann sich wundern, wenn bei dieser viele gegen ihre eigene, vorher unumwunden ausgesprochene Ansicht aus Nachgiebigkeit anders gestimmt haben, als sie dachten, da das Ganze doch zu keinem Resultate führen konnte. Ueberhaupt beweiset das Eingehen der Versammlung auf eine Abstimmung, die nichts helfen, wohl aber schaden konnte, indem sie sowohl nach Oben als nach Unten hin eine unrichtige Meinung über die Ansicht der Ausschußmitglieder verbreitet hat, einen Mangel an parlamentarischem Takt. Sollte ihnen wirklich nicht der biblische Spruch in den Sinn gekommen sein, „seid klug, wie die Schlangen, aber ohne Falsch, (unschuldig) wie die Tauben." *) Die letztere Hälfte wollen wir den Ausschüssen nicht streitig machen, allein es zeigte keine richtige Auffassung auf eine Abstimmung einzugehen, die wie gesagt nur schaden konnte, und die, da man die menschlichen Schwachheiten kennt, voraussichtlich so ausfallen mußte, wie es der Fall gewesen ist.

Wie wenig begründet die von der Regierung gegebenen Ansichten sind, haben wir vorhin gezeigt, allein es glaubt auch Niemand an diese, die Verwaltung so wenig als das Land. Der eigentliche Grund, den Jedermann kennt, und Niemand sich verschweigt, ist ein ganz anderer; die Regierung weist den Bau von sich, weil sie keine Schulden machen will, und sie will das Schuldenmachen umgehen, um nicht die Zustimmung der Stände zu fordern; sie will daher lieber auf den ganzen Bau verzichten, wie den versammelten Ausschüssen erklärt ist, sie will lieber alle Vortheile aufgeben, die ein Netz von Ei-

*) Matthäi 10, 16.

senbahnen für das Land, für die Sicherheit des Staates hat, als die Zustimmung der Stände zur Aufnahme der zum Bau nöthigen Fonds fordern.

Glaubt die Regierung etwa, die Stände würden diese verweigern? Die im ganzen Lande verbreitete Stimmung läßt darüber keine Befürchtung aufkommen. Allein man scheint zu besorgen, daß bei dieser Gelegenheit die Stände sich vielleicht für incompetent erklären möchten. Wir befinden uns bei der Besprechung dieses Punktes in einer gewissen Verlegenheit, von welcher wir uns nur selten beschwert fühlen. Es handelt sich hier um zwei Lebensfragen, um die künftige Ausbildung der Verfassung und um die großen Interessen der Industrie und der Landesvertheidigung. Zwischen diesen beiden Lebensfragen findet ein Conflict der nachtheiligsten Art statt, dessen Folge wohl sein kann, daß beide unerledigt bleiben. Es wird jedem unbefangenen Auge nicht dunkel erscheinen, von wo die hemmende Kraft ausgeht. Die Verwaltung ist im Besitz der Macht; schon in dem ersten Theile haben wir gezeigt, wie weit sie diese ausgedehnt hat, und jetzt scheint sie ihre Stärke der landesväterlichen Absicht des Monarchen gegenüber wieder geltend gemacht zu haben. So urtheilt man auswärts, so im eigenen Volk; von dieser Macht, nicht von der monarchischen handelt es sich auch hier. Die Verwaltung scheint verleitet zu werden, lieber die günstige Gelegenheit aufzugeben sich als eine wohlthätige Beschützerin der höhern, ihr anvertrauten Landes-Interessen zu bewähren, als eine innigere Verschmelzung des Königs und seines Volkes durch allgemeine Stände zu fördern.

Sollten Männer, von so vieler Einsicht, wie sie an die Spitze der Verwaltung berufen sind, es nicht fühlen, wie günstig der gegenwärtige Augenblick sei, um die fortbestehende Controverse zu lösen.

Der Menschenkenner und der Geschichtsforscher wissen es, daß das, was die Männer den Frauen und die Fürsten den Völkern versprochen haben, nie dem Gedächtniß entschwindet. Wie klug wäre es, zur Lösuug so zarter Fragen, wie die schwebenden sind, eine Veranlassung zu wählen, wo die öffentliche Meinung der Regierung so entgegen kommt wie bei dieser!

Doch wir bescheiden uns gern; nur dem erhabenen Fürsten, der auf dem Throne sitzt, kömmt es zu, in seiner Weisheit über das Ob und Wann zu entscheiden; unsere Aufgabe beschränkt sich darauf, mit Beseitigung der Verfassungsfrage die Möglichkeit der Lösung des Räthsels nachzuweisen, und zu zeigen wie ohne Compromittirung dieser Bau von Seiten der Regierung ausgeführt werden könne, den nur sie im Interesse der Monarchie leiten darf.

Doch bevor wir dies versuchen, oder mit andern Worten, ehe wir über die Beschaffung der Geldmittel sprechen, welche der Bau fordert, scheint es nothwendig, die Vortheile und Nachtheile gehörig abzuwägen, welche es hat, wenn die Regierung baut und verwaltet, oder wenn dies einer Actiengesellschaft übertragen wird. Es kommt dabei in Betracht:

1) welche von beiden sichert die Ausführung am vollkommensten und in der kürzesten Zeit?
2) welche vermag die höhern Interessen des Landes, mithin den eigentlichen Zweck am besten zu befördern?
3) wie verhält sich der Kostenpunkt in dem einen und dem andern Fall.

ad 1. Daß zu dem Bau so großer Strecken sich Unternehmer finden werden, selbst wenn die Regierung die Zinsen des Baukapitals garantirt, ist höchst unwahrscheinlich, ja wir behaupten fast unmöglich, es sei denn, daß man noch bedeutend größere Opfer bringen wolle, als wozu man sich bis jetzt bereit erklärt hat. Die erfahrensten Geschäftsmänner, die Männer von der Börse, sind darüber einig, daß selbst durch künstliche Mitwirkung des Staats-Geld-Instituts kaum einzelne Bahnstrecken zu Stande kommen können, viel weniger die Gesammtheit derselben, worauf es doch vor Allem ankommt, daß mithin auf dem eingeschlagenen Wege nur eine kostbare Zeit verloren gehe, die nicht wieder zu gewinnen ist. In einer so eben erschienen Schrift des Herrn rc. Hansemann über Eisenbahnen, die in vieler Beziehung die Aufmerksamkeit des Publikums verdient, ist sehr schlagend nachgewiesen, wie unmöglich es sei, weder so große Capitalien wie der Bau fordert durch Privat-Associationen zusammen zu bringen, noch viel weniger durch bloße Zinsen-Garantie die Kapitalisten zur

Uebernahme des Baues zu bewegen und besonders interessant und belehrend ist die Beweisführung, daß die Regierung ein viel **größeres** Opfer bringen muß, wenn sie auf dem von ihr eingeschlagenen Wege zu jenem Ziele gelangen wolle, als wozu sie bereit scheint.

Angenommen aber, es erfolgte der allgemeinen Ansicht entgegen dennoch die Zeichnung von Seiten des Publikums, wer verbürgt deshalb die Ausführung des Baues? Wie viele Actien-Zeichnungen sind nicht schon erfolgt, auf welchen Nenner, aber keine Zähler geschrieben standen. Unser Land ist leider noch zu **arm an Kapital**, um so bedeutende Summen, wie der Bau erfordert, mit einer gewissen Leichtigkeit aufzubringen. Wenn nun hin und wieder sich einzelne Corporationen und Privatleute, die bei der einen oder der anderen Bahnstrecke besonders interessirt sind, theilweise zu Zeichnungen verstehen sollten, auch das Angeld, in der Hoffnung die weiteren Summen geborgt zu erhalten, zahlten; wie wird es werden, wenn diese Hoffnung nicht in Erfüllung gehen sollte, welches schon häufig vorgekommen ist, wie, wenn ein bedeutender Geldmangel eintreten, oder die Baukosten die Anschläge überschreiten, endlich wie wenn in Folge der bestehenden großen europäischen Geldgemeinschaft Krisen eintreten, welche ein völliges Verschwinden der edlen Metalle zur Folge hätten? *)

*) Es ist eine reine Selbsttäuschung, wenn man an die Realisirung des Projekts denkt; aus Sachsen, aus Frankfurt und aus mehreren Theilen Deutschlands sind Anfragen eingegangen, ob die Regierung zu $3\frac{1}{2}$ pCt. Darlehen brauchte; aber auf eine Zinsengarantie will Niemand eingehen; wir

Wahrlich, es würde einen unverzeihlichen Leichtsinn verrathen, wenn die Regierung bei Fortgabe der Bahn an Privat-Societäten sich in dieser Beziehung nicht gegen solche Zwischen-Ereignisse völlig sicher stellen wollte, und thut sie es, so kann sie überzeugt sein, daß sich nimmermehr die erforderliche Zahl der Theilnehmer finden werde. Eine andere Bürgschaft für die schnelle und ununterbrochene Ausführung tritt ein, wenn die Regierung diesen Bau unternimmt. Ihr stehen die Mittel dazu mit Leichtigkeit zu Gebote, sie kann mit Schnelligkeit und ohne Unterbrechung diesen ausführen, weil zu ihrer Disposition das Geld und die Talente stehen, welche der Bau fordert, während die Gesellschaften erst suchen müssen, sich beides zu verschaffen.

Wenn Privatgesellschaften den Bau übernehmen, so entziehen sie zum großen Nachtheil des Landes diesem das zum Betriebe des Handels, der Gewerbe und des Ackerbaues unentbehrliche Geld, und bereiten dadurch große Störungen.

Baut die Regierung, so bezieht sie zum Theil die nöthigen Summen von dem großen Geldmarkte Europa's, anderen Theiles kann sie sich diese durch Ausgabe eines unverzinslichen Papiergeldes (Cassenscheine) schaffen. Wenn die

---

wollen von vielen nur einen Grund nennen. Man sagt, angenommen der Bau sei vollendet, und es bräche ein Krieg aus, wie dann? die Zinsenzahlung sei unter solchen Verhältnissen nicht zu erwarten, und wenn die Inhaber in der Verlegenheit, welche für sie hieraus entspringen könnte, die Actien verkaufen müßten, was würde ihr Cours sein? schwerlich würde er über 25 pCt. stehen.

Actionaire dagegen ihre Actien an den Börsen von London, Amsterdam, Frankfurt, Hamburg discontiren wollten, so werden sie keine Abnehmer finden, nicht einmal im eigenen Lande. Wer irgend etwas vertrauter mit dem Geldverkehr ist, wird uns gewiß hierin beipflichten.

ad. 2. Vorhin ist gezeigt worden, welchen Einfluß Eisenbahnen auf den Nationalreichthum und eine rasche Bewegung des Heeres zu üben vermögen. Sollten Privat-Associationen den Bau unternehmen, so haben sie nur einen einzigen Gesichtspunkt im Auge, nämlich auf welche Strecke decken sich am besten die Kosten und versprechen einen möglichen Ueberschuß? bei ihnen handelt es sich nur vom Geldgewinn.

Wenn dagegen die Regierung baut, so hat sie es in ihrer Hand, die hohen Landeszwecke zu verfolgen, welche allein es rechtfertigen können, so große Summen aus dem Gesammt-Vermögen des Staats darauf zu verwenden. Die Regierung hat es dann in ihrer Hand die Bahnen dahin zu richten, wohin der Flor des Landes es erfordert, sie in solchen Gegenden zu bauen, wo, indem sie Kapitalien ausgiebt, diese durch den gesteigerten Werth des Grundvermögens doppelt und dreifach wieder erschaffen werden, wo sie durch Vermehrung ihrer Einnahme aus den indirecten Steuern, welche mit der Belebung des Handels Schritt halten, hoffen kann, die Zuschüsse zurück zu empfangen, welche ihr besonders in der ersten Periode die Eisenbahnen wahrscheinlich kosten werden.

Die Regierung wird es sich nicht verhehlen, wie neu die

Erfahrungen über den Nutzen der Eisenbahnen noch sind. Nur so viel steht, wie vorhin gezeigt ist, fest, daß sie den Verkehr concentriren, den Transport von Personen und Waaren beschleunigen, und die bisher bestandenen Localitäten ganz verändern. Da ihr die Sorge für den Wohlstand aller Theile des Landes obliegt und sie die Folgen der Eisenbahnen in ihrem ganzen Zusammenhange noch nicht übersehen kann, und daher auch nicht weiß, welche Abänderungen künftig nöthig werden, um die einzelnen Gegenden gegen große Nachtheile zu schützen, so darf sie sich der Disposition nicht begeben, um nicht weiterhin in die Verlegenheit zu gerathen, als eine unthätige Beschauerin zuzusehen, wie der Ackerbau, der Handel in einigen Theilen der Monarchie leiden werden, während die Begünstigten gewinnen; ja was noch mehr ist, es könnte dahin kommen, daß sie vielleicht den priviligirten Gesellschaften aus dem Staatsfonds einen jährlichen Tribut zahlen müßte, zu welchen die mitsteuerten, die ihren bisherigen Absatz und Handel durch die neuen Anlagen verkümmert sehen. Wir wollen nicht behaupten, daß die hier ausgesprochene Besorgniß auf alle Bahnenzüge Anwendung finde, allein wir glauben, daß bei manchen ein solcher Erfolg vorauszusehen sei, wenn die ganze Anlage nicht mit Umsicht gemacht wird und die Disposition nicht der Regierung verbleibt, sie mithin Modificationen eintreten lassen kann, wann und wo es ihr nöthig scheint.

Um die Eisenbahnen ihren nützlichen Zwecken entsprechend

zu machen, müssen sie, wie vorhin gezeigt, zugleich auf den Waaren- und Personentransport eingerichtet werden und eine solche Richtung erhalten, um den Producenten und Fabrikanten, welche Mangel an Absatz haben, einen Markt, den Consumenten ihre Verbrauchsgegenstände, dem Handel Objecte zu verschaffen. Es darf vor Allem nicht vergessen werden, daß wenn die Lebendigkeit des Geschäftsverkehrs durch geringe und feststehende Transportkosten gesteigert wird, die Personen-Frequenz in dem Grade zunimmt, in welchem der Waarenumsatz sich vermehrt. Alles dieses ist nur möglich, wenn die Regierung den Bau übernimmt, nur durchzuführen, wenn sie die Verwaltung hat.

Es wäre hier der Ort, tiefer auf das System einzugehen, nach welchem die Eisenbahnzüge im Innern der Monarchie gezogen werden müssen, sowie die, welche bestimmt sind, das gesammte deutsche Vaterland im preußischen und deutschen Interesse, in politischer, merkantilischer und militairischer Beziehung zu verbinden. Es scheint dies um so nöthiger, je weniger bis jetzt die höheren Gesichtspunkte überhaupt berücksichtigt worden sind; bisher ist nur die Frage gewesen: Wer will Geld in Eisenbahnen anlegen; daß es aber höhere Rücksichten giebt, als sich der Bahngelder zu versichern, ist bisher nicht zur Sprache gebracht, daher sehen wir es auch ein, daß wenn wir uns jetzt über solche Fragen, als die eben berührten, verbreiten wollten, wir nur leeres Stroh dreschen würden; so lange wenigstens, als man bei uns noch die Meinung haben wird, aus der Verfolgung kleiner, Sonder- und Privat-Interessen könne sich am Ende ein gemeinschaftliches großes Ganze entwickeln, lohnt es nicht über Gegenstände zu schreiben, die Niemand interessiren.

Die von der Regierung angedeuteten Züge scheinen uns im Ganzen die richtigen, im Einzelnen aber wesentlicher Veränderung bedürftig zu sein, worüber wir uns, sobald eine Aussicht zum Fortgang des Baues vorhanden ist, öffentlich aussprechen werden; hier bemerken wir nur noch, daß es sehr unzweckmäßig sein würde, die beiden wichtigen Seehäfen der östlichen Monarchie, Stettin und Danzig, durch eine gewisse, unter den Projekten aufgenommene Richtung der Eisenbahnen, dem Kreise zu entziehen, den ihnen die Natur angewiesen hat und den sie im Interesse des Ganzen behalten müssen, etwa um Berlin, Hamburg, Posen oder irgend einen anderen Platz zu begünstigen, welcher sich vielleicht einer speciellen Befürwortung erfreuen sollte.

Eben so würde es nicht zu entschuldigen sein, wenn man diejenigen Gegenden der Monarchie, die jetzt in der Cultur des Bodens aus mangelndem Absatz zurückgeblieben sind, übergehen wollte, weil der Ertrag der Eisenbahnen vielleicht in den ersten Jahren zurückbleiben könnte, was auch noch in Frage steht; endlich verdiente es einen entschiedenen Tadel, wenn man bei den Verbindungsbahnen mit dem übrigen Deutschland diese nicht so weit wie möglich, ohne dem Zwecke zu schaden, im eigenen Lande fortführen, sondern um Kosten zu sparen, sie den benachbarten Staaten überweisen wollte.*)

Es ist vorher behauptet, der Waarentransport durch Locomotiven sei zu kostspielig, und beschränke dadurch den Umfang des Verkehrs. Die Anschaffung der Locomotiven selbst erfordert ein großes Kapital, welches sich um so schneller verzehrt, je öfter sie in Gebrauch kommen würden, besonders vertheuert es sich durch das erforderliche Feuerungsmaterial und die weit größeren Unterhaltungskosten der Bahnen selbst, wenn sich auf diesen so schwere Lasten rasch bewegen sollten. Die Richtigkeit dieser Behauptung wird nicht widerlegt werden können.

Eine bedeutende Verminderung der Kosten findet dagegen bei dem Transport durch Pferde statt; bei ihnen fällt die Ausgabe für Locomotiven ganz weg, eben so die Feuerung, und da der Transport mit Pferden langsamer geht, so erleiden die Bahnen keine so starke Erschütterung.

Wie wir vorher angaben, soll ein Pferd auf Eisenbahnen so viel fortzubringen vermögen, als 12 Pferde auf gewöhnlichem chaussirten Wege. Wenn wir nun rechnen, daß das Pferd dem, der es stellt, bezahlt werde, und noch einen gleichen Preis als Eisenbahngeld hinzuzählen, so verringerten sich dadurch die Transportkosten gegen jetzt um $\frac{5}{6}$, oder mit andern Worten, die Trans-

---

*) Dies ist z. B. der Fall bei der nach Cassel projectirten Bahn, die man statt über Mühlhausen, über Weimar gehen zu lassen beabsichtigt.

portkosten des Produkts verringerten sich auf $\frac{1}{6}$, es erweiterte sich mithin der Markt um das Sechsfache. Gesetzt nun, um ein Beispiel von solchen Producten zu nehmen, welche wegen ihrer Wohlfeilheit im Verhältniß zu ihrer Schwere, wie Holz und Getreide, jetzt nur die Transportkosten von 3—6 Meilen tragen könnten, so würden sie dann für dieselben Kosten 18—30 Meilen fortgeschafft werden, mithin es ihnen möglich gemacht, sich unter den großen Märkten dieses weiten Kreises den besten auszuwählen.

Es bedarf keiner Zergliederung, welchen Vortheil dies gewähren würde, nicht allein für den Waarentransport der in Hinsicht des Absatzes ungünstig gelegenen Gegenden, sondern auch für die Consumtion der großen Hauptstädte*) und für den Handel in den Seeplätzen.**) Allein auch vorausgesetzt,

---

*) In Berlin wird man gewiß die Wichtigkeit des eben Gesagten einsehen. Nicht nur steigt daselbst mit jedem Jahre das Bedürfniß nach Holz und es ist daher von der höchsten Wichtigkeit, wenn sich der Zufuhr-Kreis erweitert, ohne die Transportkosten zu erhöhen, sondern, wenn sich nicht der im letzten Herbst so früh eingetretene Frost günstig geändert hätte, so würde die Hauptstadt diesen Winter, da sie ihre größere Zufuhr zu Wasser erhält, leicht in Noth gerathen sein.

**) Wir erinnern daran, daß so sehr häufig im Herbst, kurz vor der gewöhnlichen Zeit der Einwinterung in unseren Seeplätzen Bestellungen auf Getreide und zu hohen Preisen eingehen, die aber immer nur sehr theilweise wegen der beschränkten Zufuhr erfüllt werden können, wodurch den Producenten und dem Handel ein großer Gewinn entgeht. Alle solche Fälle wie dieser eignen sich besonders zur öffentlichen Bekanntmachung, damit die Regierung sie erfahre, und damit die öffentliche Meinung aufmerksam darauf gemacht werde.

die obige Angabe, daß 1 Pferd beim Transport auf Eisenbahnen so viel fortbringe als 12 Pferde auf chaussirtem Wege, welche wir fremden Mittheilungen entnommen haben, änderte sich in Etwas, und die Kosten des Transportes mit Locomotiven würden durch neue Erfindungen geringer, so giebt es noch andere Rücksichten, die dennoch dafür sprechen, den Transport mit Pferden beizubehalten und zwar zunächst auch aus militairischen Rücksichten.

Nach allen bis jetzt gemachten Versuchen ist der Transport von Pferden durch Locomotiven auf der Eisenbahn unausführbar und der der Infanterie in großen Massen desgleichen. Nur durch die von uns vorhin bezeichneten oder ähnliche Anstalten wird es möglich werden, sich der erforderlichen Einrichtungen ohne zu großen und unnützen Kostenaufwand zu versichern; entscheidend bleibt dabei, daß der Staat die Verwaltung der Eisenbahnen selbst übernehme. Ohne alle Frage würde sie für diesen Fall der Post überwiesen werden müssen; diese Verwaltung gehört zu ihrem Ressort, und sie ist in jeder Beziehung am geeignetsten sie zu leiten; nicht nur befähigt sie dazu das tüchtige Personal, über welches sie zu disponiren hat, sondern auch der Umstand daß die nöthige Einheit in der ganzen Bewegung des Verkehrs im Lande nur bewirkt werden kann, wenn dessen Betrieb in einer Hand ruht; ja was noch mehr ist, wir werden zu beweisen suchen, daß unter ihrer Leitung zugleich die wichtigen gewerblichen, militairischen und administrativen Zwecke gesichert erscheinen, und der Staat die großen Opfer erspart, welche er bereit ist, so ganz unnöthiger Weise auf den Altären von Privatgesellschaften niederzulegen.

Der großartige Plan der Regierung geht dahin, die Monarchie nach allen Richtungen hin mit einem Netz von Eisenbahnen zu umspannen, dessen Centralpunkt Berlin, dessen Endpunkt die Grenzen der Monarchie sein sollen. Diese Eisenbahnen werden nun nothwendig die großen Verbindungsstraßen des Landes abgeben, und wenn wir sie als die Hauptströme des Verkehrs betrachten wollen, so müssen in sie alle Verbindungsstraßen, so viel die Localität erlaubt, einmünden, und zwar immer auf den Punkten, wo sich ein Bahnhof befindet.

Auf diesen Bahnhöfen wird sich nun die Postverwaltung jedenfalls, auch wenn sie die Eisenbahnverwaltung nicht erhält, etabliren müssen, um die Expedition der Posten im Innern zu besorgen. Wenn ihr nun zugleich die Aufsicht der Bahn selbst mitübertragen würde, so verminderten sich dadurch nicht nur die Verwaltungskosten, sondern sie erhielte auch die Gelegenheit, ihre Pferde lohnender zu verwenden, da sie dieselben für die Hin- und Rückfrachten benutzen könnte, und nach dem Bedürfniß sie auf der Bahn oder zu den Transporten im Innern zu verwenden im Stande wäre.

Die unzweifelhaften Folgen davon würden sein, daß auf den Stationen eine bedeutende Menge Pferde gehalten werden müßte, und daß, wenn die Militairbedürfnisse, wie vorher schon erwähnt, dereinst große Transportmittel erheischten sie diese und einen ganz geordneten Organismus vorfänden, was wahrscheinlich nicht der Fall sein würde, wenn Privatassociationen die Eisenbahn verwalteten. Wir haben bisher als feststehend angenommen, daß die Eisenbahnen zugleich mit Locomotiven und mit Pferden befahren werden sollten, allein es scheint uns Verhältnisse zu geben, wo dies keinesweges zweckmäßig sein dürfte, und wir halten uns daher verpflichtet, die Aufmerksamkeit auf einen Gedanken hinzuleiten, der unter gewissen Umständen ohne Zweifel die größte Beachtung verdient, der aber das gegen sich hat, daß er gewissen Lieblingsansichten entgegentritt.

Es ist ganz allgemein die Besorgniß ausgesprochen, die von Berlin nach Osten laufenden Eisenbahnzüge würden kaum die Unterhaltungskosten decken, da sie weder durch die Dichtigkeit der Bevölkerung, noch durch einen großen gewerblichen Verkehr zu einem wirklichen Bedürfniß geworden wären, sondern dieses erst geschaffen werden sollte. Ferner ist es außer allem Zweifel, daß die Höhe der Kapitalien, die der Bau der östlichen Eisenbahnstrecken kosten würde, die Ausführung des Planes mindestens sehr erschweren, und daß es mithin wünschenswerth sein würde, Mittel aufzufinden, welche das Bau-Kapital verminderten, die Unterhaltungskosten bedeutend verringerten und dagegen die Einnahmen vermehrten.

Ein solches Mittel ist nun schon gefunden, auch angewandt, aber unvollkommen, und es wird darauf ankommen, es in dieser Beziehung zu verbessern. In Oesterreich giebt es Eisenbahnen, die nicht mit Locomotiven befahren werden und zum Waarentransport mit Pferden bestimmt sind; wahrscheinlich haben dort ähnliche Verhältnisse sie hervorgerufen, und wenn sie auch in der Ausführung zurückgeblieben sein sollten, so ist der Gedanke dennoch nicht zu verwerfen.

Wie viel weniger kostbar der Bau wird, wenn auf ihm keine Locomotiven fahren, ist außer Zweifel; es fallen dabei die Kosten des stärkeren Baues, die für Anschaffung der Locomotiven, die Ausgaben, welche die Feuerung veranlaßt, desgleichen die großen Aufsichts-Unkosten fort, die die Sicherheit der Fahrt mit Locomotiven verursachen, endlich möchten auch die kostbaren Strombauten, welche die Oder- und besonders die Weichsel-Uebergänge fordern, gespart werden können. Gegen alle diese Vortheile tritt der Nachtheil eines langsameren Fortkommens als es durch Locomotiven bewirkt wird, d. h. der Verlust der Zeit in den Hintergrund.

Wir haben schon vorhin die Ursachen angegeben, weshalb wir auf wohlfeileren Produkten- und Waaren-Transport einen so großen Werth legen zu müssen glauben, und den Zeitgewinn für die Reisenden unter gewissen Verhältnissen von untergeordneter Wichtigkeit halten, dennoch ist es wichtig zu untersuchen, wie bedeutend denn dieser Zeitverlust sei. Bei längeren Fahrten wird man wohl nur annehmen können, daß einschließlich des Aufenthalts auf den Bahnhöfen durchschnittlich nur 4 Meilen in der Stunde zurückgelegt werden können, da eine zu große Anspannung der Dampfkraft für Menschenleben oft gefährlich wird. Wenn nun der Post der Transport auf der Eisenbahn übertragen werden sollte, und diese sich mit guten Pferden versieht, so lassen sich, wenn die Passagierwagen von Pferden gezogen werden, ohnstreitig 2 Meilen in 45 bis 50 Minuten zurücklegen, *) mithin $2\frac{1}{2}$ Meile in der Stunde, oder etwa mit der halben Schnelligkeit der Locomotiven. Dieser Verlust würde jedoch bei längeren Strecken geringer sein, da die Locomotiven schwerlich Tag und Nacht gehen könnten, wohl aber die mit Pferden bespannten Wagen.

Inzwischen steht diese Versäumniß der Zeit in keinem Verhältniß zu den ungemein großen Kostenersparungen, die dadurch gewonnen werden würden. Wir glauben, diese Andeutung wird genügen, um bei einer nähern Erwägung der Eisenbahnsysteme überhaupt sie einer genauern Erforschung zu unterziehen.

Es darf dann aber vor allem nicht außer Acht gelassen werden, daß je größer das Kapital ist, welches die Regierung zum Opfer bringen soll, desto schwieriger die Verwirklichung des Baues selbst wird, und daß die Ausführung desselben um so länger dauert, wenn die Höhe der Summe nicht überhaupt die Ausführung hindert. Ferner, daß wenn nach einer Reihe von Jahren sich die Produktion und Fabri-

*) Wir selbst haben auf gewöhnlichen chaussirten Wegen ohne übermäßige Anstrengung der Pferde oft in 20 Minuten eine Meile gefahren, mit Vollblutpferden würde man sie unbedenklich in noch kürzerer Zeit zurücklegen können.

kation gehoben haben und das Bedürfniß es fordern sollte, die Bahn immer noch auch auf Benutzung der Dampfkraft eingerichtet werden kann; wenn dagegen gleich so große Kapitale auf eine Bahn verwandt werden, die erst den Verkehr neu erschaffen soll, der Zinsverlust und die Beaufsichtigungskosten wahrscheinlich so große Summen erfordern werden, als die künftigen Bauverbesserungen, wenn sie eintreten sollten, überhaupt bedürfen.

Die Techniker werden es richtiger wie wir beurtheilen können, wie viel der Bau, allein für Pferdetransport eingerichtet, weniger kosten wird, als bisher, so viel ist aber jedenfalls gewiß, daß derartige Bahnen reichliche Zinsen tragen werden; zwar sagt man, und einer sagt es immer dem Andern wieder nach, daß nur der Personenverkehr die Kosten der Eisenbahnen tragen kann. Solche allgemeine Behauptungen bedeuten aber höchstens, daß wo der Personenverkehr groß ist, die Kosten sich dadurch decken, wo dies nicht der Fall ist, das Gegentheil stattfindet.

Wir schließen diese Mittheilung mit der ausdrücklichen Bemerkung, daß wir über die Zweckmäßigkeit so eingerichteter Bahnen für die in westlicher und südlicher Richtung beabsichtigte Strecken uns unser Urtheil vorbehalten, sie dagegen für die östlichen Bahnen für sehr empfehlenswerth halten.

Wenn wir uns nun zu dem dritten Punkt wenden, wie sich der Kostenpunkt sowohl beim Bau als bei der Verwaltung der Eisenbahnen verhalte, wenn diese die Regierung oder

Privatassociationen übernehmen, so fällt auch dieser, wie alle andern, zu Gunsten der Regierung aus.

Es ist allgemein bekannt wie in neueren Zeiten die größeren Regierungsbauten (wir nehmen Luxusbauten aus) mit so geringen Kosten und zugleich mit so viel Geschick und Tüchtigkeit ausgeführt worden sind, wie es Privatgesellschaften schwerlich möglich sein wird.

Die Ursache liegt in den Talenten, welche der Regierung zu Gebote stehen, und in der Aufmerksamkeit der Behörden auf möglichste Ersparung der Kosten.

Bei einem Bau, wie der hier in Rede stehende, würde die Regierung zu außergewöhnlichen Maaßregeln schreiten müssen.

Es ist wohl nur eine Stimme darüber, wie ausgezeichnete Fähigkeiten sich nicht nur im Regierungs-Beamten*)-Personale, sondern auch in unserem Militair befinden.

Wenn daher die Behörde zu diesen Bauten namentlich unsere Sapeure, Mineure, Pioniere und Ingenieure verwenden wollte, und die Arbeiten unter militairische Leitung und Aufsicht gestellt und mit militairischer Ordnung betrieben würden, so unterliegt es keinem Zweifel, daß diese viel schneller, tüch-

*) Von allen Bahnen, die bis jetzt hier ausgeführt sind, kostet die Stettiner der Terrainhindernisse ungeachtet am wenigsten, und die Ursache davon ist gewiß zum großen Theil die, daß die Regierung den Actionairen einen ihrer tüchtigen und erfahrenen Baumeister, den Herrn Neuhaus dazu überlassen hat. Die Durchschnittskosten dieser Bahn werden 180,000 Thaler pro Meile wahrscheinlich nicht überschreiten. —

tiger und wohlfeiler ausgeführt werden könnten, als durch Privatleute, um so mehr, da die dabei beschäftigten Militairs sich mit einer Zulage zufrieden erklären würden, die bedeutend geringer sein dürfte, als die Gehalte sind, welche die Actiengesellschaften den oft sehr mittelmäßigen Capacitäten zahlen, die sich in der Regel erst auf Kosten der Gesellschaften Erfahrungen sammeln müssen.

So wesentlich nun die Benutzung der eben bezeichneten Mittel zu einem wohlfeileren und tüchtigern Bau beitragen würde, so stehen der Regierung auch noch andere Mittrl zu Gebote, um mindestens um ⅓ wohlfeiler zu bauen, als es einer Actiengesellschaft möglich sein wird.

Dahin rechnen wir die Zinsenersparungen, welche die Regierung durch Ausgabe von Kassenscheinen bewirken kann; ferner die bedeutenden Summen, welche bei der Grundabfindung gespart würden, bei welcher oft nicht der einfache, sondern der vier- oder achtfache Werth gezahlt werden muß, den die abgetretenen Grundstücke sonst haben. Baut die Regierung selbst, so würden ohne Zweifel die Provinzen, und zunächst die Kreise, durch welche die Eisenbahnen laufen, die Grundabfindung,*) so wie die kleinen Fuhren an Holz, Kies u. s. w. unentgeldlich übernehmen, wenn die Regierung deshalb nur eine Pro-

---

*) Daß in Pommern, wenn die Regierung selbst bauen wollte, die Landstände sich zu solchen und selbst zu noch größeren Opfern bereit erklären würden, sind wir überzeugt, weil wir die Stimmung der Provinz kennen, und warum sollte sie nicht in allen andern dieselbe sein?

position an die Stände richten wollte, und der Bau nicht bloß zur Bequemlichkeit der Reiselustigen, sondern auch zum Produktentransport eingerichtet würde. Eine andere Ersparung wenigstens an baaren Auslagen kann gemacht werden, wenn die Regierung das eichene Holz zu den Unterlagen aus ihren eigenen Forsten liefert und es nicht zu gesteigerten Preisen gekauft zu werden braucht; auch würde sie auf manchen Punkten, wenn es auf Ersparnisse abgesehen wäre, die nöthigen Steine zu Brücken u. s. w. mit geringen Kosten auf eigenem Grund und Boden brennen können; endlich hätte die Regierung, wenn sie den ganzen Bau selbst ausführte, noch den Vortheil, daß sie die Bauüberreste, die oft sehr bedeutend sein sollen, von einer Bahn auf die andere übertragen könnte.

So entschieden es nun aus den hier gemachten Mittheilungen hervorgeht, daß die Regierung besser und viel wohlfeiler, als Privatgesellschaften baut, so ist es nicht minder wahr, daß ihr die Eisenbahn-Verwaltung viel weniger kosten, und die Bahnen selbst weit mehr einbringen werden, als den Privatgesellschaften. Uebertrüge die Regierung der Post die Leitung, so bedarf es auf jedem Bahnhof nur einer Verwaltung; wenn diese die Actiengesellschaften führen, zwei, und beide bezahlt die Regierung; die eine besoldet sie direkt, die andere indirekt durch die garantirten Unkosten. Wie bedeutend diese Mehrkosten sein werden, ist leicht zu berechnen und sie sind um so mehr weggeworfen, als die von den Actionairs eingesetzte Verwaltung der Regierung und dem Publikum eine weit schwächere Garantie für die Sicherheit der Reisenden gewähren kann, wie es unser ausgewähltes und in Geschäften erfahrenes Postpersonal vermag. Allein nicht nur die Unterhaltungskosten vermindern sich im großen Maaßstabe, wenn die von uns angegebene Idee zur Ausführung kommen sollte, sondern es vermehrt sich auch der Ertrag.

Ganz davon abgesehen, ob die Voraussetzung genau sei, daß auf den Eisenbahnen 1 Pferd so viel zieht als 12 Pferde auf chaussirtem Wege, und angenommen, daß sich auch das Verhältniß bis auf 1 : 10 verändert, so bleibt immer feststehend, daß sich die Transportkosten dennoch um $\frac{1}{8}$ gegen jetzt verringern werden, wenn die Post die Eisenbahnen übernimmt und sich pro Meile 10 Sgr. für das Pferd und 10 Sgr. für die Bahn und die Wagen, in Summa 20 Silbergroschen zahlen läßt. Wenn jetzt auf Chausseen ein Frachtfuhrmann mit 10 Pferden und Rädern mit breiten Felgen fährt, so entrichtet er pro Pferd 1 Sgr., mithin für 10 Pferde auf die Meile 10 Sgr. Davon abgezogen 10 Sgr., die für dieselbe Fracht auf Eisenbahnen nach der frühern Angabe gezahlt werden, so hebt sich dieses. Ein Frachtfuhrmann kann, wenn auch das Chausseegeld nicht gerechnet wird, niemals unter 16—20 Sgr. pro Meile à Pferd fahren. Dies sind die allerniedrigsten Sätze, woron man sich leicht überzeugen kann, wenn man berechnet, daß er sein Futter und seine Beköstigung in den Gasthöfen theuer bezahlen muß, in der Regel $\frac{1}{3}$ des Jahres ohne Fracht bleibt, und diese Versäumniß so wie die Abnutzung seines Inventariums und die Zinsen des Anlage=Capitals mit in Anschlag bringt. Die Post dagegen kauft ihr Futter im Großen und wohlfeil, besonders da die Eisenbahnen ihr einen weiteren Markt eröffnen, sie fährt alle Tage und bleibt doch zu Hause, sie betreibt das Geschäft im Großen und hält sich Knechte, die sie billiger unterhalten kann, als der Frachtfuhrmann sich selbst zu unterhalten Lust haben wird. Alles dies zusammengenommen zeigt klar, wie unendlich wohlfeiler der Transport wird, wenn sie ihn übernimmt, und die natürliche Folge davon ist eine sehr große Frequenz des Producten= und Waarenverkehrs; hieraus ergiebt sich nun ferner, welchen großen Lohn die Post davon ziehen wird, und wie viel die Eisenbahnen dann einbringen müssen.*)

Zu allen diesen großen Vortheilen, die wir hier eben bezeichnet haben, kommt noch hinzu, daß wenn die Post den Transport besorgt, die Kosten nicht nur ein für allemal regulirt sind und die Waaren=Absender mithin eine feste Berechnung anlegen können, wie hoch ihnen der Transport zu stehen kömmt, sondern was noch wichtiger ist, daß es nie an Frachtfuhrwerk fehlt.

Wenn nun der Post die Gelegenheit gegeben wird, viel Geld zu verdienen, so reihet sich hier wieder ein anderer Vor-

*) Selbst für den Fall, daß die Post nicht mit 20 Sgr. pro Meile und Pferd sich zufrieden erklären sollte, sondern 1 Thlr. forderte, so würde doch der Transport der Waaren pro Centner und Meile nur 1½ Pfennig betragen; wir bringen dies hier noch einmal in Erinnerung.

theil an, daß sie nämlich dadurch in die Lage kommen wird, das Briefporto heruntersetzen zu können, und dadurch ihre Popularität zu verstärken, die sie in so vieler Beziehung verdient, die jetzt aber durch das hohe Porto geschwächt wird. Es ist unmöglich zu verkennen, wie wichtig es für die Finanzen des Staates sei, die hier gemachten Mittheilungen einer näheren Prüfung zu unterziehen, es handelt sich entschieden von der Möglichkeit der Ausführung überhaupt, von einer directen Ersparung sehr großer Summen, und vor Allem von dem unendlichen Nutzen, den das Land davon ziehen kann. Leider aber wird bei uns wenig auf Vorschläge geachtet, die nicht von Beamten ausgehen, man lies't sie kaum und schenkt ihnen nicht die allergeringste Aufmerksamkeit. Es gab zwar eine Zeit, wo es anders war, wo man die Kenntnisse, die Erfahrung und die Talente zu benutzen suchte, sie mit Wohlwollen und Anerkennung annahm, gleichviel von wem sie kamen; in dieser Zeit ist viel Großes entstanden, aber sie ist vorüber, jetzt betrachtet man es wohl gar als eine Anmaßung, wenn man der Regierung wohlgemeinte Rathschläge ertheilt. Wird die Zeit wieder kommen, wo es anders sein wird? aber wann? Vielleicht bald oder erst, wenn die Noth, diese große Lehrmeisterin der Menschen und besondere Schutzpatronin von Preußen, sich wieder einfinden wird?

So gebietrisch wie der Flor des Landes, die leichtere Vertheidigung der Grenzen und die Spaarung der Geldmittel des Staates die Regierung auffordern, nicht so wichtige Interessen einer Privat-Association zu übergeben, sondern selbst die Wahrung derselben zu übernehmen, so finden sich doch leider noch andere bedeutende Schwierigkeiten zu beseitigen. Sie bestehen in dem Fehler, den man bis jetzt begangen hat, einen Theil der Bahnen fortzugeben, wodurch der Effect den man mit Recht erwarten kann, wenn die ganze Verwaltung in einer Hand ruht, bedeutend geschwächt wird. Indessen ist es noch Zeit, diesen Fehler zu verbessern; noch wird es ohne zu große Opfer möglich sein, sich mit den Gesellschaften wegen der Ueberlassung zu vereinigen; allein der Augenblick darf wahrlich nicht versäumt werden und jedenfalls ist es weiser, einen gemachten Fehler zu verbessern, als ihn mit sich selbst zu multipliciren. Auf keine Weise sind die bedeutenden Kosten, welche beim Bau nach unserem Vorschlage gespart werden, besser zu verwenden, als durch Rückkauf mancher jetzt schon bestehenden Bahnen.

Es zeigt sich in diesem Augenblicke eine sehr gute Gelegenheit, den Anfang dazu zu machen. Bekanntlich befinden sich die rheinischen Bahnen in Verlegenheit und es stehen daher ihre Actien sehr niedrig im Cours. Von vielen Seiten her wird gewünscht, der Staat möge hier zutreten, und es scheint ihn zugleich sein Interesse und seine Stellung dazu aufzufordern; da es nur zu häufig der Fall gewesen ist, daß Unterstützungen gewährt sind, die wenig geholfen und viel gekostet haben, und bei denen der bewegende Grund (Förderung der Staatszwecke) aus den Augen verloren ward, so müßte dies in dem vorliegenden Fall vermieden werden.

Die Unternehmer dieser Bahnen haben sich unstreitig auf ein etwas gewagtes Geschäft eingelassen, um wichtige allgemeine, so wie sie nahe berührende Zwecke zu verfolgen. Daher scheint es eben so sehr in der Billigkeit zu liegen, als im höheren hier entwickelten Interesse des Landes, die Bahnen gegen Entschädigung der dabei Betheiligten zu übernehmen, für Rechnung der Regierung den Bau zu vollenden, und dadurch sich wenigstens in den Besitz des Endpunktes der wichtigsten aller Bahnen, der von Berlin bis zum Rhein, zu setzen.

Wenden wir uns nun zu dem Punkte des Planes der Regierung zurück, Privatgesellschaften unter Zinsgarantie den Bau und die Verwaltung zu überlassen, so versetzt sie sich durch Ausführung desselben in eine höchst ungünstige Stellung. Gesetzt es gelänge der Regierung, das unmöglich scheinende, Zeichner zu finden, so wäre es nur die Zinsgarantie, welche diese lokken könnte; allein wie viel der Bau kostete, wäre ihnen dann höchst gleichgültig, denn nicht sie, sondern die Regierung bezahlte den Bau. Mit Grund fragen wir, würden sich nicht eine Menge Personen bloß deshalb betheiligen, um demnächst die Lieferung von Eisenbahnmaterial für übertriebene Preise zu übernehmen; würde man die fähigsten Personen, oder die begünstigsten bei der Verwaltung anstellen? Ja was noch mehr ist, giebt es wohl ein Beispiel, wo eine Staats-Regierung sich zu einem jährlichen Beitrag von 2 Millionen (vom Herrn rc.

Hansemann werden 3 Millionen als nothwendig nachgewiesen) unter der Bedingung verpflichtet hätte, allen Schaden, alle Verluste, durch Mißgriffe und Unterschleife entstanden, allein tragen zu wollen, den möglichen Vortheil dagegen Andern zu lassen.

Es ist nicht denkbar, daß die Regierung und die intelligenten Männer, die an der Spitze der Verwaltung stehen, so befangen sein könnten, dies nicht einsehen zu wollen, und sich einer so großen Verantwortung auszusetzen, als hieraus für sie entspringen könnte. Wir kommen jetzt auf den letzten Punkt zurück,

d) wie werden die Fonds, wenn die Regierung baut, am besten zu beschaffen sein, ohne den übrigen Zweigen das zu ihrem Betriebe so nöthige Geld zu entziehen,

wenn die constitutionelle Frage vertagt bleiben soll, oder mit anderen Worten, wie ist das Geld zu beschaffen, ohne eine neue Staatsschuld zu contrahiren? Die Regierung hat in dieser Beziehung einen Ausweg gewählt, der aber keiner ist, und daher Veranlassung giebt, jene erst zur Erörterung zu bringen, was man doch sichtbar vermeiden will. Sie beabsichtigt die Zinsgarantie auf Höhe von 2 Millionen jährlich zu übernehmen. Hier frägt sich nun zuerst, soll diese auf eine nicht zu lange Reihe, etwa auf 5, 10 Jahre geleistet werden oder für immer? ist ersteres der Fall, so kann man es wohl als eine

Anticipation der Revenuen betrachten. Schuld bleibt es aber dennoch und Niemand kann oder wird darauf eingehen; oder soll diese Verpflichtung eine fortlaufende sein? in diesem Falle liegt es zu klar vor, daß der Name die Sache nicht verändert, es ist und bleibt der Zins eines Kapitals, und gehört daher um so mehr unter die Categorie der Staatsschulden, als die gesammten Staatsrevenuen dafür haften und nöthigen Falles durch neue Abgaben gedeckt werden sollen.

Unserer Ansicht nach läßt sich ein anderes Auskunftsmittel finden, wenn die Regierung, wie wir es vorgeschlagen haben, der Postverwaltung die Anschaffung der Baugelder, aber ohne Garantien von Seiten des Staates übertrüge und sie dagegen von dem Etat, den sie jetzt jährlich abliefert, vorläufig befreit würde und daher die Revenuen derselben als Pfand für die zum Bau nöthigen Kapitalien einsetzen dürfte; hierdurch verlöre die Schuld nun den Character einer eigentlichen Staatsschuld; die Regierung handelt dabei ganz in einer unbestrittenen Befugniß, auf einen Theil ihrer Einnahmen zu verzichten, oder vielmehr sie zu großen und nützlichen Staatszwecken zu verwenden.

Man wird uns bei diesem Vorschlag nicht vorwerfen können, in einen Widerspruch mit uns selbst zu gerathen, da wir im ersten Theil dieses Werkes die von der Seehandlung auf die Staatschausseen unter der Benennung Prämien-Anleihen aufgenommene Schuld für eine entschiedene Staatsschuld und Umgehung des Gesetzes vom Jahre 1820 erklärt haben.

Der Fall ist ein sehr verschiedener. Die Seehandlung ist ein Geld-Institut des Staates; dieser haftet für die Verbindlichkeiten desselben. Dazu kommt, daß die Chausseen nicht als ein Activum betrachtet werden können, da die Unterhaltung derselben nach dem Budget von 1841 mehrere Millionen gekostet hat, sie mithin ein Passivum repräsentiren. Eine Anleihe auf die Chausseen gemacht, gewährt daher nicht die mindeste Sicherheit, sondern diese haftete allein auf dem Credit des Staates selbst.

Ganz anders verhält es sich mit der Post; diese hat eine feste, sichere Einnahme, und leistet damit eine Gewähr, weshalb sie auch keinesweges der Bürgschaft des Staates bedarf, um Credit zu finden. Allein sie wird auch diesen nicht in einem bedeutenden Maaße brauchen, da sie unstreitig auch auf die Eisenbahnen selbst bis auf eine gewisse Summe Prioritäts-Obligationen aufzunehmen im Stande sein wird. Außerdem würde es zweckmäßig sein, ihr die Ausgabe eines zinslosen Papiers (Postkassenschein) zu gestatten, welches sie jederzeit zu realisiren und bei Zahlungen an die Post- und Eisenbahnverwaltung anzunehmen sich verpflichtete. Sollte die Regierung es jedoch nicht für zweckmäßig halten, ein doppeltes Papiergeld im Lande umlaufen zu lassen, so stände auch nichts entgegen, der Post gegen Niederlegung eines vollgültigen Pfandes die benöthigte Summe in Kassenscheinen zu behändigen, wie das schon vielfach geschehen ist, was, da die Activa und

Passiva sich dabei ausgleichen, nicht als eine Vermehrung der Staatsschuld betrachtet werden könnte.

Wir enthalten uns hier jeder weiteren Ausführung über die Operation, welche zur Erleichterung der Anleihen gemacht werden könnte; wenn jene dem Minister der Post übertragen werden sollte, so wird er diese selbst am besten aufzufinden wissen. Unsere Absicht ist nur gewesen hier einen Ausweg zu zeigen, wie auf eine geschickte Weise der Conflict vermieden werden könne, wenn die Regierung sich nicht entschließen will, das zum Bau nothwendige Kapital aufzunehmen. Jedenfalls scheint es unzweifelhaft: der von der Regierung gewählte Weg ist ein unausführbarer und soll daher die landesväterliche Absicht des Monarchen, sein Volk mit einem Netz von Eisenbahnen zu beschenken, in Erfüllung gehen, so muß ein anderer gewählt werden als der bisher beabsichtigte.

Salzsteuer.

Durch die Huld des Königs ist jetzt seinen Unterthanen ein bedeutender Erlaß an den Steuern von beinahe 2 Millionen bewilligt. Die landesväterliche Absicht des Monarchen verdient um so mehr Anerkennung als dieser Erlaß zum Zweck hat, den untersten Volksklassen dadurch eine Erleichterung zu verschaffen. Allein es liegt noch Etwas darin, was gewiß besonders hervorgehoben zu werden verdient, nämlich daß es die Erfüllung einer Verheißung ist, die der Königliche Vater dem Volke gegeben hat. Dies verdient um so mehr die allgemeinste Anerkennung, als die Versuchung sehr groß war, dieser Summe lieber eine andere Bestimmung zu geben, zu welcher sich eine so nahe Veranlassung bei dem beabsichtigten Bau der Eisenbahnen fand. Aber das einmal gegebene Wort darf nicht gerüttelt und geschüttelt werden, so sprach schon Kaiser Friedrich. Barbarossa und so sprach König Friedrich Wilhelm, das Versprechen seines Königlichen Vaters als das eigene betrachtend. Daher Ehre sei dem Geber und uns die Erlaubniß, über den finanziellen Werth dieser Gabe Betrachtungen anzustellen.

Von vielen Seiten her sind gegen die Zweckmäßigkeit des Steuer-Erlasses auf Salz Bedenken erhoben; man hat behauptet, nur ein sehr unbedeutender Theil davon käme der ärmeren Classe zu gute, und hat zum Beweise besonders die

Städte angeführt, wo die Schlächter, die großen Speiseanstalten u. s. w. Vortheil davon zögen, deshalb aber das Fleisch und die Speisen um keinen Pfennig geringer verkauft würden. Wir geben zu, daß dies richtig sei. Auf dem Lande aber seien es die Gutsherren, die Pächter und die bäuerlichen Wirthe, denen dieser Erlaß bei weitem am meisten zu gute käme, ohne daß es ihnen doch, da sie größtentheils der reicheren Classe angehören, bei der Geringfügigkeit des Gegenstandes wesentlichen Nutzen bringe. Wir können nicht leugnen, daß auch dieses wahr ist, allein deswegen scheint doch der Erlaß an dieser Abgabe vor allen der zweckmäßigste zu sein.

Von mehreren Seiten her und selbst von Ständen mehrerer Provinzen sind andere Gegenstände bezeichnet, an welchen man den Erlaß wünschte, allein es ließen sich an diesen ähnliche Mängel nachweisen, auch gewähren sie nicht im Hintergrunde Aussichten, wozu die Erleichterung an der Salzsteuer berechtigt.

Unter allen Steuern giebt es keine, die so große Gebrechen hat als die auf Salz. Es ist zwar wahr, daß die Regierung da, wo die Bedürfnisse des Staates bedeutende Abgaben fordern, gezwungen wird, solche auf die unentbehrlichsten Lebensbedürfnisse zu legen, wenn sie Etwas einbringen sollen. Allein das Salz ist das unentbehrlichste Gewürz für die Armen und wenn sie es nicht haben, so leiden sie und ihre Familien darunter, ja es zeigt sich aus allen statistischen Uebersichten, daß die Salzconsumtion in den Theilen der Monarchie am stärksten ist, wo sich die größte Armuth findet. Hieraus folgt, daß es eine Abgabe auf die Aermsten unter den Armen sei und daß, wenn diese sie nicht bezahlen können, sie und die Ihrigen es mit der Gesundheit büßen müssen. Man wird zugeben, daß eine solche Abgabe mindestens eine beklagenswerthe sei.

Wenn wir zur nähern Prüfung des so eben Gesagten den Salzverbrauch in dem preußischen Staate untersuchen, so ergiebt sich, daß durchschnittlich

in Ostpreußen	auf	den Kopf	kommen	17,137	Pfund
in Westpreußen	=	=	=	19,596	—
in der Mark	=	=	=	14,281	—
in Schlesien	=	=	=	16,926	—
in Pommern	=	=	=	18,555	—
in Westphalen	=	=	=	14,306	—
in den Rheinprovinzen		=	=	15,175	—
in Sachsen	=	=	=	15,783	—

Die Zusammenstellung weiset nach, daß in den ärmsten Provinzen die Consumtion am größten ist. Indessen lassen sich aus diesen Zahlenverhältnissen noch andere Folgerungen ziehen. In der Mark findet sich der niedrigste Verbrauch und es sollte dort der größte sein, da in einer Stadt wie Berlin das Salz auch zu einer Menge anderer Zwecke verwendet wird, und da die Anwesenheit so vieler Fremden doch auch auf den Verbrauch von Einfluß sein muß. Der Grund davon liegt sehr nahe und findet sich in dem Schmuggelhandel, der längs der Meklenburgischen Grenze getrieben wird. Wenn wir nun weiter auf die oben mitgetheilten Verbrauchs-Quanta sehen, so ergiebt sich, daß in allen Provinzen, die an der Grenze liegen, die geringere Consumtion stattfindet.

Dieser Schmuggel-Handel und die verderblichen Folgen, die er auf die Moralität der Bewohner der Grenze hat, die groben Excesse, zu welchen er Veranlassung giebt, sind es wiederum, die über ein solches Monopol das Verbannungs-Urtheil aussprechen. Aber auch hiermit ist das Sünden-Register desselben noch nicht geschlossen; auch auf den Ackerbau und auf die Viehzucht wirkt der hohe Preis des Salzes sehr nachtheilig. Zwar wird in neuerer Zeit das Salz zum Viehfutter billiger gelassen, allein immer noch nicht billig genug, um mehr im Großen angewandt werden zu können. Alle diese Ursachen sind es, weshalb sich die allgemeinen Wünsche dahin vereinigen, eine Steuer aufgehoben zu sehen, die an so großen Mängeln leidet, und es kann mithin aller Einwendung ohnerachtet nur für sehr zweckmäßig gefunden werden, daß durch den Erlaß von 3 Thlr. pro Tonne ein sehr wesentlicher Schritt zu einer künftigen weiteren Aufhebung dieses Monopols gemacht ist.

Ob es jetzt schon die Zeit sei, sich der Hoffnung auf eine baldige Erfüllung hinzugeben, ist eine schwer zu beantwortende Frage; bei dem großen Interesse, welches der Gegenstand findet, wird es wenigstens nützlich sein, die Schwierigkeiten näher kennen zu lernen, die sich der Ausführung entgegenstellen, so wie die Wege, auf welchen man hoffen kann dem Ziele näher zu rücken. Es hat sich nämlich allgemein die Meinung verbreitet, und wir selbst haben sie bisher getheilt, es gebe ein einfaches Mittel ohne weitern Erlaß von Seiten der Regierung die Salzpreise auf die Hälfte herunter zu setzen; indessen ist dieser Plan, wie es sich bei einer genaueren Prüfung ergiebt, nicht ausführbar. Dennoch sei es uns gestattet ihn mitzutheilen, theils um zu verhindern, daß man einen vergeblichen Weg einschlägt, theils weil durch die Zergliederung desselben es vielleicht klarer hervortreten wird, welchen andern Weg man zu verfolgen hat.

Nach den von den Behörden den Ständen gemachten Mittheilungen kommen 576,000 Tonnen, die Tonne zu 405 Pfd. zum Debit. (Das an Fabriken und für Viehfutter zu billigeren Preisen verabreichte Salz stellen wir außer der Rechnung). Diese jetzt zu 12 Thlr. pro Tonne an Ort und Stelle verkauft, ergiebt eine Brutto-Einnahme von 6,812,000 Thlrn.

Die von der Regierung angegebenen Kosten für die Verwaltung der Faktoreien, und Sellerien, für Bauten u. Reparaturen, Gehalte und General-Ausgaben (unter welchen die Transportkosten u. s. w. begriffen sind)	3,000,000	—
bleiben als Reinertrag	3,812,000	Thlr.

Von dieser Summe müssen jedoch die Zinsen des Betriebs-Capitals, welches

Transport 3,812,000 Thlr.

zu 2,000,000
Thlr. angegeben wird, und
die des zum Ankauf des Sal-
zes umlaufenden Kapitals
von 3,000,000

5,000,000

in Abrechnung kommen. Die Zinsen zu
4 pCt. betragen . . . . 200,000 —
welche, nachdem sie von der Einnahme
in Abzug gebracht worden, nur eine

Rein-Einnahme von 3,612,000 Thlrn.

übrig lassen. Nun geht die vorhin angeführte Ansicht dahin, daß, wenn eine Einrichtung getroffen werden könnte, um die Debits-Unkosten und die Zinsen der 5 Millionen zu sparen mithin nur ein reiner Ueberschuß von 3,612,000 Thlr. zur Deckung der Einnahme nöthig wäre, diese Summe auf folgende Weise wieder zu erhalten sein würde.

Es sollten nämlich von dem Finanz-Ministerio die Regierungen der verschiedenen Provinzen, und von diesen die Kreise und durch diese die Communen und Einzelnen aufgefordert werden, sich zu erklären, wie viel Salz sie bestimmt 3 Jahre hindurch zu nehmen sich verpflichten wollten, wenn ihnen das Salz die Tonne zu 6 Thlr. verabreicht würde. Daß die Zeichnungen dann den jetzigen Bedarf um 100 pCt.

übersteigen würden, scheint nicht zweifelhaft, da unstreitig sich jeder berechnen wird, daß es vortheilhaft sei, für 12 Thlr. zwei Tonnen Salz als nur eine zu erhalten.

Angenommen nun, das Land hätte sich auf 3 Jahre zum doppelten Verbrauch verpflichtet, so stellt man folgenden Calcül an: Der Regierung kostet die Tonne Salz, welches sie selbst fabricirt, nach eigener Angabe 2 Thlr. 6 Sgr. Das Salz aus England ist in unsern Seehäfen die Tonne für 1 Thlr. 6 Sgr. zu haben. Zur Befriedigung des doppelten Bedarfs, wenn die Regierung auch etwas mehr fertigte wie jetzt, würde sie doch nur 30 pCt. liefern à 2 Thlr. 6 Sgr. 70 pCt. müßten gekauft werden zu durchschnittlich 1 Thlr. 12 Sgr., dann würde die Durchschnittssumme des ganzen Quantums 1 Thlr. 18 Sgr. betragen; diesen rechnet man hinzu die Transportkosten mit durchschnittlich 1 Thlr. 12 Sgr., so daß der Preis des Salzes einschließlich der Transportkosten 3 Thlr. betragen würde, und die Regierung 3 Thlr. übrig behielte, welches bei dem Verbrauch von 1,152,000 Tonnen = 3,456,000 Thlr. wäre, mithin nur 156,000 Thlr. fehlen würden, um die Höhe der Abgaben zu erreichen. Bei diesem Plane wird nun vorausgesetzt, daß man dabei der Dazwischenkunft besonderer Behörden nicht bedürfe, sondern die Einzelnen und Communen das Salz durch Vermittelung von Entrepreneurs unmittelbar erhielten.

Ohne daß wir uns hier auf den Beweis einlassen wollen, daß sich der Plan in pecuniärer Hinsicht wohl vertheidigen lassen möchte, da in den Küstenländern längs der Ostsee, in Ost- und Westpreußen, Vor-, Neu- und Hinterpommern, die Tonne durchschnittlich für 2 Thlr. abzulassen sein würde und sich hierdurch die Transportkosten der ungünstiger gelegenen Gegenden vollkommen ausgleichen würden, so leidet er an einem inneren Fehler, der ihn unausführbar macht, und dieser ist, daß hier auf eine Consumtion gerechnet wird, die nicht besteht und auch nicht erreicht werden kann.

Es giebt eine Menge Gegenstände, die in dem Maaße stärker consumirt werden als sie im Preise fallen; beim Salz, welches als eine Art Arzneimittel betrachtet werden muß, ist dies nicht der Fall. Es kann die Noth den Menschen zwingen, den Bedarf auf das Minimum zu beschränken, aber nie wird ihn die Wohlfeilheit des Salzes bestimmen, sich die Speisen zu versalzen.

Die statistischen Tabellen ergeben, daß der Salzbedarf lange Reihen von Jahren hindurch eine Stabilität zeigt, wie keines der andern Consumtabilien, und daß der Verbrauch nur ungefähr in dem Maaße zunimmt, wie die Bevölkerung anwächst. Wenn daher ein solcher Versuch gemacht werden sollte, wie vorhin mitgetheilt worden ist, so würde die Zeichnung zwar unbedenklich erfolgen, allein das Land am Ende der drei Jahre so mit Salz überfüllt bleiben, daß eine neue Zeichnung sehr geringe Resultate ergeben und die Regierung dadurch einen großen Ausfall an der Steuer erfahren würde. Hiergegen wird eingewandt, daß das Salz bei billigern Preisen zum

Viehfutter und selbst zur Düngung des Ackers verwendet würde, welches aber nicht der Fall sein kann, so lange der Preis des Salzes noch auf 6 Thlr. à Tonne steht.

Auf Vorschläge dieser Art, wenn sie, wie wir zu glauben Grund haben, von den nächsten Landtagen einiger Provinzen ausgehen sollten, kann und wird die Regierung nicht eingehen; denn angenommen, sie bemühte sich auch die vielen Hindernisse, die einem solchen Plane entgegenstehen, zu überwinden, sie setzte die jetzt angestellten Beamten auf Pension, sie einigte sich mit den zum Zollverband gehörigen Nachbarstaaten wegen Abänderung der über das Salz geschlossenen Verträge, sie vergleiche sich mit den Privat-Salinen-Besitzern, welchen das von ihnen jetzt fabricirte Salz zu 3⅚ Thlr. abgekauft wird, sie ließe die Salinen, wo die Produktionskosten zu hoch kommen, wie es bei denen in Colberg und Greifswald der Fall sein soll, eingehen, in welche Verlegenheit und Unkosten würde sie sich setzen, wenn nach 3 Jahren Alles wieder auf den alten Fuß hergestellt werden müßte?

Am durchgreifendsten würde es sein, wenn das ganze Monopol aufgehoben, der Salzhandel völlig freigegeben und der Ausfall durch eine andere Abgabe gedeckt werden könnte. Allein auch dieses ist wegen der Verhältnisse zum Zollverbande wenigstens auf die Zeit der Dauer des jetzigen Trienniums nicht möglich, uud schwerlich werden sich die Zollverbandstaaten auch nach Ablauf desselben dazu verstehen, auf eine Einnahme zu verzichten, die sie einmal haben.

In dem Vorhergehenden ist gezeigt, daß beide Vorschläge unausführbar sind; es fragt sich jetzt, ist denn in dieser Steuersache jede Hoffnung auf wesentliche Erleichterung bis dahin aufgegeben, wo die Staats-Einnahme sich nach einer langen Reihe von Jahren so vermehrt haben werde, daß ein neuer Erlaß möglich sein sollte. Im Gegentheil, dieser erste Schritt der geschehen ist, macht einen zweiten möglich.

Aus einem Bericht der Behörden an die Stände vom Jahre 1841 ergiebt sich, wie bedeutend die Kosten sind, welche aus dem Debit des Salzes der Regierung erwachsen, da sie sich nebst Zinsen-Verlust, wie wir vorhin berechnet haben, auf 3,200,000 Thlr. belaufen. Nun scheint es, als wenn diese Unkosten sich sehr bedeutend vermindern müßten, wenn der Debit und Transport in Entreprise fortgegeben würde. So wenig der vorhin mitgetheilte Plan in seinem ganzen Zusammenhange ausführbar ist, und ganz besonders an der Ueberschreitung der möglichen Consumtion scheitert, so praktisch möchten einzelne Punkte desselben erscheinen, und es würde doch wenigstens rathsam sein, diese einer näheren Prüfung zu unterziehen, und mit derjenigen Vorsicht, welche die Wichtigkeit des Gegenstandes fordert, einen Versuch wegen der Anwendbarkeit anzustellen. Daß Vorbereitungen vorangehen müssen, versteht sich von selbst, da die Regierung ihre Einnahme keiner Gefahr aussetzen darf. Diese könnten darin bestehen, daß die Oberpräsidenten von Ost- und Westpreußen und von Pommern beauftragt würden, auf die vorhin bezeichnete Weise eine Aufforderung an die Einwohner zu erlassen, wie viel Salz sie drei Jahre hindurch zu nehmen sich verpflichten wollten, wenn sie das Salz in Ost- und Westpreußen die Tonne zu 9 Thlr., in Pommern zu 10 Thlr. erhalten könnten, mit der Erklärung, daß der Preis des größern Bedarfs mit 12 Thlr. bezahlt werden müßte. Nachdem diese Zeichnungen eingegangen wären, in welchen auch die Zeit der Empfangnahme festgestellt wäre, würde mit Entrepreneurs verhandelt, für welchen Preis sie das Liverpooler Salz an den Ort seiner Bestimmung frei abzuliefern sich verpflichteten. Hierdurch würde nun die Regierung in den Stand gesetzt zu berechnen, in wie weit die Staats-Einnahme dadurch gedeckt sein würde, und sie könnte alsdann, wenn sich günstige Resultate ergäben, mit diesen Maaßregeln auch in den übrigen Provinzen fortfahren. *) Man würde hiergegen einwenden können, daß, wenn das Salz in der einen Provinz wohlfeiler sei als in der anderen, nun von jenen das Salz in die andern eingeschmuggelt werden würde, allein eine solche Besorgniß ist unbegründet, wenigstens leicht abzuwehren. Bei der Zeichnung würde sich nun schon ergeben, ob diese zu weit über die gewöhnliche Consumtion fortgehe und von wem sie erfolge.

Wenn Kaufleute, die mit Salz Handel treiben, die unmittelbar an der Grenze der Mark wohnen, größere Quanti-

*) Für 2, höchstens 2½ Thlr. werden wahrscheinlich die Kaufleute in Königsberg, Danzig und Stettin die Lieferung übernehmen, während die Regierung behauptet, daß ihr das Salz selbst 5 Thlr. kostete.

täten zeichnen wollten, als die Gegend bedarf, wobei nothwendig auch auf die übrigen Consumenten Rücksicht genommen werden müßte, so könnten diesen die zu großen Zeichnungen versagt werden. Aus dem Innern der Provinz nach der Grenze Handel mit Salz zu treiben, würde bei der Verschiedenheit des Preises von 2 Thlr. pro Tonne nicht lohnen; dies ist auch der Grund, weshalb wir in Preußen, wo keine Defraudation möglich ist, den Preis des Salzes 1 Thlr. geringer angegeben haben als in Pommern. Aus demselben Grunde ist auch die Bestimmung nöthig, daß alles nachgeforderte Salz mit 12 Thlr. bezahlt werden müsse, weil dadurch jeder gehindert wird, von dem für seinen eigenen Bedarf bestellten Quantum etwas fortzugeben.

Durch die Bestimmung der Zeit der Abholung würde nun alle Aufspeicherung fortfallen und den Einwohnern noch der Vortheil erwachsen, daß sie es nicht so weit zu holen brauchten, wie es jetzt der Fall ist. Eine allmälige Einführung einer solchen Maaßregel würde noch die Folge haben, daß die Regierung die bisher mit dieser Partie beschäftigten Beamten nach und nach anderwärts unterbringen könnte, und daß sie sich die Uebersicht verschaffte, wie viel alsdann im ganzen Staate gespart werden könnte.

Das wichtigste Resultat eines solchen Versuches würde darin bestehen, daß sich die Regierung in den drei Jahren, wo sie noch durch die Verträge mit den Zollverband-Staaten gebunden ist, überzeugte, welche Ersparung in dieser Partie gemacht werden könnte. Erst wenn dies feststeht, läßt es sich mit Gewißheit übersehen, ob und was mit Berücksichtigung auf alle Verhältnisse geschehen kann und wie groß der Ausfall in den Revenüen des Staates sein würde, wenn der Preis des Salzes auf 5 Thlr. pro Tonne heruntergesetzt werden sollte, welcher Ausfall dann durch anderweitige Abgaben ersetzt werden müßte.

Ueber die Grundsteuer in Preußen.

Der Wunsch den wir haben, die Mißverständnisse über bestehende Verhältnisse zu lösen, weil diese oft nur zu Irrthümern führen, bestimmt uns, die Ansichten welche über die Höhe der Grundsteuer in der preußischen Monarchie verbreitet sind zu berichtigen, damit das Publikum dadurch mit der wirklichen Lage der Dinge bekannt werde und in den Stand komme ein eigenes Urtheil in der Sache fällen zu können.

Schon seit einer Reihe von Jahren haben viele Schriftsteller über die ungleiche Vertheilung der Grundsteuer in Preußen geschrieben und geschrieen. Besonders ist dieser Punkt zu heftigen Angriffen gegen den begüterten Adel in einigen der alten Provinzen der Monarchie, namentlich der Mark und Pommern, benutzt worden. Mit unermüdetem Eifer hat man den Glauben zu verbreiten gesucht, dieser habe sich die Steuerfreiheit verschafft, und habe noch Einfluß genug, um sich in dem unerlaubten Besitz derselben zu erhalten, denn die geringe Grundsteuer, die in diesen Provinzen gezahlt werde, laste fast ausschließlich auf dem Stande der Bauern.

Hiermit keinesweges zufrieden, ist man weiter gegangen und hat den andern, namentlich den westlichen Provinzen der Monarchie gesagt, sie würden durch die Steuerbefreiung der alten Provinzen sehr benachtheiligt, und hat sie aufgefordert, sobald einst Reichs-Stände versammelt sein würden, auf eine gleiche Besteuerung zu dringen, u. s. w.

Um nun solchen Behauptungen mehr Eingang zu verschaffen, hat man auch die Höhe der Grundsteuer in Zahlen angegeben, und zwar solche genannt, die oft ins Lächerliche fallen; so findet sich in dem 15ten Heft der Viertel-Jahresschrift vom Jahre 1842 ein Aufsatz „die Provinzial- und die Reichsstände in Preußen" betitelt, dessen Verfasser sein Raisonnement auf statistische Mittheilungen stützt, die fast durchweg unrichtig sind. Die Angaben über die □ Flächen der Provinzen, über die Höhe der Grundsteuern u. s. w. sind sehr schlechten Quellen entnommen; so findet sich dort die Angabe, daß die Ritterschaft der Chur-Mark nur 14,873 Thlr., die der Neumark 11,594 Thlr. 14 Sgr., die von Pommern 11,631 Thlr. zahlten, und da diesen falschen Angaben nicht widersprochen worden ist, so hat man es geglaubt, und ein Schriftsteller es dem andern nachgeschrieben, wodurch dann die Meinung des Publikums irre geleitet wird.*)

---

*) In einem zweiten Aufsatz in der Viertel-Jahres-Schrift, Heft Juli bis September 1842, über das Ständewesen in Preußen finden sich gleichfalls Angaben die bezeugen, daß der Verfasser nicht genau mit den Verhältnissen bekannt gewesen ist. So wird Seite 225 gesagt, der Staat habe den Rittergutsbesitzern Retablissements-Gelder bewilligt und zwar Preußen 9 Millionen Thaler, Pommern 3 Millionen, Schlesien 5 Millionen und den Marken eine unbenannte Summe.

Diese Mittheilung ist eine reine Fabel. Preußen hat zwar 2 Millionen erhalten; allein dies war nur ein kleiner Ersatz dafür, daß der Staat die ganze Summe, welche Rußland an Ostpreußen für Lieferungen gezahlt

Wir werden in den nachfolgenden Blättern die Höhe der Grundsteuer, welche die einzelnen Provinzen jährlich zu zahlen haben, mittheilen, und bemerken, daß die Notizen aus offiziellen Quellen geschöpft sind, zugleich werden wir prüfen, in wiefern eine Benachtheiligung der westlichen Provinzen gegen die östlichen besteht.

Obiger Untersuchung werden wir jedoch noch eine zweite folgen lassen, in wie weit es wahr ist, daß den märkischen, pommerschen und übrigen Rittergutsbesitzern der alten Provinzen nur eine höchst geringe Grundsteuer auferlegt sei, und daß die bestehende fast ausschließlich auf ihren Bauern laste.

Mit der Grundsteuer geht es so wie mit so vielen anderen Dingen in der Welt, daß nämlich aus einer unrichtigen Benennung leicht irrthümliche Ansichten entspringen.

Die sogenannte Grundsteuer ist ihrem Wesen nach keine Steuer, sondern eine Rente, die der Grund und Boden zu entrichten hat, und würde daher durch die Benennung Grundrente eine richtigere Bezeichnung erhalten, als die jetzige ist.

---

hat, in der damaligen Noth zu den Staatsbedürfnissen verwandte. Pommern, Schlesien und die Mark haben keinen Groschen erhalten, nicht einmal die Kriegscontribution, die von diesen Provinzen an Frankreich gezahlt, und demnächst nach dem Pariser Frieden zurückgewährt wurde, ist ihnen ersetzt. Wir wollen dies hier nicht als Klage anführen, denn der Staat bedurfte das Geld, aber wir wollen alle diese falsche Angaben zurückweisen, die so oft wiederholt werden um den Adel und seine Handlungsweise in den Augen des Publikums zu verdächtigen. —

Der Streit, in wie fern eine Bestimmung des Grund und Bodens aus national-oeconomischen Grundsätzen überhaupt zu rechtfertigen sei, ist sehr alt, und wir wollen ihn hier keinesweges erneuern. Eine fernere Verschiedenheit der Ansichten besteht darüber, ob Grund und Boden überhaupt zu den Objecten gehören, über welche sich das Besteuerungs-Recht des Staats erstrecke. Diejenigen die dies verneinen, scheinen wenigstens die vollgültigsten Gründe auf ihrer Seite zu haben.

Nach den Ansichten der Nationalöconomisten sollte der Staat hauptsächlich nur diejenigen Gegenstände besteuern, die unter seinem wohlthätigen Schutze erworben zur Konsumtion kommen; da die Bedürfnisse des Staats aber so groß geworden sind, daß es diese übermäßig hoch belasten müßte um die nöthigen Summen zu erhalten, so hat dieser sich hierbei nicht begnügen können, sondern den Erwerb überhaupt belastet. Hiergegen ist auch nichts zu erinnern, wohl aber ist man darüber einig, daß das Capital selbst, welches zum größten Theil unter dem Druck der Abgaben selbst erworben ist, in der Regel nicht beschatzt und das eigentliche Vermögen, es bestehe in beweglichem oder unbeweglichem Capital, nur im Fall der Noth und auf die Zeit der Dauer derselben in Anspruch genommen werden könne, da eine solche Steuer das Staatsvermögen selbst angreifen würde.

So wenig sich nun mit Grund gegen diese Steuerbefreiung des Capitals im allgemeinen etwas anführen läßt, eben so wenig wäre es zu rechtfertigen, das Grundcapital speciell davon ausnehmen zu wollen. Durch eine fortlaufende Abgabe auf Grund und Boden wird aber entschieden das Grundvermögen selbst betroffen. Der Besitzer desselben verliert dadurch gerade ein so großes Capitalquantum, als das ist wovon die Grundsteuer nach dem gewöhnlichen Satze die Zinsen beträgt, und es wäre daher ganz gleich, wenn die Regierung von ihm das Kapital selbst fordern wollte. Es sei erlaubt, der Kürze wegen dies durch ein Beispiel zu verdeutlichen. Die Regierung beabsichtigte dem Gute A. eine Grundsteuer von 800 Thlrn. aufzulegen, die als Abgabe die erste Stelle erhält; dem Besitzer würde es nicht allein gleichgültig, sondern eine Ermäßigung sein, wenn man ihn statt dessen 20,000 Thaler Capital bezahlen ließe; denn diese auf der ersten Stelle angeliehen zu erhalten, könnte ihm nicht schwer fallen, und er hätte noch den Vortheil, daß ihm der sich verringernde Zinsfuß zu gute käme, er auch die Schuld einst tilgen könnte, welches ihm bei der Abgabe nicht freisteht; dies ist so klar, daß es keiner weiteren Ausführung bedarf.

Die Auflegung einer sogenannten Grundsteuer ist daher nichts weiter als eine Capitalsberaubung, zu welcher der Staat nicht befugt ist, da er nur Steuern, aber nicht das Capital selbst zu fordern berechtigt sein kann.

Wenn die Grundsteuer ihre eigentliche wahre Benennung, Grundrente oder Grundzins erhalten hätte, so würde es Niemand einfallen zu verlangen, daß der, der keine zahle, auch welche entrichten solle, weil ein anderer dazu verpflichtet sei;

hiermit scheint der eigentliche Streitpunkt erledigt, inzwischen soll uns dies nicht abhalten, unsere Untersuchung weiter auszuführen.

Die erste der so oft gemachten Behauptungen geht dahin, die westlichen Provinzen würden in Hinsicht der directen Steuern stärker zu den Staatslasten angezogen, als die östlichen, und könnten daher eine höhere Belastung der letzteren zur Ausgleichung fordern.

Wenn wir die Natur der Grundsteuer betrachten, so wird jeder zugeben müssen, daß es eine beständige directe Abgabe des Grund und Bodens sei, und daß, wenn von einer Berechnung dieser Art zwischen den Provinzen überhaupt die Rede sein könnte, diese dahin gerichtet werden müßte, wie hoch der Betrag der directen Steuern überhaupt sei, welchen die Regierung aus dem Grund und Boden der einzelnen Provinzen und Landestheile bezieht, und wie sich diese zu einander verhalten, und zwar mit Vergleichung der Bevölkerung, der Grundfläche und des Werths, den diese hat.

Um eine solche Berechnung ganz genau aufzunehmen, würde eine nach denselben Grundsätzen ermittelte Catastirung des Grund und Bodens vorangehen müssen; da diese aber nicht besteht, so sehen wir uns genöthigt, sie ohne diese zu zu legen.

Der directen Steuern aus Grund und Boden giebt es 2 Klassen, auf welche bei dieser vergleichenden Berechnung Rücksicht genommen werden muß; diese sind:

a) Die Grundsteuern, die von den Privatbesitzungen gezahlt werden,

b) Die Einnahmen aus dem Erbzins der Domain-Bauern, so wie aus den Domainen und Forsten.

Wenn nun von einer Berechnung der Beiträge die Rede ist, welche die einzelnen Landestheile zu den allgemeinen Staatslasten tragen, so können die Domainen-Revenuen nicht aus der Rechnung gelassen werden, denn wenn dies der Fall wäre, so würden die Grundbesitzer, von welchen eine Gleichstellung in den Grundsteuern verlangt wird, mit eben dem Recht fordern können, daß die Landestheile, die diese von ihnen verlangen, dann auch gleichzeitig in ihren Provinzen dem Staate Domainen von verhältnißmäßig gleichem Werth zu übergeben hätten. Jedenfalls ist es gewiß, daß, wenn der Regierung direct ein großer Theil der Grundfläche gehört, der Steuerantheil der verbleibenden kleiner ausfallen muß, als wo dieser Fall nicht eintritt.

Folgendes enthält die nähere

Nachweisung des Soll-Einkommens an Grundsteuern pro 1842 zufolge der bestätigten Haupt-Nachweisung.

1. in der Provinz Preußen.

Regierungsbezirk:

a. Königsberg 317,674 thl. — sg. 2 pf.

Transport	317,674 thl. — sg. 2 pf.			
b. Gumbinnen	128,138 = 18 = 2 =			
c. Danzig	167,297 = 20 = 3 =			
d. Marienwerd.	172,299 = 17 = 6 =			
		785,409 thl. 26 sg. 1 pf.		

2. in der Provinz Posen.

Regierungsbezirk:

a. Posen	366,091 = 14 = 5 =	
b. Bromberg	137,930 = 5 = — =	
		504,021 = 19 = 5 =

3. in der Provinz Brandenburg.

a. Stadt Berlin	132,508 = 20 = 6 =	
Regierungsbezirk:		
b. Potsdam	431,630 = 29 = — =	
c. Frankfurt	288,522 = 14 = 7 =	
		852,662 = 4 = 1 =

4. in der Provinz Pommern.

Regierungsbezirk:

a. Stettin	262,687 = 29 = 1 =	
b. Cöslin	145,422 = 10 = 1 =	
c. Stralsund	82,037 = 3 = 2 =	
		490,147 = 12 = 4 =

5. in der Provinz Schlesien.

Regierungsbezirk:

a. Breslau	1,039,437 = 7 = 11 =	
Latus		2,632,241 thl. 1 sg. 11 pf.

Transport				2,632,241 thl.	1 sg.	11 pf.
b. Liegnitz	575,806 thl.	19 sg.	— pf.			
c. Oppeln	522,538 =	12 =	7 =			
				2,137,782 thl.	9 sg.	6 pf.
6. in der Provinz Sachsen.						
Regierungsbezirk:						
a. Magdeburg	750,380 =	15 =	3 =			
b. Merseburg	695,097 =	21 =	10 =			
c. Erfurt	235,122 =	6 =	3 =			
				1,680,600 =	13 =	4 =
7. in der Provinz Westphalen.						
Regierungsbezirk:						
a. Münster	445,988 =	24 =	5 =			
b. Minden	385,881 =	6 =	8 =			
c. Arnsberg	487,453 =	5 =	11 =			
				1,319,323 =	7 =	— =
8. in der Rhein-Provinz.						
Regierungsbezirk:						
a. Cöln	425,100 =	6 =	10 =			
b. Düsseldorf	685,154 =	25 =	11 =			
c. Coblenz	427,612 =	6 =	7 =			
d. Trier	386,021 =	10 =	4 =			
e. Aachen	350,680 =	2 =	6 =			
				2,274,568 =	22 =	2 =
				10,044,515 =	23 =	11 =

Aus obiger Uebersicht ergiebt sich, daß an Grundsteuer aus dem östlichen Theil der Monarchie eingeht . . . , ... 6,450,623. 24. 9.
aus dem westlichen 3,593,891. 29. 2.
Die Brutto-Einnahme aus den Domainen, Forsten, und Renten der Bauern betrug im Jahre 1841 aus den östlichen Provinzen . . . . 9,914,824. 7. 8.
in demselben Zeitraum aus den westlichen . 1,423,284. 4. 3.
aus den westlichen in Summa . . . . 5,017,176. 3. 5.
aus den östlichen in Summa . . . . 16,365,448. 2, 5.
und das Verhältniß wird mit Weglassung der kleinen Summen aus den östlichen Provinzen 16,365
zu den westlichen 5,017
also etwa = $\frac{16}{5}$ sein.

Wenn wir nun das Proportional-Verhältniß der directen Steuern dieser beiden Landestheile mit dem der Bevölkerung vergleichen, welche den Nutzen von diesen ziehen, weil sie um so weniger Abgaben zu zahlen haben, so stellt sich das Verhältniß wie folgt:

Mit Ausschluß von Neufchatel hat der preußische Staat nach der Zählung von 1840 . . 14,907,616 Einwohner, davon fallen auf die östlichen Provinzen der Monarchie . . . . . 10,932,769 " auf den westlichen Theil . . . . 3,974,847 " mithin verhält sich diese wie 10 : 3.

Wenn wir dagegen eine Berechnung nach der Grundfläche anlegen, so beträgt diese ohne Neufchatel . . 5070 □M. die östlichen haben zusammen . . . . . . 4216 □M. die westlichen . . . . 854 □M. mithin ist das Verhältniß der westlichen zu den östlichen etwa wie 1 : 5.

Hier würde sich nun eine nachtheilige Proportion für die westlichen Provinzen ergeben, da die westlichen Provinzen zu den directen Steuern nahe an $\frac{1}{3}$ beitragen, wenn dabei aber, wie dies nothwendig ist, auf den Werth des Grund und Bodens Rücksicht genommen wird, so verändert sich dies Verhältniß ganz. In Ost- und Westpreußen, Pommern und Posen findet sich die größere Fläche (2281 □Meilen), zugleich ist dort der Abstand des Werthes des Grund und Boden gegen den in den östlichen Provinzen sehr groß. Man kann kaum annehmen, daß in diesen Provinzen der Durchschnitts-Werth des Magdeburger Morgens 15 Thlr. beträgt, während er in den westlichen Theilen der Monarchie durchschnittlich mindestens 60 Thlr. erreicht. Da der Grund und Boden jedoch einen höheren Werth in Schlesien, Sachsen und der Mark als in den zuerst genannten hat, so würde, wenn man diesen 45 Thlr. pro Morgen rechnet, der Durchschnitt in den östlichen Provinzen wohl auf 30 Thlr. pro Morgen, mithin halb so hoch als dort zu stehen kommen, wodurch sich das Verhältniß auf $\frac{2}{5}$ verändern würde.

Wenn wir nun eine ohngefähre Zusammenstellung machen, so findet sich:

daß die westlichen Provinzen der Monarchie circa 5:16
an directen Steuern zahlen. Daß ihre Bevölkerung
sich zu der des übrigen Reichs verhält wie . . 3:10
und die Bodenfläche und ihr Werth wie . . . 2:5

Es ergiebt sich nun aus dieser Berechnung, daß zu den directen Steuern die verschiedenen Landestheile nach ziemlich gleichen Verhältnissen beitragen, und daß auf keinen Fall die westlichen Provinzen Ursache haben, sich gegen die östlichen verletzt zu fühlen. Wenn wir dagegen die einzelnen Provinzen unter sich speciell vergleichen wollten, so würde es sich freilich ergeben, daß besonders ein Theil von Sachsen und von Westphalen wirklich betheiliget sind nicht sowohl wegen der Höhe der Grundsteuer, als deshalb, weil die ihnen unter der Fremdherrschaft aufgelegte Grundsteuer bei der Wiedervereinigung mit Preußen nicht abgenommen worden ist, wozu sie ganz vollkommen begründeten Anspruch hatten. Inzwischen wenn die Regierung alle diejenigen Forderungen vergüten sollte welche aus der früheren, verhängnißvollen Zeit mit Recht an sie gemacht werden könnten, so würde sich das Beispiel Frankreichs bei uns erneuern, wo die Forderungen der Emigranten liquidirt und in das große Schuldbuch eingetragen wurden; inzwischen da Preußen kein solches hat, so wird es wohl am besten sein, es zu lassen wie es ist, und diese wie so viele andere Ansprüche der Vergessenheit zu übergeben.

Wir wenden uns jetzt zu dem zweiten Punkt, inwiefern die Rittergutsbesitzer der alten Provinzen von ihren Grundstücken wenig oder keine Steuern zahlen. Dieser Vorwurf trifft vorzugsweise die Gutsbesitzer der Mark und Pommern, und es wird sich zeigen, in wie weit er begründet ist oder nicht.

Die Ritterschaft war in diesen Provinzen früher, wie fast überall steuerfrei; als aber die Staatsverwaltung geordneter wurde, und stehende Heere eingeführt werden mußten, blieb es dem Landesherrn unmöglich, von den Domainen und Regalien die Staatsausgabe zu bestreiten, und die Stände mußten sich, um diese zu decken, zur Entrichtung von Lehnspferdegelder, und außerdem zur Bezahlung einer Grundsteuer verpflichten, die sie aber, um ihre Ritterfreiheit zu behaupten, auf die ihnen eigenthümlich-gehörigen Bauerhöfe legten, zugleich aber die Verpflichtung übernahmen, sie in contribuabeln Stande zu erhalten, und sie in Hinsicht der Grundsteuer zu vertreten. Nur diejenigen Güter, die allzuwenig Bauern hatten, mußten hin und wieder bei der Subrepartition steuerbare Hufen im Rittergute anerkennen, welches auch der Fall war, wenn die Bauerhöfe etwa zum Gut selbst ganz oder theilweise eingezogen würden.

So verhielt sich die Lage der Dinge bis zum Jahre 1811,

und der Erscheinung des Gesetzes vom 14ten September desselben Jahres, durch welches den Bauern das Eigenthum ihrer bisherigen Pachthöfe zuerkannt wurde.

In diesem Gesetz ward nun bestimmt, daß da, wo bisher lassitische Verhältnisse bestanden,*) die Bauern mithin eine Art von Familienanrecht an den Höfen bekommen hatten, der Gutsbesitzer $\frac{1}{3}$ des Hofes, wo bloße Zeitpacht-Bauern waren, die Hälfte zurück erhalten sollte; zugleich ward festgesetzt, daß nach Verhältniß der Landabtretung auch die Theilung der bis dahin auf den Bauergütern bestandenen Grundsteuer erfolgen sollte.

Durch diese Bestimmung ging nun in den alten Provinzen mit Ausnahme eines Theiles der Mark die Hälfte der Grundsteuer, welche bis dahin von den Bauerhöfen gezahlt ward, auf die Rittergüter selbst zurück, in jenem Theile aber nur ein Drittel. Dieser Umstand ist den meisten Schriftstellern, die aus den ihnen vorliegenden Büchern schreiben, unbekannt geblieben, und daher glauben sie, nur die Lehnpferdegelder bildeten die Grundsteuer, welche die Ritterschaft zu zahlen hätte, und beklagen die Bauern, daß diese allein die Steuer zahlen müßten. Inzwischen können sie sich auch darüber beruhigen, denn genau genommen bezahlen die Bauern überhaupt gar keine Grundsteuer.

*) Dies war nur in einem Theil der Mark der Fall, sonst in keiner der anderen Provinzen.

Wir haben vorhin gesagt, und es ist bekannt, daß früher die Bauerngüter volles Eigenthum der Gutsbesitzer waren, und was jene an Grundsteuer dem Staate zahlten, diesen durch weniger Pacht oder geringere Leistungen vergütigt wurde, die Gutsbesitzer auch außerdem die Vertretung behielten.

In Folge des Gesetzes wegen Eigenthums-Verleihung der Bauerhöfe an ihre zeitigen Besitzer ging nun zwei Drittel oder die Hälfte des Arreals auf diese über, allein sie mußten dagegen auch die Grundsteuer, welche sie bisher dem Gutsherrn gezahlt hatten, nach Verhältniß des ihnen zu Eigenthum verliehenen Bauerngutes als eine Reallast auf ihren Hof übernehmen. Dies war mithin das, wenn auch höchst unbedeutende, doch einzige Kaufgeld, welches sie den bisherigen Besitzern für die Abtretung des Hofes zahlten; es kann daher keine Steuer genannt werden, die sie dem Staate entrichten, sondern nur eine Steuer, welche sie für den Gutsherrn bezahlen.

Hierdurch ändert sich auf einmal der ganze Stand der Dinge, nicht die Gutsherrn der Marken, Pommern, Preußen's und Schlesien's sind steuerfrei, wie man dies bisher in ganz Deutschland zu verbreiten gesucht hat, sondern ihre Bauern sind es der Wirklichkeit nach.

Daß im Ganzen die Grundsteuer in den Marken und Pommern bedeutend geringer sei, als in andern Provinzen der Monarchie, ist nicht zu bezweifeln, aber es hat seinen eigenthümlichen Grund darin, daß von diesen Theilen des Staats die Eroberungen ausgegangen sind, daß sie nie unter Fremdherrschaft gestanden, mithin in dieser Beziehung die Gesetze und nicht die Willkühr bei ihnen stets vorgewaltet haben.

Die hohe Grundsteuer welche Schlesien zahlt, wurde von Friedrich dem Großen nach der Besitznahme dieser Provinz auferlegt. Als Aequivalent für diese Last erließ er die hohe Accise und andere indirecte Steuern, welche sie unter oesterreichischer Herrschaft gezahlt hatten; für den Augenblick verloren sie nicht dabei, allein desto mehr als auch diese wieder eingeführt wurden.

Auch die Rheinprovinz, Westphalen und Sachsen sind durch die Macht des Stärkeren zur Bezahlung der Grundsteuer gekommen.

In dem Vorstehenden haben wir in kurzen Umrissen eine Uebersicht des Grundsteuer-Verhältnisses gegeben, und uns dabei der Einzelnheiten enthalten, die bei den so ganz verschiedenen Localzuständen, aus welchen sich Preußen herausgebildet hat, stattfinden, wir bemerken dies, um Keinen zu bemühen, der etwa glauben sollte, wir hätten die unbedeutenden einzelnen Abweichungen von der Regel übersehen. Unsere Absicht war es nicht, hier eine Geschichte der Steuer-Verfassung zu schreiben, sondern nur irrthümliche Ansichten über das Verhältniß im Großen zu berichtigen.

Deutschland.

Deutschland ist vom Geschick vor allen übrigen Reichen unseres Welttheils so reich begabt worden, daß, wenn es nicht groß nach außen, stark und glücklich im Innern dastehen sollte, es die eigene Schuld ist.

Deutschland im Herzen von Europa belegen, von drei Meeren bespült, von den größten europäischen Flüssen durchströmt, erfreut sich eines fruchtbaren Bodens und aller derjenigen Segnungen, welche vermögend sind, seinen Bewohnern äußere Macht und hohen innern Wohlstand zu sichern.

Noch weit mehr als durch seine glückliche geographische Lage, den Umfang des Reichs, die chemische Beschaffenheit und physikalische Lage seines Bodens und sonstige Vorzüge, ist Deutschland begünstigt durch den an Körper und Geist gesunden und zugleich kernhaften Stamm seiner Bewohner; Tapferkeit und Ausdauer, Thätigkeit des Geistes und Körpers sind nationale Eigenschaften des deutschen Volks. Nicht wie die meisten westlichen Völker Europa's ist es verurtheilt, die Sprache früherer Eroberer zu reden, es hat die Wurzel-Laute der Urväter bewahrt, und wenn es fremde Zungen spricht, so ist es bei ihm Luxus.

Vor allen Völkern, aus welchen die große europäische Familie jetzt besteht, kann das deutsche mit Stolz auf seine früheste Geschichte zurückblicken. Ihm war es vorbehalten, zuerst die Weltherrschaft Roms zu brechen; die Tapferkeit und der Freiheitssinn des deutschen Volks vernichteten die bis dahin unbesiegten römischen Legionen, die es gewagt hatten, bis in das Herz Deutschlands vorzudringen. Die deutschen Völker waren es, die dem Strome der asiatischen Horden ein Ziel setzten, welche das westliche Europa so wiederholt zu überschwemmen drohten, sie waren es, die an den Pyrenäen die Araber aufhielten,*) denen bis dahin nichts zu widerstehen vermochte. Die deutschen Völker waren es endlich, die mit ihren Slavischen Nachbaren vereint zuletzt noch die Macht der Türken brachen. Glorreichen Andenkens sind diese und viele andere Thaten aus der ältern Volks-Geschichte Deutschlands und mahnend fordern sie uns auf, den Ruhm der Väter zu bewahren.

Weniger Grund findet sich in der neuern Geschichte stolz zu sein. Bei aller Ueberlegenheit, in der sich das deutsche Volk dem übrigen deutschen Continent gegenüber befindet, hat es schon seit Jahrhunderten seine feste Stellung verloren; innere Kriege, religiöse wie politische, haben es so geschwächt, daß,

*) 732 besiegte Karl Martel die Araber bei Tours und Poitier.

nachdem es Asien und Afrika zurückgestoßen, es nicht einmal gegen Frankreich seine Grenzen zu vertheidigen vermocht hat, und während seine Stammgenossen von ihrer Insel aus eine Hauptstimme im Rathe der europäischen Völker führen und über 4 Welttheile ihre Herrschaft ausbreiten, vermag das deutsche Volk sich jetzt nicht selbst zu schützen, sondern nur durch die nicht deutschen Besitzungen zweier seiner Glieder. Doch so demüthigend es auch war, dem Schweden-König Gustav Adolph die Herstellung des Gleichgewichts in Deutschland verdanken zu müssen, und den Schweden als Lohn deutsche Provinzen abzutreten, so erniedrigend es auch ist, deutsche Provinzen, den Elsaß und Lothringen, im Besitz Frankreichs zu erblicken, so hat doch nichts die Ohnmacht und den Verfall Deutschlands so schlagend bewiesen, als die Begebenheiten, welche uns noch in so frischem Andenken stehen und welche die schmachvollste Periode in der Geschichte Deutschlands sind und es um so mehr bleiben werden, wenn sie, wie es den Anschein hat, weder zur Erkenntniß des Bessern führen, noch zur Abhülfe der Ursachen, die solche Catastrophe veranlaßt haben, beitragen. Der Gründe des Verfalls deutscher Macht giebt es viele und wollten wir sie bis zu ihrem Ursprung verfolgen, so würden wir auf eine weit frühere Zeit zurückgehen müssen; zunächst finden wir sie in der Zerrissenheit des deutschen Gebiets und in der Trennung der Interessen, welche die nothwendige Folge davon ist, in der Sorglosigkeit und der Entbehrung eines tüchtigen gemeinschaftlichen Volksgeistes.

Schon seit dem dreißigjährigen Kriege war die Macht des Reichs so gut wie gebrochen, der deutsche Kaiser repräsentirte zwar noch äußerlich die Souverainität, aber sie war nur eine nominelle geworden. Einzelne Fürsten Deutschlands waren mächtiger als er selbst, so viel mächtiger, daß Friedrich der Zweite, ein Glied des Reichs, ihm seine eigenen Provinzen abzwang, daß derselbe sich gegen die Macht des Kaisers, des ganzen Deutschlands (Hannover und Hessen-Cassel abgerechnet) sieben Jahre hindurch zu halten vermochte ohne überwunden zu werden, obgleich Frankreich, Rußland und Schweden den Kaiser mit ihrer Heeresmacht gegen ihn unterstützten. Bedürfte es eines Zeugnisses, welche Kraft im deutschen Volke liegt und welcher Heldenthaten es fähig ist, wenn es gut geführt wird, so haben Brandenburg, Pommern, Schlesien, Hannover und Hessen dies im siebenjährigen Kriege bewiesen.

Nicht zu leugnen ist es, daß Friedrich der Zweite es auch wiederum war, welcher der Macht des Reichs den empfindlichsten Stoß versetzte und daß in politischer Beziehung das deutsche Reich als solches aufgehört hatte zu sein und völlig bedeutungslos geworden war. Allein nicht Friedrich der Zweite war es allein, der es untergrub, er legte nur die letzte Hand an. Die Zerrissenheit in viele große und kleine Länder und der Verfall der Macht des Kaisers hatte zur natürlichen Folge, daß durch die Fürsten, die sie regierten, weniger die Interessen des Volks als die ihrer Häuser gewahrt wurden. Dadurch veränderte sich das Wesen und der Grundgedanke der alten Germanischen Verfassung, in welcher das deutsche Volk eine Einheit bildete; geschützt durch seinen Antheil an der Regierung und durch die Gesetze des Reichs ward es beherrscht von Fürsten, deren Landeshoheit begrenzt war durch die Macht der Stände und durch die Souverainitätsrechte des Kaisers als des gewählten Oberhaupts des deutschen Reichs, welchem gegenüber wiederum die Fürsten die Stellung einnahmen, die in ihren Ländern die Stände zu ihnen hatten, so daß mithin unverkennbar die Quelle der ganzen Macht eigentlich im Volke selbst lag, die zu ihrem Endziel wiederum das Volkswohl hatte.

Sowie der dreißigjährige Religionskrieg die Verfassung des deutschen Reichs erschüttert hat, so wurde im westphälischen Frieden der erste Anfang zur Begründung der Landeshoheit deutscher Fürsten gelegt; von diesem Zeitabschnitt an war wenigstens in politischer Beziehung die Einheit Deutschlands und die Macht, es gegen außen zu schirmen, völlig verschwunden und nur in Hinsicht der Reichsverhältnisse dauerte die Einheit noch fort, indem das Reichs-Kammergericht und der Reichshofrath zu Wien fortfuhren in höchster Instanz den Rechtszustand zu schirmen.

Während nun Deutschland im Innern durch Theilung der Interessen an Kraft verlor, nahm die Stärke Frankreichs in dem Maaße zu, als dessen König sich im Besitz der absoluten Macht setzte, wovon Ludwig XIV. und die Eroberungen, die er in Deutschland machte, unwiderleglich Zeugniß ablegen. Die Besorgnisse, welche ein solcher Zustand der Verhältnisse hervor zu rufen ganz geeignet war, kamen jedoch nicht auf, da sich die Macht Frankreichs in dem siebenjährigen Kriege so schwach zeigte, und besonders da der Nimbus, mit welchem Friedrich Preußen umgeben hatte in dieser Macht einen Schutz gegen die Eroberungssucht der Nachbarn erblicken ließ. Dies war der Zustand als die französische Revolution ausbrach, und Deutschland über die Lage der Dinge und seine eigenen Zustände enttäuschte. Nachdem Oesterreich und Preußen einzeln besiegt waren und das zerrissene Deutschland keinen Widerstand mehr zu leisten vermochte, ward es zum großen Theil eine französische Provinz, und die Schmach war um so größer als das mächtigste Reich der Erde, von einem so tapfern Volke bewohnt wie das deutsche, fast ohne einen ehrenvollen Kampf Ketten trug und sich gestehen mußte, sie zehnfach verdient zu haben.

Endlich erschien der Zeitpunkt der Wiedergeburt. Napoleons unüberwindliche Heere vernichtete das eisige Klima Rußlands; dies gestattete dem noch nicht gebeugten Preußen, sich in Masse zu erheben; unbekümmert darüber, daß alle Festungen des Landes von den Franzosen besetzt waren, warf es sich dem nach Deutschland zurückgekehrten größten Feldherrn seiner Zeit entgegen, und befreite mit Hülfe Oesterreichs und Rußlands Deutschland von seinem Eroberer und mit den Deutschen vereinigt, schrieb es Frankreich in Paris den Frieden vor, entthronte Napoleon und zertrümmerte die Universalmonarchie in ihrem Beginnen.

Der mit dem Pariser Frieden beendigte Kampf gestattete es nun den deutschen Fürsten an die Herstellung einer festeren Ordnung der Verhältnisse zu denken, als wie die bisherige gewesen war. Sie verdankten der Erfahrung große Lehren und unverkennbar zeigte sich gleich anfangs die Absicht sie zu würdigen.

Mit einem gewissen, man möchte sagen, ritterlichem Sinne traten die Fürsten auf dem Wiener Congresse zusammen, um die großen politischen Angelegenheiten Europa's und namentlich die Deutschlands zu ordnen. Noch von Dank durchdrungen für die Begeisterung, mit welcher ihre Völker sie in diesem Kampfe unterstützt hatten, beschlossen sie nicht nur die Einheit des Reichs neu zu begründen, sondern dem deutschen Volke seine ihm gebührende Stellung wiederzugeben, und, wie es in früherer Zeit der Fall gewesen war, einen festen Rechtszustand wieder einzuführen, der seit der Napoleonischen Zeit dem der Willkür Platz gemacht hatte. Sie beschlossen einen starken Bund nach außen zu gründen, gestützt auf eine freie innere Verfassung aller deutschen Volksstämme; sie beabsichtigten durch Sicherung des Rechtszustandes, durch Förderung der materiellen Wohlfahrt und durch die einer freien geistigen Bewegung die Wohlfahrt Deutschlands zu sichern, und das deutsche Volk wieder in eine große Familie zu verbinden.

Allein so herrlich der Gedanke und die Absicht selbst war, und so gewiß sie zur Ausführung gekommen sein würde, wenn das Motiv weniger aus dem Gemüth, mehr aus dem Geiste und Pflichtgefühl hervorgegangen wäre, so wenig war dies der Fall, weil der bewegende Grund nicht das Resultat einer tiefern Reflexion war und nicht ein festes Princip zur Unterlage hatte, die bei großen Organisationen nie fehlen dürfen und allein im Stande sind, den Ausgangspunkt zu sichern.

Inzwischen war auch die ganze Anlage von vorn her so vergriffen, daß sich bei dem besten Willen unüberwindliche Hindernisse entgegenstellen mußten. Vorhin ist gesagt, die Fürsten wären mit einem gewissen ritterlichen Sinne zusammen getreten; dieser ist aber in gewissen Verhältnissen oft schlecht angebracht.

Als ein Zeichen davon dient die auf dem Wiener Congresse getroffene Festsetzung, daß alle Beschlüsse der dort versammelten Repräsentanten Deutschlands einstimmig sein sollten.

Eine solche, in ihrer Art einzige Bestimmung von gewiegten Diplomaten gefaßt, wird wohl kein Vorbild haben, es sei denn in der alten polnischen Verfassung, noch weniger wird sie Nachahmer finden. In ihr liegt eine Garantie, daß nichts geschehen sollte, wie es denn auch der Fall gewesen ist. Indessen gab es noch andere Punkte, die auf die Ordnung der deutschen inneren Bundes-Verhältnisse nur sehr nachtheilig wirken konnten; dahin gehörte die künftige Territorial-Frage, die dort verhandelt werden mußte. Nichts ist geeigneter, die Menschen zu trennen, als wenn es sich von Mein und Dein handelt; an der Discussion über die Abtretung und über die Besitznahme der Länder nahmen alle europäischen Mächte Theil, und dieser Gegenstand beschäftigte so ganz die Gemüther, entzweite sie auch, beiläufig gesagt, dermaßen, daß wenn es nicht Napoleon beliebt hätte, seinen Aufenthaltsort auf Elba zu verlassen und im Geschwindschritt Paris zu erobern, so wäre nicht abzusehen gewesen, welches Ende die Theilung der Löwenhaut genommen haben würde.

Dieses Ereigniß und der panische Schrecken, den der Name des gefürchteten Helden und seine Erscheinung in Frankreich einflößte, führte in wenigen Tagen einen Schluß der Territorial-Frage herbei und einen ungefähren Entwurf der künftigen völkerrechtlichen Bundes-Acte für Deutschland.

Nach dieser kurzen Einleitung, die nöthig schien, um dem Leser eine Uebersicht des Sachverhältnisses zu gewähren, wollen wir nun versuchen zu entwickeln, was geschehen mußte, um den Zweck, Deutschlands Selbstständigkeit auf starke Grundlagen zu bauen und zugleich die geistigen und materiellen Interessen der deutschen Völker für jetzt und für die Zukunft zu sichern; auch werden wir prüfen, in wie fern die bestehenden organischen Gesetze dem Zwecke entsprechen, in wie weit sie zur Ausführung gekommen sind und was noch zu wünschen übrig bleibt.

Der erste und wichtigste Punkt betrifft die Erhaltung der Selbstständigkeit Deutschlands, weil in dieser die Vorbedingung aller übrigen enthalten ist. Ob es überhaupt im Bereich der Möglichkeit liegt, dem gemeinsamen Vaterlande den Rang in

Europa anzuweisen, welcher ihm zukommt, so lange es noch unter 39 verschiedenen Regierungen steht, ist eine Frage, die nur die künftige Geschichte wird beantworten können; die der Vergangenheit spricht dagegen. Ob es ferner denkbar sei, daß ein Bund, wie der deutsche, ungeachtet der großen Verschiedenheit der Macht der einzelnen Glieder desselben und der Beziehungen, in welchen namentlich Oesterreich und Preußen zu dem übrigen Europa stehen, sich einig erhalten könne, und die einzelnen Glieder desselben mit einer gewissen Selbstverleugnung ihren speciellen Vortheil dem allgemeinen zu opfern Lust haben werden, ist eine Frage, die der Geschichtskenner nur sehr bezweifelnd beantworten wird. Wenn aber einmal Verhältnisse bestehen, die als unabänderlich gegeben sind, so kann es nur darauf ankommen zu erforschen, was möglicher Weise unter diesen als nothwendig bestehenden Bedingungen zu thun übrig bleibe, um das Ziel dennoch zu erreichen. Den bedeutenden Männern, die sich in Wien mit der Wiedergeburt Deutschlands ernstlich beschäftigten, war das Schwierige der Aufgabe nicht entgangen, und sie wählten daher den einzigen richtigen Weg zur Aushülfe, nämlich durch die Wiedergeburt eines deutschen Volks einen Vereinigungspunkt zu schaffen, der das lockere Band, mit welchem die Interessen der Fürsten der Natur des Verhältnisses nach sich aneinander knüpfen, fester schürzen sollte.

Die Einheit in einem großen Volke herzustellen ist um so schwieriger, wenn diese längere Zeit gestört gewesen ist, und nur noch matt in der Erinnerung lebt; dies erkannte man zum Theil, so wie daß starke Bänder nöthig wären, sie herzustellen.

Um ein wirkliches Volk zu bilden reichen Stammverwandtschaft und gleiche Sprache nicht hin, und doch war es nur dies, was dem deutschen Volke gemeinschaftlich verblieben war; sollte der Zweck daher erreicht werden, so war es nöthig, das Band durch Einheit in der Regierung, in der Verfassung und in den Verhältnissen zu verstärken, einen gemeinschaftlichen inneren Verkehr herzustellen, um überhaupt eine Gemeinschaft der Gesinnung, eine Theilnahme in Freud' und Leid hervorzurufen, mit einem Wort, Interessen zu erwecken, die vermögend sein würden, die innere und äußere Wohlfahrt aller Einzelnen mit einander zu verknüpfen. Eine Einheit in der Regierung herzustellen lag in der Unmöglichkeit, da Deutschland in so viele große und kleine Staaten, von angestammten Fürsten beherrscht, zerrissen ist; daher suchte man diese wenigstens in höchster Instanz durch den Bund zu ersetzen, diesem die Souverainität über die Gesammtheit zu übertragen und ihn zugleich zum obersten Richter zu erklären. Sehr richtig erkannte man, daß in diesem Wollen nur eine Aushülfe liege und es daher nöthig sei, ihr eine stärkere durch Ertheilung einer gleichen und freien ständischen Verfassung für ganz Deutschland beizufügen, welche nebst einem geordneten Rechtszustand unter dem Schutz des Bundes stehen müsse. In Hinsicht der materiellen Interessen schien man sich mit der Entfernung einiger Hemmungen des innern Verkehrs begnügen zu wollen, wogegen man eine freie geistige Bewegung, die Freiheit der Presse beabsichtigte. Weiter glaubte man übrigens in Wien nicht gehen zu können, oder vielleicht war auch die Unterbrechung, welche Napoleon veranlaßte, die Ursache, daß man nicht Zeit hatte, sich weiter auszusprechen. So unzureichend diese Ansichten, selbst wenn sie verwirklicht worden wären, auch erscheinen mögen, so geht wenigstens, wie oben gesagt, daraus hervor, daß Männer, wie Hardenberg und Stein, von welchen derartige Vorschläge im Namen ihres Herrn ausgingen, wenigstens den großen Zweck verfolgten, wieder ein freies deutsches Volk herzustellen, so wie es einst ein solches gegeben hatte, bevor der Zerfall des deutschen Reichs und mit ihm die Zeit der Demüthigung eintrat. Ehe wir uns nun mit der Bundesacte selbst, in Wien entworfen und in Frankfurt a. M. abgeschlossen, und mit dem, was sie enthält und dem, was sie gewirkt hat, beschäftigen, sei es uns gestattet, noch einige allgemeine Betrachtungen vorauszuschicken.

1) Mit welchen Schwierigkeiten zu kämpfen gewesen wäre, um die alte Reichsverfassung mit einem gewählten Kaiser an der Spitze wieder herzustellen, wird wohl keiner weitern Erörterung bedürfen, und so scheint es, daß nichts übrig blieb als einen Fürstenbund zu errichten. Aber kam man dadurch wirklich weiter? Um die frühern Fehler zu vermeiden, um den Bedürfnissen zu entsprechen, die einen deutschen Fürsten-Bund forderten, mußte dieser eine Organisation erhalten, daß Einigkeit,

Kraft, Intelligenz und Gerechtigkeit stets sein Symbol blieben; war dies auch möglich? Nicht minder mußte die militairische Organisation desselben wenigstens eine solche werden, um Deutschland, eins der größten europäischen Reiche, in den Stand zu setzen, sich selbst vertheidigen zu können, und diese nicht von andern erwarten zu dürfen.

Ein großes Volk verdient nur von den übrigen Achtung wenn es auch den Willen und die Kraft hat, seine Selbstständigkeit zu behaupten; in einem Bunde ist aber die Hülfslosigkeit die Mutter des Mißtrauens.

2) Je mehr es in Frage steht, ob ein Fürstenbund die ihm gestellte Aufgabe wird lösen können, und ob er so viel Kraft gewinnen werde, um unter allen Verhältnissen seine Unabhängigkeit zu sichern, um so nöthiger wird es in dem deutschen Volkswillen einen festeren Stützpunkt zu erhalten. Dies setzt nun wieder ein deutsches Volk und einen festen Willen in ihm voraus, beides besteht aber nur bis jetzt in der Idee. Erst wenn diese zur Wirklichkeit geworden ist, findet eine dauernde Bürgschaft für die Sicherheit nach Außen und die Freiheit im Innern statt, erst dann hört jede gesonderte Fürsten-Politik auf, welche bisher oft so verderblich für das Ganze ward.

3) Um nun die verschiedenen Familien-Stämme in ein deutsches Volk zu verschmelzen sind Bindungsmittel nöthig und diese scheinen gefunden zu werden

a) durch Ausbildung einer landständischen Verfassung, in

welcher die Rechte der Fürsten und Völker scharf bezeichnet werden und zwar auf eine Weise, daß das monarchische Princip eben so vollkommen gesichert bleibt, als die Rechte und Freiheiten der Völker, eine Verfassung, die unter die Garantie des Bundes gestellt ist.

Daß diese Verfassung in den verschiedenen Staaten Deutschlands in ihrer Gestaltung gleich werde, ist weder nöthig noch zweckmäßig; allein das Princip muß dasselbe sein und nicht zu entgegengesetzten Richtungen führen;*) auch dürfen die einzelnen Verfassungen mit den in der Bundesacte ausgesprochenen Grundprincipien in keinen Widerspruch treten.

b) Durch die Entfernung aller Hindernisse, sie mögen heißen wie sie wollen, die dem innern Verkehr der deutschen Volksstämme unter sich Fesseln anlegen, so daß im Innern von Deutschland Hemmungen keiner Art fortbestehen.

c) Durch eine Verbindung der Glieder des Bundes unter sich, sowohl zur Förderung ihrer materiellen Interessen im Innern als dem Auslande gegenüber, und namentlich zur Beschützung der aufblühenden Industrie, und zur Förderung des Absatzes deutscher Producte und Fabrikate. Diese Vereinigung muß aber eine volksthümliche bleiben, mithin nicht auf einseitigen Bevorzugungen ruhen, sondern auf die Förderung der allgemeinen Wohlfahrt berechnet sein, und daher nicht trennend, sondern vereinigend wirken.

*) Die vier freien Reichsstädte Dentschland's und die Ausnahme, die sie machen, schließen wir von der Beleuchtung über Verfassung ganz aus.

d) Durch eine allgemeine Vereinigung, um die innere Communication auf den Strömen und durch Eisenbahnen nach einem solchen Plane zu bewirken, wie es die Vertheidigung des Vaterlandes und die vollständige Begründung der Handelsverbindungen im Innern fordert.

e) Durch die Sicherung des Rechtszustandes des gesammten deutschen Volks auf eine Weise, daß alle Glieder desselben einen vollständigen Schutz genießen, der zugleich unter gemeinschaftlicher Garantie steht, und sich nicht allein auf Privat-Rechts-Verhältnissen, sondern auch auf die Erhaltung der verfassungsmäßigen Rechte bezieht.

f) Durch die Schützung der Glaubensfreiheit und die Beseitigung aller Ursachen, die einen religiösen Zwist im deutschen Volke veranlassen können und dadurch die Einigkeit stören.

g) Durch die Freiheit der Presse, jedoch in solchen Grenzen, um zu verhindern, daß nicht die Freiheit in Frechheit übergehe und in dieser Beziehung überwacht nach gleichen, festen, gesetzlichen Bestimmungen in allen Bundes-Staaten.

Nachdem nun hier die Grundzüge mitgetheilt sind, welche die Basis der Landes-Verfassung und der organischen Gesetzgebung unserer Ansicht nach ausmachen müssen, wenn auf der einen Seite Deutschland eine ihm würdige Stellung in Europa behaupten, auf der andern dem deutschen Volke diejenigen Rechte und Freiheiten gesichert werden sollen, dessen es in geistiger wie materieller Beziehung zur Erhaltung seiner innern Wohlfahrt bedarf, so wenden wir uns nun zur Prüfung der Bundes-Acte selbst und in wie weit sie dem Bedürfniß entspricht.

Die erste deutsche Bundes-Acte ist datirt vom 8. Juni 1815 und ist ein höchst unvollständiger Vertrag, in der Eile aus Gründen, die vorher schon mitgetheilt worden sind, entworfen, um die Ungeduld des deutschen Volks in etwas zu befriedigen; sie kann nur als aus dem Stegreif gemacht angesehen werden, daher nahmen auch die Bevollmächtigten von 6 deutschen Fürsten nicht Anstand, im Protokoll selbst Klage über die Unvollkommenheit des Werks und die Uebereilung, mit welcher es gefertigt sei, zu führen. Die wesentlichsten Punkte dieses Bundes-Vertrags sind, (so weit es hier von Einfluß ist);

1) im Allgemeinen, das Schutzbündniß sämmtlicher Fürsten und die wechselseitige Garantie ihrer Länder und ihrer Stellung nach außen und innen mit der Bestimmung, daß Streitigkeiten unter den Bundesgliedern selbst durch ein Austrägal-Gericht entschieden werden sollen; ferner die Unterordnung der einzelnen Glieder in gewisser Beziehung unter die Souverainität des Bundes, die Anerkennung der Gleichheit der Rechte und der Pflichten und die Feststellung des Stimmenverhältnisses sowohl in dem engern Rath, als in den Plenar-Versammlungen. Da wir weiterhin darauf zurückkommen werden, in wie fern letzteres als gerechtfertigt erscheint, so geben wir nachstehend die Artikel 4 und 6 der Bundes-Acte

vom 8. Juni 1815, in welchen die stimmenden Glieder des Bundes namentlich aufgeführt sind.

Artikel IV.

Die Angelegenheiten des Bundes werden durch eine Bundes-Versammlung besorgt, in welcher alle Glieder desselben durch ihre Bevollmächtigten theils einzeln, theils Gesammtstimmen folgendermaßen, jedoch unbeschadet ihres Ranges führen:

1.	Oesterreich	1	Stimme
2.	Preußen	1	"
3.	Baiern	1	"
4.	Sachsen	1	"
5.	Hannover	1	"
6.	Würtemberg	1	"
7.	Baden	1	"
8.	Kurhessen	1	"
9.	Groß-Herzogthum Hessen	1	"
10.	Dänemark wegen Holstein	1	"
11.	Niederlande wegen des Groß-Herzogthums Luxemburg	1	"
12.	Die Groß-Herzoglichen und Herzoglich Sächsischen Häuser	1	"
13.	Braunschweig und Nassau	1	"
14.	Meklenburg-Schwerin und Meklenburg-Strelitz	1	"
		Latus 14	Stimmen

Transport 14 Stimmen

15. Holstein, Oldenburg, Anhalt u. Schwarzburg . . . . 1 =

16. Hohenzollern, Lichtenstein, Reuß, Schaumburg-Lippe, Lippe und Waldeck . . 1 =

17. Die freien Städte Lübeck, Frankfurt, Bremen und Hamburg . . . . 1 =

Zusammen 17 Stimmen.

Artikel VI.

Wo es auf Abfassung und Abänderung von Grundgesetzen des Bundes, auf Beschlüsse, welche die Bundes-Acte selbst betreffen, auf organische Bundes-Einrichtungen und auch gemeinnützige Einrichtungen sonstiger Art ankommt, bildet sich die Versammlung zu einem Plenum, wobei jedoch mit Rücksicht auf die Verschiedenheit der Größe des einzelnen Bundes-Canton folgende Berechnung und Vertheilung der Kammer verabredet ist. *)

1. Oesterreich . .	erhält 4 Stimmen,	10,761,000 Einw.	
2. Preußen . . .	= 4 =	11,363,594	=
3. Sachsen . . .	= 4 =	1,652,114	=
4. Baiern . . .	= 4 =	4,315,469	=
5. Hannover . .	= 4 =	1,688,305	=
6. Würtemberg . .	= 4 =	1,610,789	=

Latus 24 Stimmen

*) Der bessern Uebersicht wegen fügen wir den Nachweis der Seelenzahl, welche sie repräsentiren, hinzu.

Transport 24

7. Baden . . .	erhält	3	Stimmen,	1,260,771	Einw.
8. Kurhessen . .	=	3	=	713,570	=
9. Groß-Herzogthum Hessen . . .	=	3	=	783,671	=
10. Holstein . . .	=	3	=	362,000	=
11. Luxemburg . .	=	3	=	154,000	=
12. Braunschweig .	=	2	=	245,798	=
13. Meklenb.-Schwerin	=	2	=	467,499	=
14. Nassau . . .	=	2	=	383,730	=
15. Sachsen-Weimar-Eisenach . .	=	1	=	240,461	=
16. Sachsen-Coburg-Gotha . . .	=	1	=	135,381	=
17. Sachs.-Altenburg	=	1	=	121,266	=
18. Sachsen-Meiningen-Hildburghausen . .	=	1	=	148,078	=
19. Hessen-Homburg	=	1	=	24,000	=
20. Meklenb.-Strelitz	=	1	=	85,257	=
21. Holstein-Oldenburg . . .	=	1	=	251,519	=
22. Anhalt-Dessau .	=	1	=	60,945	=
23. Anhalt-Bernburg	=	1	=	45,933	=

Latus 54

Transport 54

24. Anhalt-Cöthen . . .	erhält	1 Stimme	39,914	Einw.
25. Schwarzburg-Sondershausen	=	1 =	55,208	=
26. Schwarzb. = Rudolstadt	=	1 =	65,662	=
27. Hohenzollern-Hechingen	=	1 =	21,000	=
28. = Sigmaringen	=	1 =	42,400	=
29. Lichtenstein	=	1 =	5850	=
30. Waldeck	=	1 =	50,165	=
31. Reuß, ältere Linie .	=	1 =	31,500	=
32. = jüngere Linie .	=	1 =	71,523	=
33. Schaumburg Lippe .	=	1 =	26,000	=
34. Lippe	=	1 =	76,718	=
35. Freie Stadt Lübeck .	=	1 =	46,503	=
36. = = Frankfurt	=	1 =	63,936	=
37. = = Hamburg	=	1 =	150,000	=
38. = = Bremen	=	1 =	52,000	=

Zusammen 69 Stimmen.

Ob den mediatisirten vormaligen Reichsständen auch einige Curiat-Stimmen in Pleno zugestanden werden sollen, wird die Bundes-Versammlung bei der Berathung der organischen Bundesgesetze in Erwägung nehmen.

Wenn wir nun auf die Punkte der Bundes-Acte übergehen, in welchen den deutschen Völkern gewisse Zusicherungen gemacht werden, so bestehen diese:

Artikel 12 in der Bestimmung, daß in den gesammten

Bundes-Staaten oberste Gerichtshöfe eingeführt werden und dem deutschen Volke 3 Instanzen für den Rechtsgang offen stehen sollen.

Artikel 13 in der Zusicherung von landständischen Verfassungen in allen Bundes-Staaten.

Im Artikel 16 wird festgesetzt, daß die Verschiedenheit des Glaubens bei christlichen Confessionen keinen Unterschied in dem Genuß der bürgerlichen oder politischen Rechts-Verhältnisse begründen soll, den Juden aber eine möglichst übereinstimmende Verbesserung ihrer bürgerlichen Verhältnisse zugesichert, und bis dahin ihnen die von den verschiedenen Bundes-Staaten bereits eingeräumten Rechte garantirt.

Im Artikel 18 wird außer einigen anderen Verheißungen für die Zukunft am Schluß die Zusicherung wegen Abfassung gleichförmiger Verfügung über die Preßfreiheit ertheilt.

Im Artikel 19 findet sich die Bestimmung, daß bei der nächsten Versammlung des Bundes wegen des Handels und Verkehrs zwischen den verschiedenen Bundes-Staaten, so wie wegen der Schifffahrt nach Anleitung der auf dem Congreß zu Wien angenommenen Grundsätze, die weitere Berathung erfolgen solle.

Wie wenig eine so ärmliche Bundes-Acte den Erwartungen entsprechen konnte, darüber täuschte sich schon damals Niemand und am wenigsten das deutsche Volk. Auch wurde es von vielen Mitgliedern des Bundes anerkannt und Ergänzungen in das Protokoll niedergelegt, namentlich von Hannover, Preußen, Luxemburg und Nassau. Unter diesen zeichnete sich die von Preußen aus, in welcher auf das beharrlichste auf landständische Verfassung in allen Bundes-Staaten angetragen wurde, so wie auf die Errichtung einer starken Kriegsmacht und eines permanenten Bundesgerichts als einer Maaßregel, von welcher man namentlich preußischer Seits nicht abgehen dürfe.

Zur Ergänzung der Bundes-Akte sollte nun die in Wien von dem dort deshalb versammelten Congreß abgeschlossene Schluß-Akte vom 15. März 1820 dienen. Der Einfluß, den der vorangegangene Carlsbader Congreß auf selbige gehabt, ist nicht zu verkennen und viele der wichtigsten früheren Anträge einzelner hoher Mitglieder des Bundes wurden ganz unbeachtet gelassen. Um den Leser gleich auf die Punkte hinzuführen, welche ein wesentliches Interesse haben, wollen wir diese kurz mittheilen.

Artikel 54. setzt fest, daß der 13. Artikel nicht unerfüllt bleiben solle, folglich in jedem Bundesstaat landständische Verfassung einzuführen sei. — Artikel 55. bestimmt, daß es den souverainen Fürsten überlassen bleiben solle, diese Angelegenheit zu ordnen, mit Berücksichtigung sowohl der früher gesetzlich bestandenen landständischen Rechte, als der gegenwärtig obwaltenden Verhältnisse. — Im Artikel 56. wird gesagt: in anerkannter Wirksamkeit bestehende landständische Verfassungen können nur auf verfassungsmäßigem Wege abgeändert werden. — Art. 57. In den monarchischen Bundesstaaten soll die gesammte Staatsgewalt in dem Oberhaupt des Staats vereinigt bleiben, und der Souverain kann durch eine landesständische Verfassung nur in Ausübung bestimmter Rechte an die Mitwirkung der Stände gebunden werden. — Artikel 58. Durch eine landesständische Verfassung dürfen die Bundesfürsten in Erfüllung ihrer Bundespflichten weder gehindert noch beschränkt werden. — Artikel 59. Wo Oeffentlichkeit landständischer Verhandlungen statt hat, soll durch die Geschäftsordnung dafür gesorgt werden, daß die gesetzlichen Grenzen der freien Aeußerung weder bei den Verhandlungen, noch bei deren Bekanntmachung durch den Druck, auf eine die Ruhe des einzelnen Bundesstaates oder des gesammten Deutschlands gefährdende Weise überschritten werde. — Artikel 60. Die Bundes-Versammlung kann die von einem Bundesglied für seine landständische Verfassung nachgesuchte Garantie übernehmen. Dadurch wird sie befugt, auf Anrufung die Verfassung aufrecht zu erhalten, und die über Auslegung oder Anwendung derselben entstandenen Irrungen durch Vermittelung oder compromissorische Entscheidung beizulegen. — Artikel 61. Außer diesem Fall der besondern Garantie, und der Aufrechthaltung der über den 13. Artikel der Bundes-Akte hier festgesetzten Bestimmungen ist die Bundes-Verfassung nicht berechtigt, in landständischen Angelegenheiten oder Streitigkeiten zwischen dem Landesherrn und Ständen einzuwirken, so lang nicht dabei der Fall des 26. und 27. Artikels eintritt. — Artikel 62. Diese Bestimmungen über den 13. Artikel der Bundes-Akte sind auf die freien Städte in so weit anwendbar, als die besondern Verfassungen und Verhältnisse derselben es zulassen. — Ferner wird dem Einzelnen im deutschen Volk noch das Recht eingeräumt, wegen verweigerter Justiz an den Bund zu gehen; dagegen werden die Beschlüsse über den Artikel 16. der Bundes-Akte, die vorher mitgetheilten religiösen Zustände des deutschen Volks betreffend, und die im Artikel 18. enthaltenen Bestimmungen wegen der Presse, so wie die Anordnungen des Artikels 19. wegen des Handels und Verkehrs zwischen den verschiedenen Bundes-Staaten einer andern Zeit vorbehalten. In Hinsicht der freien Stromschifffahrt ist jedoch unter dem 3. August 1820 ein Beschluß gefaßt, der wichtige Zusicherungen enthält, und der wörtlich wie folgt lautet:

„Um der Flußschifffahrt die derselben durch die Wiener Congreßacte Artikel 109 bis 116 incl. zugesicherte Freiheit zu gewähren, machen sämmtliche dabei betheiligten Bundesglieder sich verbindlich, die darüber in der Congreßacte gegebene und vermöge des Art. 19. der Bundesacte der Berathungen der Bundesversammlung zum Grunde gelegten Vorschriften unverbrüchlich zu befolgen, wie auch die deshalb schon bestehenden Unterhandlungen aufs thätigste zu betreiben und in der kürzest möglichsten Frist zu beendigen, wo aber noch keine Unterhandlungen eingeleitet sind, solche unverzüglich eintreten zu lassen.“

Vorhin haben wir zu beweisen uns bemüht, was geschehen müsse, um Deutschlands Größe nach außen, seine Wohlfahrt im Innern zu begründen; wenn wir nun damit verglei- chen, in wie weit die Bestimmungen der Bundes-Akte zum Ziele führen, so scheint es, als wenn fast gar nichts geschehen sei. Daß man in Wien ursprünglich mehr als einen bloßen Fürstenbund zu stiften beabsichtigte, ist weltbekannt, daß man auch das deutsche Volk beglücken, seinen Rechtszustand sichern, seinen inneren Wohlstand fördern, ihm eine innere freie, gei- stige und industrielle Bewegung gestatten wollte, beweisen die Wiener Protokolle und ihre Anlagen von 1814 und 1815 unwiderleglich.

Von den ältesten Zeiten der Geschichte her war das deut- sche Volk ein freies gewesen, und hatte große verfassungsmä- ßige Vorrechte besessen; so finden wir es in einer langen durch ein Jahrtausend laufenden Periode.

Napoleon begründete als Eroberer Deutschlands durch den Rheinbund die zweite, die der Fürsten-Souverainität; sie hat nur wenige Jahre ihr Leben gefristet. Konnte es wohl zweifelhaft sein, welchem der beiden Principien, nachdem der Rheinbund gesprengt war, der Vorzug gebührte? Man hat keins von beiden gewählt und daher auch keins verletzt, man scheint einen Ausweg gefunden zu haben, und glaubt wenig- stens, sich ohne ein allgemeines Princip behelfen zu können. Die Verhältnisse, unter welchen der erste Wiener Congreß aus- einander gehen mußte, erklären und entschuldigen vollkommen die Dürftigkeit der ersten Bundes-Akte; allein in den 28 Jahren von 1815—1843 hätte doch wahrlich etwas geschehen können und sollen, um das Stückwerk auszubessern. —

Ohnerachtet in dem vorhin mitgetheilten Beschluß vom 3. August 1820 bestimmt worden war, die Hemmung der Strom-Schifffahrt sollte aufhören, so verhandelt man noch heute darüber. Hätte der Bund die Kraft, die ihn allein zu stützen und ihm Achtung zu verschaffen im Stande ist, so wäre er eingeschritten, wozu der Beschluß der Plenar-Bundes-Versammlung gleichfalls vom 3. August 1820, betreffend das Verfahren bei Aufstellung von Austrägal-Instanzen und die Executions-Ordnung von demselben Datum ihn berechtiget und die Mittel der Ausführung gewährt. Ja die Bedeutungslosigkeit des Bundes zeigt sich noch weit mehr dadurch, daß er weder die großen noch die übrigen Glieder, die sich in vielen Punkten über die Bundesbestimmungen weggesetzt haben, an die Erfüllung der Verpflichtungen zu erinnern sich bewogen gefühlt hat.

Der Artikel 13. der Bundesakte bestimmt die Einführung landesständischer Verfassungen, und in der Schlußakte werden die schon bestehenden unter den Schutz des Bundes gestellt, aber des Bundestags-Beschlusses vom Jahre 1818 unerachtet, wo an die Einführung derselben erinnert wurde, ist sie noch nicht zur Ausführung gekommen, ja in dem Verfassungsstreite mit den hannoverschen und holsteinschen Ständen hat sich der Bund für incompetent erklärt!! Der 18. Artikel der Bundesakte versprach eine freie Presse, wenigstens eine gleiche Preßgesetzgebung für den Bund. Deutschland erwartet nähere Bestimmungen darüber noch heute; auch an das in dem Artikel 16. der Bundesakte gemachte Versprechen, die Verhältnisse der Juden betreffend, ist nicht weiter gedacht. Eben so ist für die äußere Sicherheit wenig geschehen; zwar ist das Bundesheer von 303,484 auf 361,675 Mann erhöht, Dank sei es dem Tiers'schen Ministerii; allein der zum Schutz des südlichen Deutschlands so nöthige Bau zweier wichtigen Festungen ist jetzt nach 26 Friedensjahren erst bis zur Grundsteinlegung vorgeschritten. Dies beweiset sprechend, welche Thatkraft in einer Bundes-Verfassung liegt.

Eins der dringendsten Bedürfnisse des Verkehrs bestand in der Aufhebung der Sperrungen, welche zur Zeit des Wiener Congresses im Innern von Deutschland bestanden, und die Handelsverbindungen der deutschen Völker unter sich bis ins Unendliche erschwerten. Die Bundesakte von 1815 hatte darauf hingedeutet, die Schlußakte von 1820 die Verhandlungen darüber auf eine andere Zeit verschoben.

Da nun viele deutsche Fürsten erkannten, welche Nachtheile aus dem Fortbestehen eines solchen Verhältnisses für ihre Unterthanen erwuchsen, und da keine Hoffnung war, bei der bestehenden Organisation der Bundesverfassung jemals zum Ziele zu kommen, und da in der Bundesversammlung die Sonder-Interessen einen so großen Einfluß üben, es ihr auch an dem Willen und der Kraft fehlt, ihren Beschlüssen Geltung zu verschaffen, so blieb nur übrig, durch Errichtung des Zollverbandes im Bunde einen neuen Bund zu stiften.

Wenn irgend Etwas die mangelhafte Organisation des Bundes und die Unvollständigkeit seiner organischen Gesetzgebung beweiset, so ist es die Errichtung dieses Verbandes; in seinem Dasein liegt der Beweis, daß der Bund selbst durch seine Schwerfälligkeit und unter den jetzt bestehenden Verhältnissen, die wir weiter hinten berühren werden, nur eine negative Einwirkung zu üben vermag, und Reformen nöthig werden, wenn er seinem Zwecke entsprechen soll. Was nun das Bild noch mehr trübt, ist die Trennung der Ansichten unter den deutschen Fürsten und Völkern. Wer sich einbilden wollte, Deutschland bedürfe nicht der Einigkeit, um stark nach außen, stark im Innern zu sein und zu bleiben, der ist ein kurzsichtiger Thor, der die Welt und die Zeit nicht begreift. In dem Buche der großen Weltereignisse steht unter Deutschland unwiderruflich geschrieben: Einigkeit oder Einheit. Die Fürsten Deutschlands mögen dies nicht vergessen, sie und ihre Häuser sind dabei mehr betheiligt als das deutsche Volk. Wie wenig eine Einigkeit in den Ansichten*) besteht, davon giebt es der Beispiele sehr viele; besonders ist es die Stellung Preußens, die seit dem Beginn der Verhandlungen in Wien mehr oder

*) Die Einigkeit im Bunde selbst ist bisher nicht gestört, im Gegentheil hat sich sowohl bei Beschränkung der Presse und bei Zurückweisung der hin und wieder beim Bunde eingegangenen Beschwerden stets das größte Einverständniß kund gegeben.

weniger Eifersucht und Mißtrauen erregte, und dies hat sich bis jetzt noch nie gänzlich verloren, und ist wie es scheint von den Fürsten auf die Völker übergegangen. Eifersucht und Mißtrauen sind aber da, wo sie bestehen, nicht geeignet, die Einigkeit zu erhalten, diese ist nur möglich, wo Vertrauen besteht, und jeder mit dem, was er besitzt, zufrieden ist.

Die Gebiets-Erweiterung, welche Preußen in Wien als Entschädigung für die Abtretung von Polen im Innern von Deutschland zuerkannt wurde, gab wohl theilweise die erste Veranlassung dazu, und die Freisinnigkeit, mit welcher Preußen die Interessen des deutschen Volks in Wien zu fördern suchte, vermehrte sie. — Eine Bestätigung dieser letzten Vermuthung scheint der Umstand zu geben, daß, als Preußen auf dem Wiener Congreß 1814 darauf antrug, die sämmtlichen deutschen Fürsten sollten ihren Völkern eine gleiche landständische Verfassung ertheilen, einige süddeutsche Fürsten es als ihre souverainen Rechte zu sehr beschränkend verweigerten, während sie selbst die ersten waren, die, als in Preußen eine Reaction eintrat, ihren Völkern eine viel freiere Verfassung ertheilten, als Preußen verlangt hat. Zwar beschwichtigte späterhin die Aufopferung, mit welcher sich Preußen bei Errichtung des Zollvereins bewies, in etwas das Mißtrauen, allein man fand es wiederum bedenklich, daß es der allgemeinen Sache pecuniäre Opfer gebracht hatte, und wie wenig noch jetzt ein vollkommnes Vertrauen hergestellt ist, beweiset der Umstand, daß alles, was in Preußen geschieht oder nur geäußert wird, gleich bald in diesem, bald in jenem Theile Deutschlands verkannt wird und beunruhigend erscheint.

An eine Einigkeit in Deutschland ist nicht zu denken, so lange kein vollkommnes inneres Vertrauen in allen Gliedern des Bundes feste Wurzel gefaßt hat; wie soll es ohne dieses möglich werden, in den Verhältnissen des Bundes irgend eine durchgreifende Reform zu bewirken, deren er doch so sehr bedarf? Jeder Antrag auf solche, wenn er besonders von einer der größeren Mächte des Bundes ausgehen sollte, wird mit Besorgnissen betrachtet werden, und deshalb schon zu keinem Resultate führen.

Nicht minder wichtig ist es, daß die verschiedenen deutschen Volksstämme sich in ihren politischen Ansichten mehr verständigen, vor Allen aber sich über ihre wirklichen Interessen einigen. Will sich das deutsche Volk als eine große Familie betrachten, so muß auch ein Familiengeist in ihm Wurzel fassen. Die Grundlagen desselben sind gegenseitige Achtung, richtige Würdigung der verschiedenen Individualitäten, ein gewisses liebevolles Entgegenkommen, und vor Allem das Verlangen nach einem Familienbande selbst.

Wie nahe oder fern die Hoffnung auf eine solche Vereinigung steht, ist schwer zu ermitteln; die Himmelszeichen sind noch nicht günstig, und wenn wir auch die Tagesblätter in dieser Beziehung nicht als einen sicheren Maaßstab betrachten wollen, so scheint überhaupt doch noch Vieles zu fehlen. Eine gewisse Einigung über die politischen Ansichten wird jedenfalls vorangehen müssen; wir verweisen den Leser auf das, was wir in der Einleitung darüber gesagt haben. Weit sind wir davon entfernt, alle Abweichungen der Ansichten verbannen zu wollen, wir verlangen nur, daß die Ansichten auf gewissen Principien beruhen, und daß nicht jeder die seinigen als die alleinseligmachenden betrachtet wissen wolle, daß mithin Toleranz und nicht Feindschaft zwischen ihnen herrsche.

Soll Deutschland mit seiner Bundesverfassung Festigkeit haben, soll es den Stürmen widerstehen können, die immer wiederkommen werden, so kann nur Einigkeit unter den Fürsten, Einigkeit im deutschen Volke, und zwischen den Fürsten und ihren Völkern ihm die Stärke geben, seine Größe und seine Freiheit zu bewahren; geschieht es nicht, und der jetzige Fürsten-Verein verfehlt seinen Zweck, erweiset sich als ein vergeblicher Versuch, Deutschland nach Außen zu schützen, im Innern die Wohlfahrt des deutschen Volkes zu begründen, so wird dieses nicht untergehen, allein Deutschland wird dann gezwungen werden, sich eine auf Einheit beruhende Verfassung zu schaffen, die es für fernere Unfälle sichert, und die ihm den Rang unter den europäischen Reichen anweiset, welcher ihm zukommt. Ob der gute Genius Deutschlands und die Weisheit seiner Fürsten solche Zwischenfälle abwenden, oder ob die Indolenz der Deutschen und ihr Widerwille gegen das Handeln sie herbeiführen werde, liegt hinter dem Schleier der Zukunft verborgen. Es bedarf wohl keiner Rechtfertigung, daß wir uns in dem Vorhergehenden eine freimüthige Beleuchtung des jetzigen Zustandes der Dinge und der Folgen, welche sie besorgen lassen, erlaubt haben; es ist unmöglich Jemand zu überzeugen, wenn man sich nicht ganz deutlich ausspricht; auch wird Niemand Vertrauen zu Ansichten fassen könnnen, die der, welcher sie giebt, selbst nicht klar und unumwunden auszusprechen wagt. Von vielen Seiten her ist es uns vorgeworfen, daß wir in dem ersten Theil dieses Werks und in mehreren Aufsätzen der Allgemeinen Augsb. Zeitung von 1842, in welchen wir auf die Beschuldigung preußischer Hegemonie geantwortet haben, uns nicht offen ausgesprochen hätten, namentlich bezüchtiget uns dessen der Dr. Biedermann in dem interessanten Aufsatze im Augustheft der deutschen Monatsschrift für Litteratur und öffentliches Leben; wir glauben, er wird uns diesen Vorwurf in der Folge nicht mehr machen.

Wir geben unsere Ansicht offen hin, keinesweges aber maßen wir es uns an, den letzten Spruch fällen zu wollen, so weit sind wir überhaupt noch nicht; die Information muß erst vorangehen, dabei sind alle Theile zu hören, um einen Status causae et controversiae entwerfen zu können; erst wenn dieser feststeht, kann von jenem die Rede sein.

Ob übrigens die jetzige Zeit schon zu einer Besprechung der Bundesverfassung geeignet sei, und inwiefern dieselbe der Reformen bedarf oder nicht, verdient beleuchtet zu werden; wir glauben es beweisen zu können, daß es mindestens die höchste Zeit ist, denn es könnte sonst leicht dahin kommen, daß es nicht mehr Zeit sei. Niemand wird läugnen, daß die 26 Friedensjahre bereits besser hätten verwandt werden können, als geschehen ist. Auch beweist es das lebendige Interesse, welches sich für Nationaleinheit und für eine ehrenvolle Stellung Deutschlands allgemein ausspricht, wie allgemein das Zeitgemäße einer solchen Besprechung empfunden werde, und läßt daher auf empfängliche Zuhörer hoffen.

Von allen Fragen, die wir zu erforschen haben, ist die erste die, auf welche Weise die Interessen der Fürsten und Völker, welche der deutsche Bund umfaßt, zu vereinigen sind.

Wenn eine Gesellschaft sich zu irgend einem Zweck verbindet, so muß ein gleiches Interesse den Vereinigungspunkt bilden, damit der Vortheil des Einzelnen sich in dem gemeinschaftlichen wiederfinde, und die Thätigkeit aller Glieder dem Einzelnen zu Nutzen komme.

Wenn mächtige Fürsten, Beherrscher großer Völker, mit minder mächtigen sich zu gewissen Zwecken verbinden, so kann es nicht fehlen, daß sie außer den gemeinschaftlichen Interessen auch noch besondere haben; dies bringt die Natur ihres Verhältnisses mit sich und es wird um so mehr der Fall sein, je ausgebreiteter der Bund ist, je ungleicher ihre Macht, je verschiedener der Boden, das Clima und die Handelsbeziehungen des Landes, das sie beherrschen, und der Bildungsgrad des Volkes ist, welches es bewohnt.

Dieser Fall tritt nun im vollen Maaße bei dem deutschen Fürstenbunde ein. Der Hauptzweck der Stiftung desselben, so wie er im Artikel 2. der Wiener Akte angegeben wird, ist Sicherung nach außen und wechselseitige Garantie des Besitzes und der Rechte; in diesem Punkte besteht vollkommene Gleichheit der Interessen, aber es giebt noch viele andere, die eben so wichtig sind und vielleicht noch wichtiger, wo dies nicht immer der Fall sein wird. So nöthig der äußere Schutz, und die Sicherung des innern Friedens ist, so bedürfen die Völker doch beider, um ihre ganze Sorge auf die Verbesserung ihrer inneren Zustände verwenden zu können, um die Güter in Ruhe zu genießen, die das Produkt ihrer socialen Zustände und ihrer Thätigkeit sind. Es finden sich aber bei einem Bunde, in welchem sowohl die Völker selbst als die Oertlichkeiten bedeutend von einander abweichen, manche Interessen auf welchen sie einen besonderen Werth legen und daher nicht aufgeben wollen; sollen daher nicht dem einen Zweck alle andern geopfert werden, so muß bei einer Bundesverfassung auf die Ausgleichung derselben Rücksicht genommen werden, geschieht dies nicht, so werden unerträgliche Hemmungen für den einen oder andern Theil daraus entstehen, die nothwendig stufenweise zum Mißbehagen, zur Unzufriedenheit und endlich zur Trennung selbst führen.

Bei einer kritischen Beleuchtung der Verhältnisse unseres Bundes, wie sie hier bezweckt wird, kommt es daher darauf an, speciell zu untersuchen, ob und wie fern bedeutende von einander abweichende Verhältnisse bestehen und in welchen Puncten eine Sonderung nöthig und zugleich möglich scheint, ohne die primären Zwecke des Bundes zu opfern.

Wenn wir den beiden Bundes-Akten nur einige Aufmerksamkeit schenken, wenn wir auf diejenigen Punkte unser Auge richten, die ursprünglich beabsichtiget wurden, aber nie zur Ausführung gekommen sind, und dabei berücksichtigen, was sich seit der Errichtung derselben zugetragen hat, so ist nicht zu verkennen, welche widerstrebende Einwirkung schon in Folge abweichender Interessen stattgefunden habe, und zwar von solchen Seiten her, wo die Macht überwiegend war. Besonders hat sich dies bei denjenigen Fragen gezeigt, die auf die geistigen, innern und materiellen Interessen des größeren Theiles der eigentlich deutschen Staaten Bezug haben, und ist nur in solchen Fällen einigermaßen ausgeglichen worden, wo, wie es bei dem Zollverbande der Fall war, der eigene Vortheil einer der größeren Mächte mit ins Spiel trat.

Die wesentlichsten Hemmungen mancher für Deutschland wichtigen Interessen sind, wie man glaubt, direct und indirect von Oesterreich, Preußen, Hannover und Anderen ausgegangen; bei den Veranlassungen dazu muß man einen Unterschied machen zwischen solchen, welche in den eigenthümlichen Verhältnissen liegen, und solchen, welche nur in einer momentanen Ansicht ihren Grund haben. Erstere verdienen allerdings Berücksichtigung, während bei letzteren dieses um so weniger der Fall sein kann, als diese bald dem eigenen wahren Vortheil weichen werden.

Was Preußen und Hannover betrifft, so findet zwischen ihren wohlverstandenen Interessen und denen des übrigen

Deutschlands keine Verschiedenheit statt. In Hinsicht der ersten Macht haben sich die früheren Ansichten bereits wesentlich geändert und werden hoffentlich bald ganz verschwinden; Preußen begreift zu gut, daß sein Interesse mit dem von Deutschland enge verbunden ist. Anders verhält es sich mit Oesterreich, und da hier die Ursache zum Theil in den Verhältnissen selbst liegt, so verdient dies Berücksichtigung, und wo es nöthig ist, eine Sonderung.

Die österreichische Monarchie, durch Umfang, Reichthum und Bevölkerung die erste Macht im Bunde, hat in vieler, namentlich politischer Beziehung mit den übrigen Gliedern ein durchaus gleiches Interesse, dagegen in anderer ein getrenntes.

Der Umfang des Kaiserreichs, von welchem nur der kleinere Theil dem deutschen Stamme angehört und die deutsche Zunge redet, macht es zu einem vollständigen, selbstständigen Ganzen, zu einer europäischen Großmacht, während die mittleren und kleineren Staaten Deutschlands einer fortschreitenden Entwickelung bedürfen, um durch größern Reichthum, dichtere Bevölkerung und geistige Ausbildung diejenige Bedeutung zu erhalten, die ihnen eine Selbstständigkeit giebt, und die sie um so vollkommener erreichen werden, als Preußen sich ganz in gleicher Lage und Richtung mit ihnen befindet.

Daß Oesterreich in Hinsicht seiner Verfassung, seines Bildungsgrades, eines großen Theils seiner Bevölkerung, seines zum Theil vorgeschrittenen Gewerbslebens und der natürlichen

Abzugswege seiner Erzeugnisse sich in einem ganz anderen Verhältniß befindet, als das übrige Deutschland, ist nicht zu leugnen; endlich verdient die Ungleichheit in den Bestandtheilen des Reiches selbst Berücksichtigung. Oesterreich, Böhmen, Mähren, Ungarn, die italienischen Provinzen, Gallizien und Siebenbürgen unterscheiden sich durch die Fruchtbarkeit des Bodens, Verschiedenheit der Erzeugnisse desselben, durch die Völker, die es bewohnen, durch die Verfassungen, deren sie sich erfreuen und nicht erfreuen, und noch in so vielfacher Beziehung von einander, daß sie nothwendig eines sehr festen Vereinigungspunktes bedürfen, und diesen gewährt ihnen das Kaiserliche Scepter. Das übrige Deutschland ist dagegen in Hinsicht seiner socialen Zustände, der geistigen und gewerblichen Bildung, der Boden-Producte, der natürlichen Handelsverbindung sich sehr gleich, und jedenfalls auf dem Wege durch Verbreitung des Zollverbandes es zu werden, ist aber leider durch seine verschiedene Regierung wieder getrennt.

Wenn nun Oesterreich seine deutschen Provinzen ganz mit dem übrigen Deutschland Hinsichts der Verfassung, der gewerblichen und Handels-Verhältnisse und der geistigen Entwickelung durch eine freiere Presse identificiren sollte, so würde es dadurch sein jetziges Regierungs-, sein Besteuerungs- und sein Handelssystem aufgeben müssen, Opfer, wofür es keinen Ersatz finden kann, um so weniger, da es in dieser Beziehung schon sich selbst genügt, und da es im Innern für seinen Verkehr einen so großen Markt hat, und ihm seine Häfen an einem andern Meere als Deutschland den Welthandel eröffnen und es überhaupt auch der Nord- und Ostsee nicht bedarf, die den übrigen deutschen Staaten so unentbehrlich sind.

So wenig es nun Oesterreich zugemuthet werden kann, ohne wesentliche Vortheile die Verhältnisse seiner Monarchie zu erschüttern, eben so wenig kann es Deutschland verdacht werden, sich im Innern so auszubilden, wie es seine Wohlfahrt fordert, wenn auch die besonderen Interessen Oesterreichs dieses hindern, daran Theil zu nehmen. Hierdurch braucht nun das gute Einverständniß mit Oesterreich keinesweges gestört zu werden, vielmehr kann es richtig aufgefaßt zur Befestigung desselben führen.

Der in der Bundes-Acte ausgesprochene Zweck seiner Errichtung ist, wie vorhin angeführt, die Beschützung nach außen, die wechselseitige Garantie der Fürsten und die Erhaltung der bestehenden Ordnung.

In allen diesen Beziehungen hat Oesterreich und die übrigen Bundesstaaten ein ganz gleiches Interesse, und je stärker der Bund ist, je fester er an einander hängt, um so mehr ist der Zweck des Bundes gesichert. Wenn nun Oesterreich bei der von dem übrigen Deutschland so abweichenden Gliederung seines Reichs glaubt in der Festhaltung seiner Zustände die Erhaltung seiner Macht und das Glück seiner Unterthanen zu fördern, während Deutschland diese in einer nationalen Vereinigung auf dem Wege eines gemessenen Fortschrittes zu gewinnen bestrebt ist, so wird dasselbe Ziel, wenn gleich auf verschiedenen Wegen erreicht, und der gemeinsame Zweck wechselseitiger kräftiger Unterstützung zur Erhaltung der Macht nach außen und Sicherung im Innern für beide gefördert. Wenn aber der eine oder der andere Theil fordern wollte, sein Weg müsse verfolgt werden, so führt dies weder zur Macht noch zum Glück, am wenigsten zur Einigkeit, im besten Falle zu jener Passivität, welche in den Bundes-Angelegenheiten bisher leider bestanden hat oder zu besonderen Bündnissen im Bunde, wie der Zollverband dies beweiset.

Wir glauben nun im Vorhergehenden gezeigt zu haben, wie nöthig es sei, bei der weiteren Entwickelung der inneren Verhältnisse Deutschlands in einzelnen Puncten weder von Oesterreich eine Theilnahme zu verlangen noch eben so wenig Deutschland zuzumuthen, seine Interessen ihm zu opfern, weil es sie nicht theilt, und wir rechnen darauf, daß man in der einfachen Auseinandersetzung der Verhältnisse, wie sie wirklich factisch bestehen, keine Manifestation gegen ein Bundes-Glied erblicken kann, der im Rath der Fürsten den Vorsitz führt. In dem weiteren Verfolg werden wir die Punkte selbst bezeichnen, wo die Interessen abweichend erscheinen, in welchen es aber Oesterreich jederzeit frei stehen muß, sich anzuschließen oder vorläufig zurückzutreten; wir hoffen zu gleicher Zeit jeden unbefangenen Leser zu überzeugen, daß wir nur die Sache des Ganzen im Auge gehabt, und uns durchaus, so viel wir es vermochten, an dem höhern Gesichtspunkt gehalten haben.

Es ist hier nun zunächst der Ort auf die formelle Gestaltung des Bundes einzugehen, und die Zweckmäßigkeit des jetzt bestehenden Stimmverhältnisses der Bundesglieder näher zu untersuchen und zugleich darauf aufmerksam zu machen, in wie weit es möglich und nützlich sein würde, einem überwiegenden Einfluß der Großmächte oder der einen oder der andern derselben vorzubeugen. Der Gegenstand, den wir hier berühren, gehört zu denen, deren Lösung wieder schwierig ist, weil es kein Princip giebt, welches man dabei anwenden kann und weil es gewissermaaßen gegen die Natur streitet, so ungleichartige Größen mit einander zu verbinden, als es hier der Fall ist.

Wir haben vorher gesagt, ein gleiches Interesse solle und könne allein das Bindungsmittel abgeben und dies ist auch unstreitig der einzige richtige Anhaltspunkt, woran wir uns anklammern können; inzwischen darf dabei nicht übersehen werden, wie leicht das eigene Interesse verkannt wird und werden kann, und wie oft sich dabei die Leidenschaften der Menschen ins Spiel mischen, wie bei dem einen bald das Gemüth, bei dem andern der Verstand der Leiter ist, und daß es keine Waageschalen giebt die allgemeinen großen Interessen, noch viel weniger die unzähligen kleinen abzuwägen.

Wenn wir uns nun bei den vielen Bedenken, welche sich bei der Behandlung dieses Gegenstandes aufdringen, an die Geschichte wenden, so belehrt sie uns, wie alle Bundesstaaten immer nur augenblicklich einig und stark gewesen sind und nur so lange, als gebieterische äußere Umstände sie zwangen einig zu bleiben, daß sich dagegen Eifersucht, Mißtrauen und Sonderinteressen nur zu bald zeigten und zur Ohnmacht, Trennung oder Unterjochung führten. Noch eine andere Erfahrung verdanken wir der Geschichte, nämlich daß bei der neuen Bildung der Staaten in Europa die Stärkern die Schwachen verschlungen haben, Frankreich, Spanien, England und Rußland liefern den Beweis, ja es scheint fast, die eigene Vertheidigung gegen die benachbarten Völker habe es gleichsam zum Bedürfniß gemacht. Deutschland gewährt hiervon bis auf einen gewissen Punkt eine Ausnahme, und es scheint ein Zeichen der großen innern Kraft dieses Reichs zu sein, daß es sich gegen die Concentration der Nachbar-Staaten in seiner Zerstückelung dennoch zu halten vermochte. Allein auch die vorhin erwähnte geschichtliche Anführung, daß alle Völker-Bündnisse schwach geblieben und bald von dem politischen Horizont verschwunden sind, paßt nicht auf den deutschen Bund, wegen der Eigenthümlichkeit in der er sich befindet.

Noch nie haben sich zwei so mächtige Fürsten, mit andern, in der Macht von ihnen so verschiedenen verbunden, als es hier der Fall ist. Dadurch verändert sich wesentlich das Verhältniß des Bundes bei einer Vergleichung mit allen übrigen, die bisher in der Weltgeschichte vorgekommen sind; denn einmal bestehen in ihm zwei Mächte, die sich nöthigen Falles jede selbst zu schützen vermag, mithin um so vollkommener in einem Bunde mit andern, unter welchen namentlich Baiern allein als Macht zweiten Ranges betrachtet werden muß; zum andern liegt eine Bürgschaft der Integrität des Bundes darin, daß die beiden großen Mächte sich in Hinsicht der Kraft die sie besitzen das Gleichgewicht halten, und daß mithin, wenn einer von beiden die Unterdrückung der mindermächtigen Glieder des Bundes versuchen wollte, der andere es nicht zugeben könnte, und im Verein mit den bedrohten Mitgliedern des Bundes mächtig genug wäre, es zu hindern. Hierzu kommt das Interesse, welches das übrige Europa daran hat, den Status quo in Deutschland aufrecht zu erhalten, so daß namentlich Frankreich und Rußland sich gleich auf die Seite des Bedrohten stellen würden.

Aus dieser günstigen Stellung der Verhältnisse geht nun hervor, daß der deutsche Bund unzweifelhaft sich wird halten können, wenn er die rechten Mittel wählt, geschlossen zu bleiben. Allein es geht daraus ferner hervor, daß selbst die kleinsten Glieder keinen Grund haben, die mächtigen zu fürchten, da sie immer des Schutzes des einen oder des andern der Großmächte gewärtig sein können, wenn sie anders sich nicht selbst in eine schiefe Lage versetzen, wie dies in der deutschen Geschichte schon vorgekommen ist.

Die Wahrheit, die in dieser Schilderung der Verhältnisse liegt, wird Jedem einleuchten müssen, und die Würdigung derselben wird die Fürsten überzeugen, daß sie allein in den vorbezeichneten Verhältnissen die Garantie ihrer Stellung besitzen und daß wenn sie die Hegemonie der Großmächte fürchten, sie nur ein Gespenst sehen, welches sie sich selbst erschaffen.

Das in kurzer Zeit so emporgestiegene Preußen ist es besonders, welches den Politikern Besorgnisse einflößt, die sich aus dem engen Kreise, in welchem sie sich befinden, nicht zu erheben vermögen. Inzwischen wird dabei die einzige richtige Politik des Berliner Kabinets ganz verkannt. Hätte Preußen ehrgeizige Absichten gehabt, hätte es seine Größe in Eroberung gesucht, so würde es bei dem Congresse in Wien seine isolirte Stellung nicht aufgegeben haben, um sich dem deutschen Bunde anzuschließen.

Mit diesem Schritte hat es auf alle Eroberung verzichtet. In seiner isolirten Stellung stand es ihm frei, je nachdem es seinen etwaigen Eroberungs-Plänen paßte, sich mit Rußland oder mit Frankreich zu verbinden, dies ist jetzt abgeschnitten. Auch die ganze innere militairische Organisation ist in Uebereinstimmung mit der Politik des Hofes nur auf Vertheidigung nicht auf den Angriff eingerichtet; in seiner jetzigen Stellung bleiben ihm nur noch Eroberungen in seinem Innern zu machen durch die Vermehrung der Bevölkerung und des innern Wohlstandes derselben.

Wenn wir uns nun zu dem Stimmverhältniß im Bunde wenden, und im Gedächtniß behalten, was vorhin über die Stellung der Glieder gegen einander gesagt ist, so wird es sich ergeben, daß bei allen politischen Fragen, wenn Oesterreich und Preußen auch unter den 69 Stimmen nur 8 zählen, diese doch die Majorität bilden. Dies kann aber auch nicht anders sein, da die Wohlfahrt ihrer Völker, welche dabei aufs Spiel kommt, nicht von den politischen Ansichten der einzelnen Bundesstaaten abhängig gemacht werden kann, um so weniger, da die große Mehrzahl der Fürsten des Bundes zu wenig in die höhere Politik eingeweiht sind, um in den kritischen Momenten ein begründetes Urtheil darüber zu haben. Mit Bezug auf die politische Abstimmung scheint es daher ziemlich gleichgültig, wie die Stimmen im Bunde vertheilt sind, und so unangenehm es auch in mancher Beziehung für die mindermächtigen Fürsten ist, sich gewissermaaßen der Discretion der beiden großen Mächte überlassen zu müssen, so ist dies für jetzt um so mehr unvermeidlich, als der deutsche Bund als solcher zu wenig Bedeutung in der europäischen Politik hat, und nicht als eine eigene Macht, sondern nur als eine Verstärkung der Stimme der großen Glieder desselben betrachtet wird. Dieser Zustand der Verhältnisse würde sich jedoch in demselben Augenblicke anders gestalten, wo sich der Bund zur Bildung einer stärkerer Bewaffnung entschließen sollte. Angenommen die übrigen deutschen Fürsten wollten sich nach dem Vorbilde von Preußen eine militairische Organisation geben um das Bundesheer zu verdreifachen, es also von 361,675 Mann auf 1,085,025 schlagfertige Combattanten zu vermehren, so wäre der deutsche Bund als solcher die erste Macht in Europa und brauchte sich durch Niemand vertreten zu lassen. Dann freilich würde auch eine solche Vertheilung der Stimmen gefordert werden können, daß Oesterreich und Preußen nicht die alleinige Entscheidung, sondern nur einen verhältnißmäßigen Antheil an ihr behielten.

So wenig es nun bei der bisherigen Organisation des Bundes, wenn von großen politischen Verhandlungen die Rede ist, auf die Stimmenvertheilung, wie wir eben gezeigt haben, anzukommen scheint, so wichtig ist diese bei den Berathungen und Beschlüssen des Bundes in Hinsicht der inneren Gegenstände und wird es noch mehr werden, wenn es in der Folge dahin gekommen sein wird, daß alle gemeinschaftliche Interessen des deutschen Volkes zu seiner Competenz gehören. Dieser letztere Fall ist aber eine nothwendige Bedingung, wenn der Bund irgend eine seinem Zweck entsprechende Stellung erhalten soll; unerläßlich müssen dann alle Gegenstände, welche die Wohlfahrt des gesammten Bundes betreffen, zu seinem Ressort gehören, und selbst der Zollverband in seinen Schooß zurückkehren, vorausgesetzt daß dieser groß genug geworden sei ihn aufzunehmen. So wenig nun ein Staat kräftig fortbestehen kann, in welchem sich einzelne Staaten mit Sonder-Interessen gebildet haben, eben so wenig ein Bund. Je nothwendiger es auf der einen Seite erscheint, alle große Angelegenheiten der Bundesvölker vor diesen zu ziehen, um so nöthiger wird es, in ihm die Stimmen nach Verhältniß der Wichtigkeit der Interessen zu vertheilen. Im deutschen Bunde ist dies jetzt nicht der Fall. Wir wollen es durch Zahlen beweisen. Preußen ist dem Bunde mit 11,363,594 Seelen beigetreten; es hat 4 Stimmen, mithin fallen 2,860,898 auf eine Stimme; Lichtenstein hat 5850 Seelen, mithin stimmen diese gleich 2,860,898 Preußen. Wir haben in der Nachweisung S. 224—226 die Bevölkerungstabellen der verschiedenen Staaten des Bundes geliefert und da ergiebt sich, daß 31 Stimmen zusammen 2,694,747 Seelen zählen und es geht mithin daraus hervor, welches Mißverhältniß zwischen den Stimmen und den Seelen besteht, die sie repräsentiren. Die nothwendige Folge einer solchen Stimmenvertheilung ist, daß sie in mancher Beziehung nicht als maaßgebend betrachtet werden kann; dies soll sich auch in der Wirklichkeit so verhalten. Wir wollen annehmen, daß eine Verschiedenheit der Interessen oder der Ansichten die mittlern kleinern Fürsten und Reichsstädte bestimmte, bei wichtigen Gegenständen den größeren entgegen zu treten, welches, da ihnen das Recht zusteht, auch als möglich gedacht werden kann. Wir wollen annehmen bei einer solchen Abstimmung befände sich auf der einen Seite Oesterreich, Preußen, Baiern, Württemberg, Sachsen und Hannover mit ihren 24 Stimmen, auf der andern die übrigen Fürsten und Reichsstädte mit 45 Stimmen, was würde nun geschehen, wenn der Gegenstand den 6 Mächten zu wichtig schien, um es ihnen zu erlauben nachzugeben? Executions-Mittel wären nicht vorhanden, es würde mithin bleiben, wie es gewesen ist, oder der Bund lös't sich auf. *)

---

*) Man wird fragen, was denn überhaupt geschehen kann, wenn eine der Hauptmächte sich weigern sollte, den Bundesbeschlüssen sich zu unterwerfen, und wem die Execution aufgetragen werden sollte. Einmal kann

Die natürliche Folge von Verhältnissen, wie wir sie eben bezeichnet haben, ist, daß die kleinen Staaten nachgeben, oder mit andern Worten, daß sie den Hauptstimmen in allen Puncten beipflichten. Dieses ist wiederum nur nachtheilig und es wäre daher sehr wünschenswerth, wenn die Stimmen der mittleren und mindermächtigen Staaten nicht zur Nullität herabsänken, wodurch nur bewirkt wird, daß der Glaube an Hegemonie nach und nach immer mehr Consistenz in der Meinung des deutschen Volks erhält, was wieder keineswegs zur Einigung sondern zur Trennung führt. So leicht es ist die Unvollständigkeit des bestehenden Stimmenverhältnisses nachzuweisen, so schwierig wird es, in dem vorliegenden, durch die Natur des Verhältnisses verwickelten Falle, eine Aushülfe zu empfehlen. Vielleicht könnte etwas durch eine Sonderung der Gegenstände, über welche Beschlüsse gefaßt werden sollen, geschehen, allein doch niemals etwas Ausreichendes. So könnte man wohl bei Gegenständen, die ein materielles lokales Interesse haben, die Stimmen nach geographischen Kreisen vertheilen, in welchen die kleineren Fürsten, deren Besitzungen in diesen liegen, nach einem durch die Umstände bedingten Maaß-

---

man von dem Edelmuth deutscher Fürsten erwarten, daß sie sich selbst dem Gesetz unterwerfen; wenn der Bund nicht auf solche Gesinnungen rechnen könnte, so wäre es betrübt; und dann wird auch der mächtigste der Fürsten es nicht gerathen finden, sich allein von einem Bunde zu trennen, welcher ihm in so vieler anderer Beziehung Vortheile gewähren kann. Letzteres setzt aber voraus, daß der Bund überhaupt schon eine Stellung gewonnen habe, die ihm jetzt noch zu fehlen scheint.

stabe mit den größeren zu einer Collectiv-Stimme verbunden würden. Die mindermächtigen erhielten dadurch mehr Gewicht, die Zahl der Stimmenden verringerte sich, überhaupt würden die örtlichen Interessen *) besser vertreten als es jetzt möglich ist. Bei vielen andern Berathungsgegenständen ist es dagegen wieder wichtig, die Stimmen der minder mächtigen Fürsten nicht zur Unbedeutendheit herabsinken zu lassen. Da ihr Regierungskreis beengter ist, so sind sie viel vertrauter mit den Bedürfnissen ihrer Unterthanen und viel näher dabei betheiligt, daß diese nicht verletzt werden. Dahin zählen wir Alles, was sich auf die gewerblichen Verhältnisse derselben, den Rechtszustand, den Schutz ihrer Freiheiten, der geistigen Thätigkeit u. s. w. bezieht.

Es geht mit dem jetzigen Stimmverhältniß im Bunde, wie es oft im Leben geht; wo zu viele Stimmen sich hören lassen, verlieren sie an ihrem Gewicht. In der Billigkeit liegt unstreitig eine etwas gleichmäßigere Vertheilung und die Bedeutung der Stimme die Jeder hat, wird dadurch verstärkt werden; wünschenswerth bleibt es daher, daß bei den Berathungen des Bundes eine zweckmäßigere Vertheilung erfolge. Inzwischen diese möge ausfallen wie sie wolle, so lange vom Bunde keine organische Gesetzgebung ausgegangen sein wird, die nicht allein die Verfassung des Bundes, sondern auch die

*) Unter örtlichen Interessen werden hier die des Handels, des Ackerbaues, der speciellen Gewerbthätigkeit des Handels, so wie der besondern Zustände, Beschäftigungsweisen und Neigungen der Bevölkerung verstanden.

Zustände des deutschen Volkes vollständiger ordnet, werden die Stimmen der mindermächtigen deutschen Fürsten ohne Einfluß bleiben, erst dann werden sie eine Bedeutung gewinnen, und zur Erhaltung des Bestehenden verwendet werden können, zu dessen Vertretung sie vermöge ihrer Stellung so recht eigentlich berufen sind.

Wie wenig befriedigend auch, wir geben es selbst zu, die Vorschläge sein mögen, die in dieser Beziehung dem Leser hier mitgetheilt worden sind, so bleibt es doch gewiß, daß das jetzige Stimmverhältniß nur ein nominelles sei, eine 0 vor dem Zähler.

Wenn wir nun das Resultat der bisher angestellten Betrachtungen zusammenfassen, um übersehen zu können, was noch geschehen müsse, den Anforderungen zu entsprechen, welche das deutsche Volk mit Recht an den Bund macht, so finden wir:

1) daß der Kreis seines Wirkens umfassender sein müsse, als jetzt und mithin die allgemeinen, die Wohlfahrt der Bundesvölker berührende Gegenstände unbedingt und ausschließlich vor sein Forum gehören.

2) Daß, da der Bund durch die Bundes-Acte der Souverain über alle einzelne Glieder geworden ist, auch alle sich seinem Beschlusse zu unterwerfen haben, und wenn sie es nicht thun mit Nachdruck dazu angehalten werden müssen.

3) Daß, wenn die eigenthümlichen Verhältnisse des Bundes, so wie sie vorhin geschildert sind, in mehrerer Beziehung

gesonderte Interessen herbeiführen, diese berücksichtigt werden müssen und in Hinsicht derselben Ausnahmen stattfinden können.

4) Daß der Bund sich als solcher eine so starke militairische Organisation gebe, daß er als das mächtigste Glied des europäischen Continents dastehe und als Bürge des allgemeinen Friedens.

5) Daß weil die bisherige Stimmen-Vertheilung im Bunde keine dem Verhältniß und dem Zweck entsprechende ist, diese mit Rücksicht auf die Verschiedenheit der Gegenstände eine Reform bedürfe.

In diesen fünf Hauptpunkten ist nun zusammengefaßt, was nothwendig geschehen muß, um dem Bunde selbst einen innern festen Halt zu geben, ohne welchen er keine Bürgschaft seiner eigenen Dauer zu gewähren im Stande sein wird. Inzwischen behält er auch in seiner jetzigen Gestaltung noch einen großen Werth und ist als ein Congreß von Gesandten vieler mächtigen Fürsten zu betrachten, der sich zur Erreichung hoher Zwecke versammelt hat, auch vorläufig schon vor 26—28 Jahren über einige Präliminar-Punkte einig geworden ist, allein seine Thätigkeit bis dahin suspendirt hat, daß irgend ein Zeichen vom Himmel erfolge um von Neuem vor zuschreiten.

Nachdem wir uns bisher über die Mittel verbreitet haben, dem Bunde mehr Kraft und innere Haltbarkeit zu geben, als deren er sich bis jetzt erfreut hat, wenden wir uns jetzt zu den Gegenständen seiner Wirksamkeit und zu den Wegen, welche ihm zur Verfolgung seiner höhern Zwecke offen stehen.

In der Einleitung zu diesem Abschnitte ist bereits gezeigt, was geschehen müsse um die wichtigsten Interessen des deutschen Bundes zu befördern, und wo möglich eine Nationaleinheit hervorzurufen. Wer sich einbilden wollte, diese könne durch Lieder, durch Trinksprüche, oder durch Zeitungsartikel bewirkt werden, der befindet sich in einem Irrthume; dazu bedarf es stärkerer Bindemittel als die eines augenblicklichen Rausches, dem nur zu oft ein Katzenjammer folgt. Doch die Sache ist zu ernsthaft um sie nicht näher zu beleuchten.

Die wesentlichsten Punkte, von deren richtigen Auffassung und Behandlung die Zukunft Deutschlands abhängen wird, wollen wir der besseren Uebersicht wegen in der nachstehenden Reihefolge beleuchten.

1) Die Bestimmungen, welche vom Bunde in Hinsicht der landständischen Verfassung ausgegangen sind, in wie fern diesen Folge gegeben ist, und was geschehen müsse um in dieser Beziehung die Einheit des Princips zu erhalten.

2) Die kirchlichen Angelegenheiten.

3) Die Rechtsverhältnisse.

4) Die Gleichförmigkeit der Gesetzgebung in Bezug auf die Presse.

5) Die Beförderung der materiellen Interessen.

6) Die militairische Organisation, welche alle diese Gü-

ter gegen äußere Feinde in Schutz zu nehmen im Stande sein wird.

ad. 1. Die Verfassungsfrage ist unstreitig die wichtigste nicht nur an und für sich, sondern auch in Beziehung auf die Stabilität der innern Zustände und auf eine innigere Verbindung der Deutschen zu einem gemeinsamen Ganzen.

Wenn zu der religiösen Trennung, die in Deutschland besteht, sich noch eine politische gesellen sollte, es mithin den rein materiellen Interessen allein überlassen bliebe, die Deutschen in ein Volk zu verbinden, so würde dies wenigstens voraussetzen, daß die beiden erstern dem deutschen Volke höchst gleichgültig geworden wären, dagegen das Geld und die davon bedingten Lebensgenüsse nur noch allein Werth für dasselbe erhalten hätten; so weit ist es aber nicht gekommen, und wir hoffen, daß es auch nie so weit kommen werde.

Durch die Bundes-Acte wird in den Artikeln 54, 57 und 58 der deutschen Verfassung eine feste Basis gegeben, und wir sind weit entfernt sie anzugreifen, nicht nur weil sie besteht, sondern weil wir sie den deutschen Verhältnissen angemessen halten. — Die Hauptbestimmungen derselben finden wir im Artikel 54, die Einführung landständischer Verfassung betreffend, Artikel 57, daß in den monarchischen Bundes-Staaten die gesammte Staatsgewalt in dem Oberhaupt des Staats vereinigt bleiben und der Souverain nur in Ausübung bestimmter Rechte an die Mitwirkung der Stände gebunden werde, Artikel 58, daß durch landständische Verfassungen die Bundesfürsten nicht in der Erfüllung ihrer Bundespflichten weder gehindert noch beschränkt werden dürften. Wenn wir dies als das Princip betrachten, welches durch die Bundes-Akte ausgesprochen ist, so finden wir das monarchische durch das aristokratische, landständische, beschränkt. Hierdurch wird die Repräsentativ-Verfassung mit Theilung der Staatsgewalt ausgeschlossen. Die Anwendung dieses Princips erstreckt sich fast über ganz Deutschland, wenn nämlich bei Beurtheilung der Frage, wo monarchische Verfassung bestehe, auf den Status quo des Jahres 1820 zurückgegangen wird; nur die vier Reichsstädte, Mecklenburg-Schwerin und Mecklenburg-Strelitz machen eine Ausnahme, die beiden letztern, weil sie die ihnen von Napoleon bei Errichtung des Rheinbundes zuerkannte Souverainität nicht angenommen haben. *)

---

*) Die beiden Herzöge von Mecklenburg-Schwerin und Strelitz zeigten sich bei der eben erwähnten Gelegenheit als edle deutsche Fürsten, denen das Recht am höchsten steht. Als gezwungene Mitglieder des Rheinbundes war auch ihnen die Souverainität zuerkannt. Mecklenburg-Schwerin forderte darauf Mecklenburg-Strelitz auf gemeinschaftlich einen Landtag auszuschreiben, — dies kann verfassungsmäßig nur gemeinschaftlich geschehen, — um darüber mit der Ritterschaft und den Städten zu berathen. Mecklenburg-Strelitz erklärte, daß es entschieden jede Beengung der ständischen Rechte zurückweise und selbst die Ausschreibung eines Landtages verweigere.

Mecklenburg-Schwerin schrieb nun einen Convocations-Tag der eigenen Stände aus, in welchem es erklärte, keinen Gebrauch von der verliehenen Souverainität machen zu wollen, wogegen die Ritterschaft und Stände sich bereit fanden, ⅔ der Landesschulden, die bis dahin auf den Herzoglichen Domainen versichert standen, übernehmen zu wollen.

Wenn wir nun zu der Untersuchung schreiten, in wiefern die jetzt in Deutschland bestehende Verfassung dem Princip entspreche, so finden wir keine zufriedenstellenden Resultate.

In Preußen ist die landständische Verfassung noch in der Entwickelung; es fehlt ihr noch Manches bis zur völligen Ausbildung, wie dies in dem ersten Abschnitt gezeigt worden ist. In Oldenburg und Schwarzburg-Sondershausen besteht noch der Absolutismus, auch in Holstein scheint die landständische Verfassung noch nicht vollkommen entwickelt. Dem hochherzigen Monarchen, der über diese Provinz herrscht, treten aber auch große Schwierigkeiten entgegen durch die eigenthümlichen Verhältnisse der Provinzen seiner Monarchie. In den österreichischen, zum Bunde gehörigen Provinzen, scheint die Verfassungsfrage seit dem Schluß der Bundes-Acte noch nicht weiter angeregt zu sein. *)

Dagegen sind die übrigen Fürsten Deutschlands den Wünschen ihrer Völker mit edelmüthigem Vertrauen in Ertheilung von Verfassungen entgegen gekommen, von denen einige die Bestimmungen der Bundes-Acte selbst zu überschreiten scheinen.

*) In Böhmen bestehen Landstände, sie versammeln sich alle Jahr aber nur auf Einen Tag; jeder Rittergutsbesitzer kann erscheinen, allein er muß in einer Equipage mit 4 Pferden bespannt vorfahren, wer die nicht hält, bleibt zu Hause; ein eigenthümlicher Wahlcensus! Die Böhmen müssen die Gabe haben, sich im Vergleich zu den übrigen Ständen kurz zu fassen, da sie so wenig Zeit gebrauchen. Dagegen erfreuen sich andere Theile der deutschen Provinzen der österreichischen Monarchie größerer Vorrechte, als die preußischen Landstände besitzen, namentlich ist dies in dem Erzherzogthum Oesterreich der Fall, wo ihnen auch die Bewilligung der direkten Steuern zusteht.

Bei einem Theil derselben ist das zwei Kammern-System eingeführt, welches eine Theilung der Staatsgewalt voraussetzt, auch noch in manchen andern Punkten eine Annäherung an das Repräsentativ-System sichtbar.

Hiernach ist die jetzige Lage der Verfassungs-Verhältnisse in Deutschland in großen Umrissen gezeichnet, folgende:

Der Bund hat durch Beschlüsse festgesetzt, daß landesständische Verfassungen eingeführt werden sollen und das Princip vorgeschrieben. In einem Theil von Deutschland ist dies noch nicht geschehen, in dem andern ist man, wie es scheint, über die Grenzen des Princips hinausgegangen, mithin steht jedenfalls fest, daß man sich in diesem Augenblick noch weit entfernt von einer Uebereinstimmung befindet.

Wie wichtig diese wenigstens bis auf gewisse Punkte sei, kann sich Niemand verschweigen; denn so lange sie nicht herbeigeführt ist, stehen entweder die innere Stabilität oder die Rechte und Freiheiten des deutschen Volkes auf dem Spiel, ja was noch mehr ist, bis dahin wird zwischen den Fürsten und deutschen Völkerschaften selbst nur Mißtrauen fortdauern, mithin sich keine allgemeine politische Gesinnungen feststellen können. Es wäre zu wünschen, die Wahrheit die hierin liegt, würde weder von den Fürsten noch von den Völkern verkannt, denn die Mitwirkung beider ist nothwendig, um ein erfreuliches Ziel herbeizuführen.

Von Wichtigkeit wird es nun sein, zu untersuchen, in wie fern die in den Verfassungen bestehende Verschiedenheit wirklich vorhanden oder nur scheinbar ist, ferner ob es möglich sein wird, die vom Bund aufgestellten Grundzüge festzustellen, ohne die einmal vorhandenen Rechte mancher deutschen Völkerschaften zu verletzen. Die beiden großen Glieder des Bundes, die durch ihre Macht und ihren Länderbesitz in Deutschland einen so entscheidenden Einfluß factisch haben, wollen wir zuerst ins Auge fassen. Oesterreich befindet sich in dieser Beziehung in einem eigenthümlichen Verhältniß, dieses entspringt aus den so ganz von einander abweichenden Verfassungen der verschiedenen Bestandtheile des Kaiserreichs. In Ungarn und Siebenbürgen befinden sich die Stände im Besitz großer Vorrechte, welche die Macht der Regierung sehr wesentlich beschränken; anders verhält es sich mit den übrigen Provinzen, sowohl den italienischen als ehemaligen polnischen, die jeder Verfassung entbehren, anders wieder mit den zum deutschen Bund gehörigen. In letztern bestehen ständische Verfassungen von den ältesten Zeiten her, die wohl gegen früher eingeengt sein mögen, an welchen aber nichts wesentliches verändert worden ist. In diesen nun Neuerungen vorzunehmen scheint Oesterreich nicht geneigt, wozu auch ein wichtiger Grund in dem Verhältniß der galizischen und italienischen Provinzen zu liegen scheint, daher läßt es sich sehr wohl begreifen, daß Oesterreich sich noch ferner wie bisher von jeder Aenderung in der Verfassung seiner deutschen Provinzen fern halten wird. Deswegen folgt aber keineswegs, daß es unbetheiligt bei der Ordnung der Verfassungsfrage in Deutschland sei.

Oesterreich hat ein sehr bedeutendes Interesse an der innern Ruhe desselben und an der Stabilität der dortigen Verhältnisse; besonders würde es sich bedroht halten, wenn eine nach dem Muster Frankreichs gebildete Repräsentativ-Verfassung in Deutschland feste Wurzel fasse, und zu innerem Zwiespalt führen sollte, und es wird daher Alles aufbieten, es zu hindern. Bisher hatte es ein doppeltes Interesse, den Aufschwung der sich hin und wieder in Deutschland zeigte, entgegen zu treten, ein specielles wegen seiner deutschen Provinzen und ein allgemein politisches; dies hat denn auch unstreitig viel zu der Passivität beigetragen, in welcher es sich bisher gehalten hat. Wenn sich Oesterreich aber überzeugen wird, daß die Verfassung in den deutschen Staaten, namentlich in Preußen, nicht das monarchische Princip berührt, auch nicht in seinem Innern gedrängt zu werden befürchten darf, so läßt sich von seiner richtigen Politik erwarten, daß es zu einer Ordnung der Verhältnisse eher mitwirken als sie hindern werde, die so wesentlich dazu beitragen kann, eine gewisse Festigkeit und Ruhe in Deutschland zu begründen. Wesentlich verschieden von den Verhältnissen Oesterreichs stellt sich das von Preußen.

Die Hinderungsgründe, die bei Oesterreich stattfinden, bestehen bei ihm nicht, im Gegentheil, es hat die vielfachsten Aufforderungen seinem Volke eine mehr befriedigende landständische Verfassung zu geben, als die ist, deren es sich jetzt erfreut, ja von allen europäischen Staaten, Rußland und die italienischen Länder ausgenommen, besitzen die preußischen

Stände die mindesten Rechte selbst in Oesterreich sind diese, einige Provinzen ausgenommen, mehr berechtiget.

Der hochseelige König von Preußen, welcher in der Geschichte seines Hauses stets einen Glanzpunkt bilden wird, war, wie er es durch die That bewiesen hat, einer der freisinnigsten Fürsten seiner Zeit; er war es, welcher, nachdem er in seinem Lande so freisinnige Institutionen eingeführt hatte, auch auf dem Wiener Congreß landesständische Verfassungen für ganz Deutschland forderte, und es ist daher wichtig die Gründe der Reaction zu kennen, die plötzlich eintrat.

Wir wollen hier nicht wiederholen, was wir über manche Ursachen derselben an andern Orten gesagt haben, allein wir finden jenen noch eine hinzuzufügen, welche fernerweitigen Aufschluß giebt. Nachdem in Wien von mehreren süddeutschen Fürsten die preußischen Vorschläge über landständische Verfassung als zu liberal verworfen waren, ertheilten sie, wie schon vorhin mitgetheilt ist, ihren Völkern Verfassungen, welche offenbar sich zu dem Repräsentativ-System hinneigten. Dieser Umstand und die Aufregung, die sich in Folge dessen in Deutschland zeigte, waren unstreitig Ursachen des Stillstandes und der Reactionsbewegungen. Dieser trat noch eine zweite hinzu. Der Staatskanzler, der von der Ueberzeugung ausging, Preußen müsse in Deutschland an der Spitze einer gemäßigten Bewegung stehen und der damals die Einführung von Reichsständen dem Monarchen empfohlen hatte, war ein zu erfahrener Staatsmann, um nicht einzusehen, daß Reichsstände gegenüber einer starken Verwaltung bestehen müssen, und hatte sie daher auch fest zu begründen gesucht.

Nachdem nun in Preußen der Gedanke an Reichsstände aufgegeben und eine schwache provinzial-ständische Verfassung an deren Stelle getreten war, bekam die so stark hingestellte Verwaltung ein solches Uebergewicht, daß die ständische Einwirkung ganz aufhörte.

Durch die Thronbesteigung des jetzigen Monarchen hat sich nun zwar zum Theil der Stand der Verhältnisse geändert, schon sind mehrfach sehr wesentliche Schritte zur weitern Entwickelung der landständischen Verhältnisse gemacht, und es ist nicht zu bezweifeln, daß die ständische Verfassung eine, dem Bedürfnisse des Volks und der Stellung Preußens würdige Entwickelung erhalten wird, wenn auch Einwirkungen nicht fehlen sollten, über welche auch die geistreichsten Fürsten sich nicht immer gleich zu stellen vermögen.

Hierdurch würde nun ein großer Fortschritt zur Annäherung mit den übrigen Bundesstaaten geschehen.

Wenn wir auf die Verfassung der übrigen deutschen Staaten übergehen, so ergiebt sich, daß man dort das landständische System zum Theil verlassen und sich dem Repräsentativ-System genähert habe, dies beweiset schon die Einführung eines Zwei-Kammer-Systems, welches als eine Nachahmung der englischen Verfassung*) betrachtet werden kann, und nicht aus dem Verhältnisse hervorgegangen ist.

*) Die französische erste Kammer ist eigentlich ein permanenter Staats-

Das Zwei-Kammer-System hat nur da eine Bedeutung, wo eine Theilung der Gewalt besteht, die Bestimmung der ersten Kammer ist, das Uebergewicht der Deputirten-Kammer zu paralysiren.

Eine Theilung der Staatsgewalt zwischen den Fürsten und Ständen ist aber von dem Bunde nach §. 58. der Schlußacte ausdrücklich verworfen; ferner ist auch das Zwei-Kammer-System selbst der ständischen Verfassung, wie dieses bis jetzt in Deutschland bestand, entgegen. In den ständischen Kammern sollen die Stände gemeinschaftlich die Angelegenheiten des Landes berathen, durch die Vereinigung aller in einer einzigen Kammer wird diese vielseitiger, weil in ihr alle verschiedenen Interessen mündlich verfochten werden können. Allein eine Versammlung, an welcher alle Glieder Theil nehmen, erhält auch dadurch mehr Gewicht und jedenfalls mehr Haltung, als wenn eine Trennung stattfindet.

So hochherzig es auch ist, daß viele deutsche Fürsten dem augenblicklichen Wunsche ihrer Unterthanen nachgegeben, und ihnen eine dem Geschmacke der Zeit so entsprechende Verfassung ertheilt haben, so wenig scheinen weder die Zukunft noch die Verhältnisse zum Bunde dabei gehörig berücksichtigt worden zu sein.

In den meisten Ländern hat der gesunde Sinn der Deut-

---

rath. Die Mitglieder, größtentheils frühere Beamte, werden vom Könige auf Lebenszeit ernannt, und es findet keine Aehnlichkeit zwischen dieser und den deutschen ersten Kammern, die auf erblichen Grundsitz basirt sind, statt.

schen die Nachtheile, die daraus entspringen können, abgewehrt, auf einzelnen Punkten aber hat dies zu Aufregungen geführt, die wieder nachtheilig auf andere Verhältnisse einwirkten. Dort hat die Regierung später einzusehen geglaubt, daß sie weiter gegangen sei, als wie sie gedacht hatte, und hat daher zu dem unglücklichen Mittel ihre Zuflucht nehmen müssen, dem des verdeckten Widerstandes und der Einwirkung auf die Wahlen. Durch die Bestimmung des Bundes, die Stände könnten ihren Regierungen die Mittel zur Erfüllung der Bundespflichten nicht versagen, mithin auch keine Steuer-Verweigerung eintreten lassen, wozu ihm in Folge seiner Souverainität das Recht zusteht, ist der constitutionellen Entwickelung ein Todesstreich versetzt.

Eine Repräsentativ-Verfassung ohne Antheil an der Gewalt mit wesentlichen Beschränkungen an dem Steuer-Verweigerungs-Recht, zerfällt um so mehr in nichts, wenn sie noch über sich einen Souverain anerkennen muß, von dessen Willen sie abhängig bleibt.

Allein eine solche Verfassung führt noch den Nachtheil mit sich, daß sie anregt, und nicht befriedigt, daher Unzufriedenheit erzeugt. Wir sind es nicht allein, die so urtheilen. Der Professor Dr. Biedermann hat dies treffend in einem Aufsatz geschildert, welchen das Augustheft der deutschen Monatsschrift für Literatur und öffentliches Leben unter der Uebersicht „Preußens politische Entwickelung seit dem Thronwechsel" mittheilt, wo er S. 242 u. f. die Hemmungen in den constitutionellen deutschen Ländern bespricht und S. 244 wörtlich sagt:

„Die peinliche Lage, in welche dadurch die Verfassungs-Partie in Deutschland versetzt wird, indem sie sich zwar durch den Buchstaben der Verfassungen berechtigt sieht, dennoch aber nirgends zum vollen Besitz und Genuß dieser Verfassungsrechte gelangen, nirgends die Verfassung zu einer Wahrheit erheben kann, dieses peinliche, in sich unwahre und gespannte Verhältniß ist hauptsächlich daran schuld, daß einerseits die Bestrebungen derselben nicht selten den Character einer gereizten heftigen und gehässigen Opposition annehmen, andrerseits aber sich eben so oft Muthlosigkeit bei den Volksvertretern, Gleichgültigkeit für die Verfassung beim Volke kund giebt.

Die constitutionellen Regierungen selbst befinden sich in einer nicht minder drückenden Lage. Auf der einen Seite haben sie gegen ihre Völker Verpflichtungen eingegangen, welche sie zu einem beharrlichen Fortschreiten auf der Bahn politischer Entwickelung hindrängen; auf der andern Seite können sie sich den Rücksichten nicht entziehen, welche die Politik der großen, absoluten Staaten ihnen auferlegt. So kommen sie in eine falsche Stellung, ihren Völkern gegenüber; sie verlieren entweder deren Vertrauen, weil man glaubt, sie wollen den äußern Einflüssen nicht einen kräftigen Widerstand entgegensetzen, oder deren Achtung, wenn man sieht, daß sie es nicht können.“

Daß dies die wahre Lage der Verhältnisse sei, wird Niemand bestreiten können, und wenn wir es uns denken wollen, daß die Verhältnisse, wie sie in Baden bestehen, auch in andern Staaten Nachahmung finden sollten, und ein ähnlicher nutzloser Parteien-Kampf sich weiter und selbst in Preußen entspinnen könnte, welches Schauspiel würde dann Deutschland dem Auslande zeigen?

Wir überlassen es Jedem, sich das Bild solcher Zustände und die Folgen die daraus entspringen würden, weiter auszumalen, so viel steht aber fest, daß Verhältnisse, wie diese, nicht dahin führen können, Deutschland stark und glücklich zu machen, am wenigsten einig zu erhalten.*)

Ohne Besorgniß berufen wir uns auf das Urtheil der Leser, ob die hier gegebene Schilderung der Verhältnisse nicht Wahrheit enthalte, und daher alle Aufmerksamkeit verdiene. Wir sind weit davon entfernt, verlangen zu wollen, daß die constitutionellen Länder Deutschlands nun ihre Verfassung aufgeben, und die von Preußen oder irgend einem anderen Staate annehmen sollen; eine solche Thorheit werden wir uns nicht zu Schulden kommen lassen, aber wir wünschen Gegenseitigkeit,

*) Man hat uns heftig angegriffen, daß wir uns schon im ersten Theil gegen solche Verhältnisse ausgesprochen, und uns der Feindseligkeit und einer beschränkten Ansicht beschuldigt; dies hindert uns aber nicht, die Verhältnisse, wie sie sind, aufzudecken, wir wünschen nichts mehr, als Deutschland frei und stark zu sehen, und gehören nicht zu Denen, die Andere wegen ihrer Ansichten verdammen, aber wir halten mit den unsrigen auch nicht hinter dem Berge. So wenig gut es ist, den Großen der Erde Schmeicheleien zu sagen, so viel weniger ist es gerathen, den Völkern die Wahrheit zu verschweigen.

und daß man auch unsere Verhältnisse nicht verdamme, weil man sich in anderen befindet.

Was die Mittel betrifft eine Uebereinstimmung trotz aller bestehenden Verschiedenheit herzustellen, so liegen diese nicht so fern als es den Anschein hat. — Der Vereinigungs-Punkt ist gegeben, er findet sich in der Bundesgesetzgebung, von welcher, so lange sie besteht, keine Abweichnng weder versucht noch geduldet werden sollte.

Zuerst scheint es nöthig, daß diejenigen Bundesglieder welche dem Art. 13. der Bundes-Acte noch nicht genügt haben, aufgefordert würden dies zu thun, jedoch mit Ausnahme von Oesterreich, welchem es bei den bestehenden Verhältnissen überlassen bleiben muß, sich dessen zu enthalten, um so mehr da in seinen deutschen Provinzen noch die alten ständischen Verhältnisse fortbestehen; ist dies geschehen, so haben diese und und alle übrigen Bundes-Glieder, ein Recht zu fordern, daß geprüft werde, in wie weit die neuen Verfassungen sich innerhalb der Grenzen der Wiener Schluß-Acte Art. 54 bis 64 gehalten haben, damit die sämmtlichen Verfassungen die gesetzlichen Grenzen erreichen, aber auch nicht überschreiten.

Sollte es sich dann ergeben, daß in einzelnen Fällen Fürsten bei Ertheilung der Verfassung weiter gegangen sein sollten, als sie befugt waren und vermöge ihres Verhältnisses zum Bunde durchzuführen im Stande sind, so müssen darüber Declarationen erscheinen. Es giebt in dieser Beziehung nur die Wahl, entweder müssen die Bundesgesetze oder die einzelnen Verfassungen der Länder geändert werden. Zu ersterem wird sich der Bund schwerlich entschließen, und letzteres wird um so weniger Bedenken haben, da nur von Befugnissen die Rede sein kann, die weiter gehen, als das Recht dazu besteht. Es liegt jedenfalls in der Klugheit, eine solche Regulirung vorzunehmen. Den Völkern kann es nichts nützen, sich im Besitz von Rechten zu glauben, die auf einer Täuschung beruhen, die eine beständige Aufregung unterhalten, und die um so nutzloser sind, da gegen die Macht des Bundes nicht anzukämpfen ist. Deswegen folgt aber keineswegs, daß die jetzt in diesen Ländern bestehenden Verfassungen geändert zu werden brauchen, sondern es ist nur von einer Bezeichnung der Rechte die Rede, welche den Völkern nach den bestehenden Bundes-Gesetzen, den Fürsten gegenüber zustehen. Ob es nicht rathsam sei, und im Interesse der Fürsten wie der Völker liege, bei dieser Gelegenheit die beiden Kammern in eine zu verschmelzen, lassen wir hier ununtersucht, und halten es mit Rücksicht auf das Ganze für gleichgültig.

In den alten deutschen ständischen Verfassungen berathschlagten Fürsten und Herrn, Prälaten und Bürger in einem Hause; warum nicht auch jetzt? Eine der nöthigsten und mit der Ordnung der Verfassungs-Angelegenheit in naher Verbindung stehende Einrichtung würde in der Ernennung einer beständigen Austrägal-Instanz beim Bunde sein, wie diese schon in Wien beabsichtigt wurde, und deren Wirkungskreis dahin ginge:

a) zu untersuchen, in welcher Lage die Verfassungs-Angelegenheit sich in den verschiedenen Ländern Deutschlands befindet und ex officio da, wo es ihr nöthig scheint, Anträge beim Bunde zu bilden; b) alle Beschwerden in Empfang zu nehmen, die beim Bunde in Verfassungs-Angelegenheiten von den deutschen Fürsten oder Völkern eingereicht würden, und das Referat darüber zu führen, und c) nach erfolgter Autorisation dazu, die Erkenntnisse abzufassen.

ad 2. Die kirchlichen Angelegenheiten Deutschlands betreffend.

In dem vorhergehenden Abschnitt ist gezeigt, wie nöthig es sei, in Hinsicht der Verfassungen eine größere Einheit des Princips herzustellen, und sowohl für die Erfüllung als für die Nichtüberschreitung der Bundesgesetzgebung zu sorgen; zugleich ist gesagt, daß eine Annäherung der Verhältnisse und der Ansichten des deutschen Volks in dieser Beziehung um so nöthiger erscheine, als in religiöser dies unmöglich sei. Jetzt soll untersucht werden, was der Bund thun kann, damit aus der Verschiedenheit des Glaubens keine Uneinigkeit des Volks entspringe.

Den Frieden unter den christlichen Bekennern ungestört zu erhalten, gegen jeden und daher auch gegen die Juden gerecht zu sein, ist eine heilige Pflicht des Bundes; dies ist ein Punkt von welchem wir ausgehen. — Wenn es noch der Zeugnisse für unsere Nachkommen von der Oberflächlichkeit bedürfte, welche der vorherrschende Charakter unserer Zeit ist, die sich nur großartig beweiset inconsequent zu sein, so würden unsere Urenkel diese in der leichtfertigen Abfindung erblikken, welche den religiösen Zuständen des deutschen Volks in der Bundes-Acte widerfährt.

Die Bundes-Acte vom 8. Juni 1815 enthält darüber im 16. Art. wörtlich:

„Die Verschiedenheit der christlichen Religionsparteien „kann in den Landen und Gebieten des deutschen Bun„des keinen Unterschied iu dem Genuß der bürgerlichen „und politischen Rechte begründen;"

und in der Schlußacte des Wiener Congresses vom 15. Mai 1820 steht Art. 65:

„Die in den besonderen Bestimmungen der Bundesacte „Art. 16, 18, 19, zur Berathung der Bundes-Versamm„lung gestellten Gegenstände bleiben derselben, um durch „gemeinschaftliche Uebereinkunft zu möglichst gleichförmi„gen Verfügungen darüber zu gelangen, zur ferneren Be„arbeitung vorbehalten."

Die lakonische Sprache dieser beiden Artikel ist eben so merkwürdig, als daß in dem langen Zeitraum, welcher seitdem verflossen ist, der Gegenstand völlig geruht hat.

Wie ist es zu begreifen oder zu entschuldigen, daß der Bund den heiligsten Interessen der Völker so wenig Aufmerksamkeit schenkt; es ist wahrlich Zeit, endlich diesen wichtigen Gegenstand wieder aufzunehmen. So nothwendig es nun ist, daß in Bezug auf den Art. 16. der Bundes Acte, Anträge beim Bunde erneuert werden, so scheint es, daß diese jedenfalls von dem minder mächtigen Fürsten ausgehen müssen; denn wenn diese etwa von Preußen an den Bund gebracht werden sollten, so würde von Süden, Westen und Osten sich wieder das Geschrei erheben: O ihr Fürsten und Völker Deutschlands seid auf eurer Hut! Preußen strebt nach Hegemonie; das Vaterland ist in Gefahr! denn in Preußen bewegt sich ein kleiner Finger und das streitet gegen die Bundes-Praxis, in einem Viertel-Jahrhundert haben wir noch nie eine so bedenkliche Constellation wahr genommen. Gott sei gelobt dafür in Ewigkeit, Amen. —

Wir haben wenige Zeilen vorher den Bund wegen seiner Passivität angeklagt, allein wir geben zu, daß der frühere Zeitpunkt nicht günstig zur Ordnung dieser Angelegenheit war. Das Zerwürfniß zwischen Preußen und Rom bewegte die Gemüther heftig, und nur die baldige Beseitigung der Veranlassung des Streites hat den Frieden zwischen den beiden großen christlichen Religionsparteien in Deutschland erhalten. Desto günstiger erscheint der jetzige Augenblick, an Erfahrung reicher möchte das Bedürfniß um so eher erkannt werden.

In der Bundes-Akte vom 8. Juni 1815 ist die bürgerliche Gleichstellung aller christlichen Confessionen als eines der Grundgesetze des Bundes ausgesprochen. Nicht minder nöthig ist es, das Maaß der religiösen Freiheiten der verschiedenen Confessionen in den Ländern festzustellen, in welchen diese nur den kleineren Theil der Bevölkerung bilden, und daher im Verhältniß zu der dort herrschenden Kirche die geduldeten sind. Ueber diesen Punkt ist in Wien verhandelt, und es sind Protokolle genug darüber aufgenommen, aber nicht zum Abschluß gebracht worden. Hier auf das Specielle solcher Abkommen einzugehen, ist nicht der Ort, wohl aber auf die Verpflichtung des Bundes hinzuweisen, für die Glaubensfreiheit des ganzen deutschen Volks, so wie für die freie Ausübung seines Cultus sorgen zu müssen. Da die Erhaltung der Eintracht in Deutschland vor Allem wichtig ist, so darf nichts versäumt werden, diese zu sichern, und jede Veranlassung, die zur Uneinigkeit führen könnte, gründlich zu entfernen.

Wie leicht religiöse Zerwürfnisse entstehen, und sich schnell verbreiten bedarf keiner Beweise; der Fanatismus ist eine von den Krankheiten, deren Keim in der Gebrechlichkeit des Menschen liegt, und auf welche atmosphärische *) Einwirkungen statt finden können. Daß die verschiedensten Confessionen, wenn keine Veranlassung zu religiösen Zwistigkeiten gegeben wird, brüderlich neben einander wohnen, ohne daß die innere Verschiedenheit ihres Glaubens auf ihre äußerlichen Verhältnisse Einfluß übe, sehen wir in so vielen Ländern. Es folgt hieraus die Nothwendigkeit, alles dasjenige zu vermeiden, was zur Uneinigkeit führen kann. Es giebt aber kein wirksameres Mittel zu diesem Zweck, als eine Vereinigung der Bundes-

*) Die Politik hat auch ihre Atmosphäre.

fürsten, um die Verhältnisse der verschiedenen christlichen Confessionen da, wo es noch nicht geschehen, zu ordnen, und dadurch allen Unterthanen der Bundesstaaten eine freie Religions-Uebung zu sichern. Eine solche Maaßregel ist jedoch nicht die einzige die zum Zweck führt, denn auch aus dem Verhältnisse des Staats zur Kirche entstehen nur zu oft Streitigkeiten, die dann auf die verschiedenen Gemeinden übergehen, und den Streit von oben nach unten verpflanzen.

Die Fürsten des Bundes können in dieser Beziehung etwas außerordentlich Großes für sich und ihre Völker stiften, wenn sie sich darüber vereinigten nach allgemeinen und gleichen Grundsätzen die Grenzlinie zwischen den Befugnissen des Staats und der Kirche durch ein Bundesgesetz zu ziehen, und im Fall des Streits dem Bunde die Entscheidung zu überlassen, so daß namentlich in Sachen der katholischen Kirche keine Streitsachen direkt von den Fürsten, sondern stets von dem Bunde regulirt würden.

Es kann sich Niemand verschweigen, daß ein bedeutender Keim zu einer künftigen Spaltung in Deutschland in dem Verhältniß der beiden herrschenden Kirchen liegt, und daß es daher weise sein würde, wenn die Fürsten Alles aufbieten wollten, diesen zu ersticken. In dem jetzigen Augenblick zeigt die Atmosphäre von Deutschland einen wolkenlosen Himmel, allein wie leicht kann er sich wieder trüben. Alle Phrasen über den aufgeklärten Geist der Zeit, der jedes ernstliche, kirchliche Zerwürfniß unterdrücken würde, haben keinen Werth. Die religiösen Streitigkeiten sind immer aus dem Gemüth hervorgegangen und werden es immer, und wo dieses spricht, ist der Geist für den Augenblick der Krise bloßer Zuschauer. Wenn die Bundes-Regierungen sich nun zu einer solchen Vereinigung, wie wir sie eben vorgeschlagen haben, bestimmten, so würde der erste und nöthigste Schritt sein, im Namen des Bundes mit dem Papst ein Abkommen über die Verhältnisse der katholischen Kirche zu den Regierungen des Bundes zu treffen. Ein solcher Vertrag würde verhindern, daß über die Verhältnisse des Staats zu dieser je ein Kampf zwischen Rom und den einzelnen Regierungen stattfinden könnte. Wenn in irgend einem der Bundes-Staaten sich ein Streit zwischen der Regierung und der römischen Kirche entspinnen sollte, so stellte die dabei betheiligte den Fall zur Entscheidung des Bundes, welche dann durch eine dazu niederzusetzende Austrägal-Instanz erfolgte; fiel das Urtheil gegen die Regierung aus, so gäbe diese nach, im entgegengesetzten Falle vertheidigte der Bund die Rechte derselben gegen Rom.

Die Verwirklichung dieses Gedankens würde zur Folge haben, daß muthmaßlich dem Papst keine begründete Veranlassung zu Streit gegeben werden würde, da sich eine unparteiische Entscheidung von dem Fürstenbund erwarten läßt, und in Folge dessen eine Unterdrückung des Zwistes selbst; ferner, daß, wenn dennoch Streit entstände, dieser, weil er gegen den ganzen Bund und nicht gegen die einzelnen, oft durch ihren Glauben von einem Theil ihres Volks getrennten Fürsten gerichtet wäre, die Hauptbesorgniß entfernt; Deutschland in zwei sich gegenüber stehende Religionsparteien zu trennen, und Collisionen zwischen den Fürsten und ihren Unterthanen, die ohnedem so leicht stattfinden können, herbeizuführen.

Es entsteht aber die Frage, ob anzunehmen sei, daß Rom sich geneigt finden lassen würde, mit dem Bunde ein Concordat zu schließen, und ob die Interessen der beiden Confessionen durch die Entscheidung eines Bundes, der aus Fürsten besteht gesichert seien, die beiden Confessionen angehören.

Was die Entscheidung des ersten Theils dieser Frage betrifft, ob der Papst mit dem Bunde ein Concordat abschließen würde, da dieser auch aus protestantischen Fürsten bestehe, und er sich bisher geweigert habe, mit Ketzern einen Vertrag zu schließen, so scheint dies wohl nicht zweifelhaft, wenn der Bund ernstlich darauf besteht.

Rom hat in neuester Zeit in Spanien, in Rußland viel Boden verloren, in Frankreich und Portugal den früher eingebüßten noch keineswegs wieder gewonnen, und selbst in einer der wichtigsten Provinzen des Kaiserreichs sieht es seinen Einfluß geschwächt. Rom kennt die Interessen seiner Kirche zu gut, um auch in Deutschland Unzufriedenheit zu erregen; es wird fühlen, welchen Werth es hat, wenn in 39 Bundesstaaten die Angelegenheiten der katholischen Kirche geordnet sind, und daher im Herzen von Europa in dieser Beziehung Ruhe herrscht.

Besonders wichtig würde es sein, alle die Fragen, welche

so oft berührt und nie zur letzten Entscheidung gekommen sind, für immer durch einen Beschluß des Bundes todt zu machen. Dahin gehört vor Allen die über die gemischten Ehen.

Was den zweiten Theil der Frage betrifft, in wiefern die Interessen der verschiedenen Confessionen gefährdet werden könnten, wenn die Entscheidung dem Bunde überlassen bleiben sollte, so scheint bei diesem um so weniger ein Bedenken nöthig, da immer die Einigung über die Bestimmungen, nach welchen demnächst verfahren werden soll, vorangehen muß, so daß daher bei den Vorfragen die Controverspunkte schon entschieden werden, mithin in der Folge nur von deren Anwendung die Rede sein kann. Das Princip selbst ist indessen, wie für alle andere Fälle, so für diesen durch die Bundesacte gegeben und heißt Gleichheit der Rechte, und Gleichheit der Pflichten; aus diesem Grundsatz und aus den eigenen Interessen entwickelt sich das Uebrige. Die einzige Schwierigkeit, die sich hier zu zeigen scheint, liegt darin, ob die Fürsten nicht etwa eine Beschränkung ihrer Machtvollkommenheit darin finden würden, wenn dem Bunde die Entscheidung über Streitigkeiten zustehen sollte, welche in ihrem eigenen Lande zwischen ihnen und der katholischen Kirche vorfallen könnten.

Eine weitere Beschränkung ihrer Souverainitäts-Rechte kann hierin unmöglich gefunden werden, wenigstens keine größere, als welche schon in so vielen andern Punkten besteht, wo dem Bunde die letzte Entscheidung zukommt. Wichtig ist es dagegen für sie in den Bundes-Bestimmungen einen festen Anhalt zu finden, und erwünscht von Verwickelungen befreit zu werden, die immer sehr unangenehm bleiben. Ja was noch mehr ist, vorausgesetzt, irgend eine Regierung wäre durch Mißgriffe der Verwaltung in unangenehme Conflikte versetzt, so könnte es ihr nur willkommen sein, wenn dem Bund die Entscheidung zustände, und sie nicht gezwungen wäre, selbst ihre eignen Maaßregeln zurückzunehmen.

Indem wir hier von dem bisher besprochenen Gegenstand abbrechen, fürchten wir, man wird uns den vorhin der Bundes-Acte gemachten Vorwurf zurückgeben, ihn nicht vollständig genug behandelt zu haben; indessen wird der billige Leser sich überzeugen, daß nur davon die Rede sein kann, auf die verschiedenen fraglichen Punkte aufmerksam zu machen, deren Behandlung dem Bund obliegen muß, wenn durch ihn die Wohlfahrt des deutschen Volks gesichert werden soll; jetzt liegt uns noch ob, auf die Verhältnisse des jüdischen Theils des deutschen Volks überzugehen, und zu zeigen inwiefern die ihm gemachten Besprechungen erfüllt worden sind oder nicht.

In dem Art. 16. der Bundes-Acte steht wörtlich: „Die Bundes-Versammlung wird in Berathung ziehen, wie auf eine möglichst übereinstimmende Weise die bürgerlichen Verbesserungen der Bekenner des jüdischen Glaubens in Deuschland zu bewirken seien, und wie insonderheit denselben der Genuß der bürgerlichen Rechte gegen die Uebernahme der Bürgerpflichten in den Bundesstaaten verschafft und gesichert werden könne. Jedoch werden den Bekennern dieses Glaubens bis dahin, die denselben **von***) den einzelnen Bundesstaaten bereits eingeräumten Rechte erhalten." Durch die Wiener Schluß-Acte ist nun die Erfüllung dieser Verheißung wie bei den christlichen Confessionen, durch den §. 65. derselben auf eine andere Zeit verschoben, deren Erfüllung aber etwas auf sich warten läßt, da seit dem 8. Jan. 1815, 28 Jahre verflossen sind.

So unrecht es immer ist, sein gegebenes Versprechen nicht zu erfüllen, besonders wenn selbst jeder Entschuldigungsgrund dazu fehlt, so liegt hierin für die jüdischen Bewohner in Deutschland, wie wir zeigen werden, eine besondere Härte. Wir fassen bei Beurtheilung dieser Frage den Gesichtspunkt auf, daß die Juden einen Theil des deutschen Volks ausmachen, da sie allenthalben die allgemeinen Lasten tragen, da sie in dem Befreiungskriege, wo es ihnen erlaubt worden war, mit für das Vaterland gekämpft haben, sie daher auch gleich Anderen Anspruch auf eine gerechte Behandlung haben.

Fast in allen aufgeklärten Staaten sind ihnen bereits bürgerliche Rechte zuerkannt. In Holland, in England, in Dänemark, in Frankreich befinden sie sich mehr oder weniger in dem vollen Besitz derselben; in den meisten deutschen Ländern ist dies auch der Fall, namentlich in ziemlich ausgebreitetem Maaße in den alten Provinzen der preußischen Monarchie, und

---

*) Das Wort **von** ist hier mit dem vorher gebrauchten Worte **in** vertauscht worden, wie dies die Verhandlungsacten (siehe Klüber Bd. II. S. 535, verglichen mit S. 456, 463 ff. und der von demselben herausgegebenen Uebersicht S. 384 ff.) beweisen.

in vielen andern Theilen Deutschlands; allein in manchen andern lastet noch auf ihnen der ganze harte Druck einer früheren vorurtheilsvollen Zeit. Statt nun, wie der obenerwähnte Art. 16 der Bundesacte verspricht, eine Gleichstellung der bürgerlichen Rechte und Pflichten der Juden in ganz Deutschland eintreten zu lassen, hat man sie in einigen Theilen nicht nur in ihrer gedrückten Lage gelassen, sondern es ist auch in Folge der Abänderung des in in von, deren wir in der Anmerkung erwähnt haben, der Vorwand hergenommen, ihnen selbst die im Königreich Westphalen und den französischen Rheinprovinzen bereits erlangten Rechte wieder zu nehmen. Wir enthalten uns aller Bemerkungen über diese Verwandlung und ihre Anwendung, inzwischen ist die gemachte Auslegung, daß, da Westphalen kein Bundesstaat gewesen sei, und die Juden mithin dort ihre Rechte von keinem Bundesstaat herleiten konnten, keine haltbare; denn als die Abfassung der Bundesacte erfolgte, gab es überhaupt noch keine Bundesstaaten, und mithin konnte nur der factische Bestand in den Ländern, welche die Bundesstaaten bilden sollten, gemeint sein. Hatte man in Wien in dieser Beziehung den unter französischer Herrschaft wohnenden Juden größere Beschränkungen auflegen wollen, so hätte man jedenfalls diesen Artikel anders abfassen müssen. Von der Gerechtigkeit und Billigkeit der Bundes-Versammlung läßt sich nun wohl erwarten, daß diese sich auch der Verpflichtungen erinnern werde, deren Erfüllung ihr vermöge der Bundesacte obliegen.

Besondere Bedenken können dabei um so weniger bestehen als der Art. 16. der Bundesacte schon die Grundlage genau angiebt. In ihm ist einmal ausgesprochen, gleiche bürgerliche Pflichten geben einen Anspruch auf gleiche Rechte, und zum andern, die Juden sollen in ganz Deutschland in den Genuß gleicher Rechte kommen und außerdem sollen die bei der Abfassung der Bundesacte bestandenen ihnen garantirt bleiben; es folgt mithin hieraus, daß, da den bevorzugt gewesenen ihre Rechte nicht geschmälert werden sollen, und allen der Genuß gleicher Rechte zugesichert ist, die, die jene Bevorzugten damals besaßen, mindestens allen übrigen auch zu Theil werden müssen; dies gewährt mithin eine feste Basis, von welcher die Bundes-Versammlung ausgehen kann, und zugleich das Minimum dessen, was den Juden in ganz Deutschland zuerkannt werden muß. Wann wird man wieder anfangen das Wort zu halten?

Außer dem eben entwickelten Gesichtspunkte giebt es noch einen andern, der gewiß auch Berücksichtigung verdient. Die Erfahrung belehrt uns darüber, daß Männer eben so wie Völker, die sich in einer gedrückten Lage befinden, stets herunter sinken; wenn man daher den moralischen Zustand der Juden bessern, ihre bürgerlichen Tugenden erwecken will, so ist es nöthig, den Druck, unter welchem sie leiden, zu entfernen; thut man es nicht, so trägt man die Verantwortung davon.

Es scheint nach allem diesen um so mehr eine Forderung der Gerechtigkeit und der christlichen Moral zu sein, den Juden, die sich durch Sprache, Sitten, Bildung und patriotische Opfer seit einem Menschenalter bemüht haben sich da, wo die Landesgesetze günstiger für sie lauteten, den übrigen Deutschen gleichzustellen, nicht länger Rechte zu entziehen, die ihnen die Humanität längst zuerkannt hat.

ad 3. Die Rechtsverhältnisse.

Ueber die Sicherung des Rechtszustandes in Deutschland ist die Bundesgesetzgebung eben so unvollständig geblieben, als in allen übrigen Punkten, wie der Leser selbst sich davon überzeugen wird, wenn wir ihm hier mittheilen werden, was die Bundes-Acte darüber enthält.

Der Artikel 12 der Bundes-Acte bestimmt als ein Grundgesetz, daß dem deutschen Volke das Recht verbleiben solle, in drei Instanzen Recht zu nehmen und daß zu diesem Zwecke in den Bundes-Staaten, wo es bisher nur zwei Spruch-Collegien gab, noch ein drittes Ober-Appellationsgericht gebildet werden müsse *), wo aber bereits drei Instanzen bestanden, diese bleiben sollen.

*) Es wurde ein solcher Werth und mit Recht auf die Errichtung von Ober-Appellationsgerichten gelegt, daß es den kleineren Bundesgliedern der Ersparung der Kosten wegen gestattet wurde, deshalb zusammen zu treten. Diese Ober-Appellationsgerichte oder dritte Instanzen sind auch in allen deutschen Staaten eingeführt, nur in Preußen fehlen sie in einer gewissen Vollständigkeit. In dem Theil, wo französisches Recht gilt, können die Cassationshöfe unmöglich als solche betrachtet werden, und in dem Theil, wo das Landrecht gilt, sind Bestimmungen eingetreten, von welchen weiter unten gesprochen werden wird.

Im Artikel 14 werden die Rechtsverhältnisse der deutschen mediatisirten Fürsten und Grafen festgestellt. Ferner enthalten die Artikel 29 und 30 der Wiener Schluß-Acte, der erstere die Bestimmung, daß bei Verweigerung der Justiz der Bund den Landesherren dazu anhalten könne, und der folgende, daß wenn Forderungen von Privatpersonen deshalb nicht Genüge geleistet werden könne, weil die Verpflichtung zwischen mehreren Bundesgliedern zweifelhaft sei, der Bund durch eine Austrägal-Instanz zu entscheiden habe, wenn eine gütliche Vermittelung fruchtlos geblieben sein sollte.

Wenn man von diesen einzelnen aphoristischen Bestimmungen eine Sicherung des Rechtszustandes des deutschen Volkes erwarten wollte, so würde man sich freilich sehr täuschen, und demüthigend ist es, wenn man den Schutz, welcher dem deutschen Volke jetzt geboten wird, mit dem vergleicht, welchen es zur Zeit der alten Reichsverfassung besaß. Es leitet zu dem Verdacht hin, die Sicherung der Person, des Eigenthums uud des Rechts würde in unserem aufgeklärten Zeitalter für einen gleichgiltigen Gegenstand gehalten, auf den es nicht mehr ankommen könne.

So unbefriedigend nun auch die Schutzmittel des Rechtszustandes sind, so sind doch selbst diese nicht zur Anwendung gekommen, wenn sich die Gelegenheit dazu zeigte, wie wir Beispiele davon anführen werden.

Die Bestimmung des Art. 12. der Bundes-Acte wegen Errichtung von Gerichtshöfen dritter Instanz, wo diese nicht schon bestanden, kann nie einen Ersatz für das ehemalige Reichskammergericht gewähren, vor welchem die Fürsten zur Zeit des Reichs, auch die welche das jus de non appellando erlangt hatten, doch wegen Anwendung ihrer Hoheits-Rechte selbst von den geringsten ihrer Unterthanen belangt werden konnten. *) Diese Ober-Appellationsgerichte, besonders in den mittleren und kleinen Staaten, stehen immer, wenn auch nicht direct, doch indirect unter einem Einfluß mancher Art, und nie so außerhalb des Kreises einer möglichen Befangenheit, wie dies bei dem ehemaligen Reichskammergericht der Fall war und wie dies der Fall bleiben muß, wenn mit Gewißheit auf Recht und Gerechtigkeit zu zählen sein soll. Ferner ist nicht zu erwarten, daß diese Gerichtshöfe mit so ausgezeichneten Justiz-Männern besetzt werden können, wie bei einem gemeinsamen Reichsgericht.

Endlich gewähren die Errichtungen von Gerichtshöfen dritter Instanz den Unterthanen keinen Schutz dagegen, wenn den Gerichtshöfen die Annahme von Klagen in erster Instanz von den Regierungen untersagt wird, wie solche Fälle an

---

*) Friedrich II. war als Herzog von Cleve von einem Gutsbesitzer beim Reichskammergericht verklagt, ihm sein Gut widerrechtlicher Weise einbehalten zu haben. Da er sich weigerte auf die Klage einzugehen, so ward er in contumaciam verurtheilt, und da er dennoch nicht parition leistete, Münster mit der Executions-Vollstreckung beauftragt. Der Bischof von Münster ließ diese durch Einen Soldaten in Cleve vollstrecken, und Friedrich II. gab das Gut zurück, mit den Worten, gegen eine solche Macht sei der Widerstand vergeblich.

mehreren Orten vorgekommen sind. Ganz besonders unzureichend erscheinen solche dritte Instanzen in den Streitsachen mit dem eigenen Landesherrn. Früher gingen diese an die Reichsgerichte und den Reichshofrath zu Wien und es bestand dort auch die Macht, die Erfüllung der Sprüche zu bewirken, die jetzt ganz fehlen möchte. Der Zustand der Dinge hat sich in dieser Beziehung sehr geändert. Wir fragen, was würde selbst zur Zeit des größten Verfalls des Reichs geschehen sein, wenn sich damals ein Fall ereignet hätte, wie der, welcher sich den 9. Januar 1830 zu Wolfenbüttel zutrug, wo ein Richterspruch auf unmittelbaren landesherrlichen Befehl vor den Augen der versammelten Richter selbst, von einem dazu abgesandten Commissär zerrissen wurde. Es giebt frühere Beispiele, daß Reichsgrafen wegen ähnlicher Uebergriffe auf die Festung gesetzt sind. Wir möchten wissen, welchen Schutz es gegen solche Gewaltstreiche gewähren kann, wenn es statt drei auch sechs Instanzen gäbe?

Inzwischen finden sich auch Fälle, wo seitdem der 12te Artikel der Bundes-Acte gegeben worden ist, die dritte Instanz nicht mehr unbedingt besteht.*)

---

*) Das Recht der Unterthanen zu drei Instanzen ist aber nicht etwa durch die Bundes-Acte eingeführt, sondern ihnen nur aus den Trümmern der frühern Justiz-Verfassung erhalten. Es ist, so lange es in Deutschland eine Justiz-Verfassung giebt, ein Recht aller deutschen Volksstämme gewesen. Haben gleich größere Fürsten im Lauf der Zeiten Entbindungen von der Gerichtsbarkeit der Reichsgerichte erhalten, so ist es allemal unter der ausdrücklichen Bedingung geschehen, daß sie dagegen nach dem Vorbilde der

Ein solcher hat sich in Preußen ereignet, keinesweges aber in der Absicht, den Unterthanen ihr Recht zu beschränken, denn davon war der König Friedrich Wilhelm III, von dem dies verordnet wurde, weit entfernt, sondern in Folge einer von den unrichtigen Ansichten, die, durch einzelne Fälle hervorgerufen, dann oft als allgemeine Norm betrachtet werden, wenn es zu leicht ist das Bestehende zu ändern.

Seit undenkbarer Zeit gingen die Unterthanen in den alten Provinzen der preußischen Monarchie in drei Instanzen zu Recht, allein man hat die dritte Instanz seit mehreren Jahren dahin beschränkt, daß sie nur dann stattfindet, wenn die ersten beiden verschieden lauten; zwar kann dann noch die Nullitätsklage eingelegt werden, inzwischen fand dies früher auch nach der dritten Instanz statt, und es ist dies keine dritte Instanz, die das Recht selbst prüft.

Es heißt, daß man damals durch ein Rechnungs-Exempel zu diesem Entschluß gekommen sei. Dieses lautet: es hätten sich in den beiden ersten Sentenzen für das Recht von A. alle Stimmen erklärt, in der dritten aber habe B. eine Stimme mehr gehabt, mithin habe diese eine Stimme die von sämmtlichen Richtern in den ersten beiden Instanzen überwogen. Wir

---

Reichsgerichte an dessen Stelle für ihr Land ein eigenes Ober-Appellationsgericht errichten sollten. Selbst der westphälische Friede machte dies der Krone Schwedens ausdrücklich zur Pflicht, so wie auch dem Könige von Preußen, als ihm um die Mitte des vorigen Jahrhunderts das jus de non appellando bewilligt ward.

wollen dagegen ein anderes, eben so mögliches Rechnungs-Exempel anführen, um zu erweisen wie wenig daraus folgt. Wieder angenommen A. hätte in der ersten und in der zweiten Instanz zwar seinen Rechtsstreit gewonnen, aber in beiden nur eine Stimme mehr gehabt, in der letzten aber waren sämmtliche Stimmen für B. ausgefallen, so würden, wenn diese Instanz nicht gewesen wäre, die zwei Stimmen mehr in den beiden ersten Senaten gegen die der sämmtlichen Richter des Tribunals gesiegt haben.

Die Entbehrung einer vollen dritten Instanz ist mit sehr wesentlichen Nachtheilen verbunden. Bei der Unzahl von Gesetzen, die wir jetzt haben und die sich häufig einander declariren, ist es sehr gewöhnlich, daß die beiden früheren Erkenntnisse den Streitpunkt erst vollständig hervorheben und mithin nur der letzte Richter sich in der Lage befindet einen vollgültigen Spruch fällen zu können; dies beweiset schon der Umstand, daß häufig von der dritten Instanz, wenn die beiden ersten verschieden ausgefallen waren, die Acten zurückgesandt werden mußten, weil der Streitpunkt noch überhaupt nicht spruchreif gefunden ward. Ganz logisch ist mithin die Schlußfolge, daß jetzt sehr wohl eine rechtskräftige Entscheidung vorkommen könne, ohne daß der Rechtsstreit spruchreif gewesen sei, und wir glauben hinzufügen zu können ohne Schuld der Richter, sondern in Folge des Labyrinth's, in welchem das Recht begraben liegt.

Ein anderer Nachtheil, welcher aus dem Mangel dreier

Instanzen entspringt, findet sich auch darin, daß, wenn Jemand ganz ein und denselben Fall in zwei verschiedenen Provinzen gerichtlich verfolgt, er in der einen gewinnen, in der andern verlieren kann, weil die verschiedenen Gerichtshöfe in ihren Ansichten abweichen; dies kann aber nicht leicht eintreten, wenn in letzter Instanz derselbe Gerichtshof entscheidet.

Durch die vorhin gegebenen Gründe glauben wir den Beweis geführt zu haben, daß die bloße Bestimmung, drei Instanzen sollten bestehen, noch nicht vollständig die Sicherung des Rechtszustandes verbürge; dies auch schwerlich jemals der Fall sein werde, bis wieder ein Bundes-Gericht nach dem Vorbilde des Reichskammergerichts hergestellt sein wird, oder mindestens ein Austrägal-Gericht wie es Preußen stets verlangt hat.

Wie wenig der Bundestag sich überhaupt einer Organisation erfreut um das Recht zu schützen, dafür wollen wir einen andern Fall anführen.

Der Art. 30 der Schluß-Acte bestimmt, daß wenn Ansprüche vorhanden sind, bei welchen mehrere Bundesglieder sich betheiligt finden, und keine gütliche Einigung möglich ist, eine Austrägal-Instanz die Quote der Einzelnen bestimmen soll.

Ein solcher Fall besteht; die Inhaber der Central-Obligationen des Königreiches Westphalen fordern seit 28 Jahren ihre Befriedigung. Das Königreich Westphalen ist unter Preußen, Hannover, Kurhessen und Braunschweig getheilt. Die erste Macht ist jetzt bereit die Gläubiger für ihren Antheil zu befriedigen, die andern verweigern es; der Bund hat die Klage zurückgewiesen, obgleich sie entschieden zu seiner Competenz gehört, denn wenn es auch in dem Gesetz vergessen zu sein scheint, der verletzten Partei das Recht der Klage einzuräumen, so liegt dies ja in der Natur der Sache selbst. Man setze den Fall, der Forderung fehle die Begründung, so müßte doch irgendwo ein Gerichtshof in den weiten Grenzen des Bundes bestehen, vor welchem über ihre Gültigkeit entschieden werden könne, welches, da auch der Bund sich incompetent erklärt hat, nicht der Fall ist. Bis die Gläubiger befriediget, oder durch Urtheilsspruch abgewiesen sein werden, besteht eine Justiz-Verweigerung. Ueberhaupt so wenig die Bundesgesetzgebung auf die Sicherung des Rechtszustandes einzuwirken vermag, so wenig ist eine Versammlung von Diplomaten geeignet Recht zu sprechen. Der Erfolg hat es auch schon gezeigt, wohin es führt, wenn die Völker nicht wissen, wo sie Recht finden können. In Braunschweig, in Cassel und in Dresden ist ein Beispiel davon gesehen. Soll in Deutschland der Rechtszustand gesichert bleiben, für die Fürsten wie für die Völker, soll die Stabilität und die Einigkeit erhalten werden, so muß das Recht heilig sein. Die Fürsten selbst sind dabei eben so betheiliget wie das Volk.

ad 4. Ueber die Gleichförmigkeit der Gesetzgebung mit Beziehung auf die Presse.

Es ist nicht unsere Absicht, der Freiheit der Presse an

und für sich und dem Nutzen das Wort zu reden, welche diese gewährt, wo sie besteht, sondern wir wollen zunächst auf die Nothwendigkeit aufmerksam machen, in den Bundes-Staaten der Presse überhaupt einen bestimmten Grad der Freiheit zuzusichern, und in dieser Beziehung eine Gleichförmigkeit einzuführen. In neuester Zeit ist so viel Gediegenes über die Freiheit der Presse geschrieben worden, daß wir uns um so mehr dessen enthalten können; diejenigen, die sich darüber zu unterrichten wünschen, verweisen wir auf manche Aufsätze in den Tagesblättern, namentlich in der Berliner Vossischen und in der Allgemeinen Augsburger Zeitung, desgleichen auf ein Werk des Regierungsraths Hesse über die Presse in Preußen.

Die Freiheit und Gleichförmigkeit der Preßgesetzgebung ist schon in der Bundes-Akte Artikel 18 dem deutschen Volke verheißen, sie ist aber bisher nicht erfolgt und es liegt in vielfacher Beziehung ein dringendes Bedürfniß, sie endlich erfolgen zu lassen. Die Freiheit des Denkens und die Freiheit der Mittheilung der Gedanken in Deutschland unterdrücken zu wollen, würde eben so unmöglich sein, als der Versuch selbst nur von nachtheiligen Wirkungen sein könnte, und überdem dazu beitragen würde Deutschland tief in der Meinung der übrigen civilisirten Staaten Europas herunter zu setzen.

Wenn es aber fest steht, daß eine solche Unterdrückung nicht möglich sei, so ist auch leicht zu übersehen, daß sie nicht einseitig in einem Bundesstaat ausgeübt werden darf, wenn nicht die Regierung, welche zurückbleibt, sich und ihre Unterthanen allen denjenigen Nachtheilen aussetzen will, die entstehen, wenn von der einen Seite der Angriff erlaubt, von der andern die Vertheidigung verboten ist.

Inzwischen würde dies bei weitem der geringere Schaden sein, der aus einem so ungleichen Verhältniß in einem und demselben Volke, wie doch das Deutsche ist, entspringt; der weit größere besteht darin, daß die politische Entwickelung dann im Stillen der Regierung unbewußt und unter den allerschädlichsten Einwirkungen erfolgt, und wenn demnächst über kurz oder lang die Freiheit wieder hergestellt wird, die Regierung sich in einen doppelten Conflict versetzt sieht mit der ihrem Regierungs-System feindlichen Partei und mit einer großen Masse, die in ihren Köpfen eine Menge confuser Ideen aufgenommen hat, die um so gefährlicher sind, weil sie weder einen festen Anfangs- noch Ausgangspunkt haben.

Wie wenig es möglich gewesen ist, durch die Beschränkung der Presse die Einwirkungen gewisser Ansichten von den Nachbarstaaten her zu hindern, darüber hat Preußen Erfahrungen gemacht, die keinen Zweifel übrig lassen. So wie die Willkühr zur Einseitigkeit führt und eine ungerechte Beschränkung Feindschaft erzeugt, so finden sich leider noch viele andere Nachtheile, wo letztere angewandt wird; Ueberspannungen in politischer und religiöser Beziehung sind die nächsten Folgen der Preß-Unterdrückung. Alle mögliche Krankheiten und schwere Gebrechen an Seele und Körper zeigen sich, wenn man den Geist fesselt, den Gott uns gegeben hat, um uns vor Abwege zu bewahren. Wenn nun, da diese Fesseln nicht immer bestehen können, sie endlich gelöst werden, und der Geist uns dann den Spiegel vorhält, in welchem sich die bestehenden Zustände abdrücken, so erschrickt man nur zu oft und glaubt, das Uebel beruhe in dem Spiegel und möchte ihn gern wieder zerschlagen. Auf gleiche Weise hat es sich bestätigt, wie wenig Erfolg das Verbot von gewissen Büchern gehabt hat; die Regierung kann wohl hindern, daß kein öffentlicher Verkauf stattfindet, aber niemals, daß die einzelnen Exemplare, statt daß sie sonst in einer Hand bleiben, nun durch funfzig Hände laufen und um so begieriger gelesen werden, weil sie verboten sind und weil nun mancher einen Vorwand hat, sich ihre Durchsicht umsonst zu erbitten, während, wären sie nicht verboten, er schwerlich das Geld daran gewandt haben würde, sie sich selbst zu kaufen.

So sehr das deutsche Volk ein Interesse an der Gleichförmigkeit der Preß-Gesetzgebung hat, in eben dem Maaße haben es auch die einzelnen Bundes-Regierungen. Wenn von dem deutschen Bund ein allgemeines Preß-Gesetz erlassen wird, wenn zugleich ein Straf-Gesetzbuch erfolgt und die Entscheidung einer von der eigentlichen Verwaltung getrennten Spruch-Behörde übertragen wird, dann erst stehen den Regierungen Mittel zu Gebote, den Ausschweifungen der Presse wirksamen Einhalt zu thun, dann erst werden sich auch entschiedene Vertheidiger des Rechts, der Ordnung, der guten Grundsätze, des

Anstandes und der Schicklichkeit finden und diesen Anerkennung zu verschaffen wissen, woran bei dem guten Sinne, der im deutschen Volke herrscht, nicht zu zweifeln ist. Jetzt entbehrt die Regierung in den meisten Fällen der Unterstützung freier Männer, die, weil sie ihre wahre Ueberzeugung aussprechen, auf die öffentliche Meinung einwirken. Der Grund liegt sehr nahe.

Viele werden jetzt abgehalten, sich öffentlich vernehmen zu lassen, weil sie befürchten müssen, daß jedes freimüthige Wort über die innern Zustände, wenn die Schrift selbst auch von dem besten Geist beseelt ist, schon deshalb übel aufgenommen und ihnen Feindschaften zuziehen möge, denen sie sich oft nicht aussetzen können und wollen. Andere schreckt es zurück, wenn die Erlaubniß des Drucks ihres Werks von der Ansicht eines Censors abhängt. Sobald aber nicht mehr die Ansicht, sondern das Gesetz entscheidet, und eine freistehende Behörde das Urtheil spricht, fallen alle diese Bedenken fort.

Daß die Censur, wo sie bisher strenge geübt wurde, plötzlich und unbedingt aufgehoben und nur die Ueberschreitung gestraft werde, scheint nicht rathsam, wenigstens nicht mit Beziehung auf die Tagesblätter; noch fehlt es den Herausgebern derselben an einem sichern, richtigen Takt, um nicht, zu ihrem eigenen Verderben, einen Mißbrauch ihrer Freiheit zu machen.

Am nothwendigsten scheint es, den Kreis zu bezeichnen, innerhalb dessen es der Presse gestattet sein soll, sich frei zu bewegen. Um diesen zu finden, müssen wir auf den Nutzen zurückgehen, den uns die Presse gewähren soll. Wir verlangen von ihr, daß sie Licht und Wahrheit verbreite. Das geschriebene Wort ist gleichsam der verkörperte Gedanke, der, einmal aus irgend einem Geiste hervorgegangen, nun ein Eigenthum Vieler wird. Eine Hauptwirkung der Presse besteht in einer nähern Berührung der Geister unter sich, und zugleich in einer Kritik des Werths ihrer gegenseitigen Productionen. Eine gewisse Läuterung der Gedanken ist eben so wichtig als die Auffindung derselben; es kann etwas sehr geistreich scheinen, aber doch nicht zur Wahrheit führen. Da der Geist des Menschen der göttliche, schöpferische Theil in ihm ist, so darf seine freie Bewegung nicht gehindert werden, denn der Geist selbst soll keine äußeren Ketten tragen, im Gegentheil, ihm soll das Irdische unterthan sein. Der größte Geist in der ganzen Welt hat den höchsten Rang, weil er dem höhern Geist am nächsten steht. Da aber das Wesen des Geistes ein höheres ist, das über dem Vergänglichen steht, so bleibt das Thierische, das Materielle und Alles, was diesem angehört, unter ihm, und erwartet von demselben seine Veredlung.

Wenn dieses richtig, und ein Hauptzweck der Presse der ist, durch eine freie geistige Bewegung Licht und Wahrheit zu verbreiten, und dadurch auf die Veredlung der Menschen und ihrer Zustände zu wirken, so ist der Kreis ihrer Bewegung auch leicht gezogen, denn Alles, was außer diesem Kreise sich befindet, ist ihr fremd, wenn auch dieselbe Presse des Druckers es zur Welt fördern sollte.

So wie nun die Presse frei sein muß, wenn sie sich mit der richtigen Erkenntniß Gottes, unserer Pflichten gegen ihn und unsere Nebenmenschen beschäftigt, wenn sie den Kreis des Wissens zu erweitern, dem Recht Geltung zu verschaffen, die Lüge zu bekämpfen, den Unterdrückten beizustehen sucht, wenn sie bestehende Mängel und Fehlgriffe aufdeckt, so wenig gehört es in den Kreis der Presse, den schlechten Leidenschaften dienstbar zu werden. Hieraus geht nun ferner hervor, welche Gegenstände von der Presse als ihr fremd ausgeschlossen und bei einer Uebertretung mit Strafe belegt werden müssen. Dahin gehören alle Lästerungen gegen die Religion und ihre Diener, gegen das Oberhaupt des Staats und gegen die Staatsbehörden, gegen die Prinzen des Hauses und gegen alle Menschen ohne Ausnahme; ferner alle Aufreitzungen zum Ungehorsam gegen die Obrigkeit, zur Eigenhülfe überhaupt. Aus eben dem Grande muß Alles verboten werden, was dahin führt, den Nebenmenschen zu ärgern und ihn zum Schlechten zu verlocken; daher dürfen nicht verspottet werden die religiösen Ceremonien der Andersdenkenden, und eben so wenig die guten Sitten durch Verbreitung lüsterner Schriften; endlich liegt das Familienleben ganz außerhalb der Grenzen der Presse. Wenn wir nun eine freie Presse fordern, so geschieht es in diesem Sinne, und wir glauben, daß das deutsche, wie jedes gebildete Volk ein Recht hat, sie zu fordern, so wie eine Sicherung gegen den Mißbrauch derselben; wir wünschen aber im Interesse der Regierung wie des Volks, daß die Gesetzgebung nicht nur eine gleichförmige, sondern auch eine feste sei.

In einem großen Theil von Deutschland nimmt die Nation Theil an den Beschlüssen oder Berathungen über ihre eigenen Angelegenheiten; wie kann sie das, wenn sie nicht mit den Verhältnissen, so wenig den speciellen als den allgemeinen, (die beide in einander greifen) vertraut ist, und wie kann sie dies werden, wenn der Austausch der Ideen verboten bleiben sollte.

In ganz Deutschland spricht sich das Bedürfniß nach National-Einheit lebendig aus; wie kann eine solche erreicht werden, wenn diejenigen, welche eine engere Vereinigung wünschen, sich nicht darüber verständigen dürfen. Bis jetzt fehlt es den Deutschen noch ganz an einer nationalen Politik. Die Verwirrung der Ansichten ist so groß, daß sich die Freunde kaum kennen, und recht eigentlich gesagt, sehr wenige selbst wissen, was sie wollen und was ihr Interesse fordert. Die einzigen, die es ganz genau wissen, stehen auf den beiden alleräußersten Seiten, und hier finden wir diejenigen, die Etwas wollen, was die ganz große Masse des deutschen Volks nicht will. Man braucht nur unsere Zeitungen zu lesen, um einen Begriff von der politischen Stufe zu bekommen, auf welcher wir in dieser Beziehung stehen. Die Characterlosigkeit in den meisten derselben giebt das treueste Bild von dem Zustande, in welchem sich ihr Publikum befindet, welche, wie es leicht zu beweisen sein würde, ihren Hauptgrund wiederum darin hat, daß die Presse sich nach gewissen Gebieten richten muß, und danach was man dort lesen oder nicht lesen will.

Eine politische Zeitung in einem der deutschen Bundesstaaten herausgegeben mußte, bisher mehr oder weniger auf die verschiedenen Ansichten der Regierungen der beiden großen Mächte Rücksicht nehmen, weil ohne die Erlaubniß zum Absatz in ihren Reichen die Zahl der Abonnenten zu geringe geblieben sein würde, um mit Nutzen bestehen zu können. Hierin liegt nun der Grund der Farbelosigkeit der meisten dieser Blätter. Wie richtig diese Behauptung ist, bestätigen die preußischen Zeitungen, seit die Censur ihnen mehr Freiheit gewährt; mehrere derselben geben schon gewisse Zeichen von einer bestimmten Richtung, die sich mit der Zeit zu einem gewissen Character ausbilden wird. Erst wenn durch eine allgemeine Bundesgesetzgebung die Presse in ganz Deutschland auf gleichen Fuß gesetzt, und gegen plötzliche Rückschritte gesichert sein wird, können sich national-politische Ansichten in Deutschland ausbilden, und erst dann wird diese Confusion der Meinungen nach und nach verschwinden.

Die wesentlichsten Vortheile, welche eine allgemeine freie und zugleich gegen Mißbrauch geschützte Presse dem gesammten deutschen Vaterlande bringen wird, sind leicht zu bezeichnen.

Die wichtigsten finden wir darin, daß die Regierung nun, mit dem, was das Volk denkt, wünscht und will, bekannt wird, so wie mit so manchen Verhältnissen des inneren Lebens des Volks. Wenn eine Regierung nicht in allen diesen Beziehungen die genaueste Kenntniß hat, so ist sie außer Stande ihrem hohen Zweck gemäß das Regiment zu führen; dann wird sie Mißgriffe machen, die dem Lande und ihrer Autorität gleich nachtheilig werden müssen. Ein anderer Vortheil einer freien Presse besteht darin, daß die bestehenden Mängel zur Sprache gebracht werden, und wenn die Verwaltung die Presse nicht mehr unterdrücken kann, sie gezwungen wird, sie abzustellen, denn auf die Länge einem begründeten öffentlichen Tadel zu widerstehen, vermag sie nicht. Hieraus folgt nun wiederum, daß die Verwaltung bald dahin kommt, einzusehen, es sei klug, solche Mängel recht bald abzuändern, und ist dies der Fall, so gewinnt sie auf einmal die öffentliche Meinung für sich, und befindet sich in der Majorität.

Ein anderer großer Vortheil, welchen eine freie deutsche Presse gewährt, ist der, daß durch sie allein die gemeinschaftlichen Interessen Deutschlands zur Sprache gebracht werden können.

Nur sie ist im Stande, die Fürsten Deutschlands und das deutsche Volk über ihre wahre Interessen aufzuklären, und die Sonder-Interessen mit den allgemeinen zu verbinden; nichts ist lächerlicher, als sich vor einer solchen Bewegung der Presse zu fürchten. Wer da glaubt, daß es den Deutschen nicht an Geist und gesundem Urtheil fehlt, der kann vor solchen Befürchtungen ruhig schlafen.

Nicht zu läugnen ist es, daß die freie Presse viele excentrische Ansichten zu Tage fördern wird, allein dies ist sehr gut.

So wie der Arzt wünschen muß, daß die Masern bei seinen Patienten erst heraus treten, um sie heilen und den Körper von den schädlichen Stoffen befreien zu können, eben so muß der Staatsmann dahin streben, alle die überspannten und krankhaften Ideen an das Tageslicht zu fördern, wo sie nur zu bald in ihr Nichts zerfallen.

Weit besorglicher erscheint es daher, sich einer thörichten Furcht zu überlassen, als das einzige Mittel anzuwenden, um die Luft zu reinigen; sollte es auch dabei zuweilen einen Knall geben, so können sich doch nur die Weiber vor diesem fürchten.

In dem Vorhergehenden ist nun gezeigt, wie wichtig eine allgemeine und freie Presse sei, welches Feld der Bewegung ihr gebühre, und was außerhalb desselben sich befinde. Es lag uns vor Allem daran, eine Basis zu bekommen, auf welche die Preßgesetzgebung sich stützen müsse, und zugleich die Grenzen aufzufinden, deren Ueberschreitung strafwürdig wird. Eine der ersten Bedingungen der Sicherung der Freiheit der Presse selbst ist, daß der Mißbrauch derselben gehindert werde.

So nothwendig es nun im Allgemeinen ist, daß die Gesetzgebung über diesen Punkt alle Bundesstaaten umfasse, so folgt daraus, daß sie auch von dem Bund selbst ausgehe, um so mehr, da sie ein Grundgesetz desselben bildet. In diesem muß nun vor Allem das Princip selbst scharf bestimmt werden, um einen festen Anhaltspunkt zu haben, wie weit die Freiheit gehe, und wo der Mißbrauch beginne.

Da das geistige Eigenthum mindestens denselben Schutz verdient, welcher dem Eigenthum überhaupt in jedem geordneten Staate zu Theil werden muß, so kann die Entscheidung unmöglich der Ansicht der einzelnen, oft dabei ganz nahe betheiligten Beamten überlassen bleiben, sondern nur einem Richterspruch unterworfen werden mit dem Recurs an ein höheres Bundesgericht, welchem die Entscheidung über alle Vergehen der Presse in den Bundesstaaten in höchster Instanz zusteht*) und bei der auch sowohl von den Regierungen als von den Privaten auf eine Declaration der Preßgesetze angetragen werden kann, wo sich diese im Verlauf der Zeit als mangelhaft erweisen sollte.

Eine letzte wichtige Frage ist es, ob die Censur ganz aufhören könne, sobald ein Strafgesetzbuch erlassen ist?

In Hinsicht der Tagesblätter glauben wir, wie schon vorhin gesagt ist, es verneinen, dagegen in Beziehung auf alle übrigen literarischen Arbeiten es unbedenklich bejahen zu müssen, jedoch unter Beobachtung nachfolgender Sicherungs-Maaßregeln. 1) daß jeder Schriftsteller seinen Namen geben und bei Strafe des Betruges sich keinen andern beilegen darf. 2) Daß je nachdem das Werk mehr oder minder voluminös ist, es 1—3 Tage vor der Ausgabe der von der Regierung dazu bestimm-

*) Es ist unmöglich, hier auf Details einzugehen, und wir bemerken daher nur, daß es thöricht sein würde, in jedem unbedeutenden Fall diese Recursinstanz eintreten zu lassen; dies dürfte nur dann eintreten, wenn es sich von Principien-Fragen handelt, oder wenn eine Justizverweigerung stattfindet, oder eine Nullitäts-Klage begründet werden kann.

ten Behörde übergeben werden muß, und diese befugt sei, wenn sie es für nöthig erachtet, die Ausgabe der Schrift vorläufig zu untersagen, und sie dem Spruch-Collegium zur Entscheidung vorzulegen, welches jedoch binnen drei Tagen bei periodischen Schriften und kleinen Broschüren, und binnen acht Tagen bei größern Werken über das Verbot oder Nicht-Verbot zu erkennen hat. (Alle rein wissenschaftlichen Werke bleiben von der vorher erwähnten Einreichung befreit.) Endlich 3) daß es den Druckern bei namhafter Strafe untersagt wird, ohne den Consens der Verwaltungsbehörde ein Exemplar der Schrift, an wen es sei, verabfolgen zu lassen, und zwar bei Strafe des Verlustes ihrer Concession.

Da nun der Gegenstand, den wir hier eben behandelt haben, ganz besonders zu denen zu gehören scheint, wo eine Collision zwischen den Interessen jener großen Schutz-Macht, welche an der Spitze des Bundes steht, und denen des übrigen Deutschlands, Preußen einbegriffen, besteht, wo daher der Fall eintritt, daß es ihrem Ermessen allein überlassen bleiben muß, ob sie eine solche Maaßregel beibehalten will oder nicht, so versteht es sich von selbst, daß im letztern Fall es in dem Preßgesetzbuch ausdrücklich untersagt werden muß, dieses Kaiserreich und dessen Verfassung und innere Zustände einer Besprechung zu unterziehen, denn sonst würden mit Bezug auf sie diejenigen Nachtheile eintreten, die wir vorhin als bedenklich bezeichnet haben, und wodurch dann das Band des Vertrauens geschwächt werden würde, dessen Erhaltung zum Wohl des Ganzen so nothwendig ist.

ad 5. **Ueber die Förderung und Beschützung der materiellen Interessen Deutschlands.**

Die materiellen Interessen sind es, die jetzt mehr wie jemals eine bedeutende Rolle in dem Leben der Völker, und ganz besonders in dem des deutschen spielen. Daß in einer flachen, characterlosen Zeit, wie die heutige, in welcher es fast an jeder Tiefe fehlt, wo das Staatsleben nur zu oft an das Studentenleben erinnert, wo man sich zu vornehm dünkt, in die Vergangenheit zu blicken, und zu kurzsichtig ist, die Zukunft zu erkennen, wo man Alles nivelliren, modernisiren, reformiren will, und immer nur auf der Oberfläche schwimmt, daß in einer solchen Zeit, sage ich, die Lebensgenüsse oben an stehen, und die Mittel sich diese zu verschaffen, eine vorzügliche Berücksichtigung erfahren, ist begreiflich, und hieraus erklärt es sich denn auch, wie in einer Zeit, die nur zum Schlummern bestimmt zu sein scheint, sich ein Fürsten-Verein bilden konnte, um aus der Bundeslade einen dort bis zu einer andern Zeit verschlossenen Grundgedanken herauszuholen, und ihn durch den Zollverein ins Leben zu rufen.

Wie in so vielen anderen Beziehungen, so auch hinsichts der materiellen Interessen bewirkt die Trennung Deutschlands in einzelne Staaten sein ganz eigenthümliches Verhältniß, und erschwert dadurch sehr bedeutend die Pflege derselben.

In England und in den großen europäischen Reichen geht die Wahl des Systems der Volkswirthschaft, so wie dessen Anwendung auf die industriellen Zustände von einem Centralpunkt aus; in Deutschland bestehen 39, in dieser Beziehung ganz unabhängige Regierungen, mit sehr von einander abweichenden Interessen, von welchen jedoch die große Mehrzahl dennoch ein dringendes Bedürfniß hat, sich zur Förderung des Flors ihres Landes mit einander zu verbinden.

Unmittelbar nach Errichtung des deutschen Bundes machte es sich besonders fühlbar, daß die industrielle Vereinigung Deutschlands und der Schutz seines Gewerbefleißes nach Außen fast ganz unberücksichtigt geblieben war. Die Sperre der Grenzen, welche damals unter den einzelnen Staaten selbst bestand, beschränkten den Handel, der die Bedingung des Flors der Manufacturen und des Ackerbaues ist, oft auf die Grenzen der einzelnen kleinen Länder.

Die südlichen und mittleren Staaten Deutschlands, von den Meeren durch andere Gebiete abgesperrt, empfanden am tiefsten diesen Zustand der Dinge, und auch Preußen litt darunter, obgleich ihm das Meer und große Ströme offen standen, nicht allein weil sein Binnenhandel zu beschränkt blieb, und die Beschützung seiner Grenzen zu kostbar wurde, sondern auch weil so lange der deutsche Markt dem Fabrikate England's, Frankreich's, Belgien's und Hollands offen stand, Preußen auf keine besonders günstige Handelsverträge mit diesen rechnen konnte.

Ein dringendes und wechselseitiges Bedürfniß war es mithin, welches den Zollverband ins Leben rief, die Sperre zwischen den einzelnen Staaten aufhob, und sie an die Grenzen verlegte. Die Bewegungsgründe, welchen der Verein sein Dasein verdankt, so nahe sie auch lagen, wurden dennoch falsch gedeutet, und namentlich wurde dabei Preußen die versteckte Absicht untergeschoben, nur seinen Einfluß in Deutschland erweitern zu wollen; besonders zeigte sich das Ausland sehr thätig, um unter dieser Vorspiegelung das enge Freundschaftsbündniß zwischen Oesterreich und Preußen wo möglich zu lockern.

Nicht zu läugnen ist es, daß der, dem die Verhältnisse des Bundes unbekannt sind, sich fragen mußte, warum hat Preußen es nicht vorgezogen, seinen ganzen Einfluß dahin zu verwenden, den Bund zur Erfüllung der Bestimmung des Art. 19. der Bundes-Acte von 1815 zu bewegen, in welcher schon ein freier Handelsverkehr unter seinen Gliedern verheißen wird, als einen Nebenbund zu gründen, welcher vielleicht den wichtigsten Theil der ganzen Thätigkeit desselben diesem entzieht.

Wer von der Verfassung des deutschen Bundes auch nichts weis, aber den Artikel 14. der Wiener Schluß-Acte gelesen hat, der besitzt den Schlüssel zu diesem Räthsel. In diesem wird bestimmt, daß alle organischen Einrichtungen, zu welchen dieser Zollverband ganz besonders gehört, die Einstimmigkeit sämmtlicher Bundes-Glieder erfordern.

Wahrlich es wäre leichter gewesen, daß ein Cameel durch ein Nadelöhr gehe, als die Uebereinstimmung von Neun- und Dreißig Bundes-Gliedern zu einem Projekt zu erhalten, dessen

Wirkung viele nicht einmal ahneten, andere ihren Interessen nicht zusagend gefunden haben würden.

Wenn nun Preußen hierdurch frei von dem ihm gemachten Vorwurf erscheint, so ist es auch wieder dankbar anzuerkennen, daß die Fürsten dieses neuen Bundes nicht ihre Zeit nutzlos und zum Schaden ihrer Unterthanen in fruchtloser Verhandlung verschwendet haben. Weit eher, als es damals möglich schien, würde sich jetzt die Zustimmung der übrigen Fürsten dieses Bundes gewinnen lassen, wo es die Erfahrung bewiesen hat, wie segensreich die Folgen sind, und wo es nicht mehr ein bloßes Projekt ist, sondern bereits ein fester Kern besteht, an welchen sich die übrigen anschließen können. In der That scheint es eine der wichtigsten Lebensfragen für die materielle Wohlfahrt Deutschlands zu sein, ob das allgemeine Interesse es nicht fordere, den Zollverband als solchen aufzulösen um dagegen dem Bunde selbst seiner Bestimmung gemäß so wichtige Interessen des deutschen Volkes zu übertragen.

Für diese Ansicht scheint zu sprechen, daß

erstens die Bürgschaft der Dauer des Bundes eine größere ist, wenn die Beschützung und Förderung der materiellen Interessen Deutschlands auf den Grund allgemeiner fester Normen durch einen Beschluß des Bundes für immer geordnet sind, als wenn wie es jetzt der Fall ist, der Zollverband sich alle drei Jahre von neuem wieder vereinigen muß, wo es mithin von den Ansichten und Interessen, die oft augenblicklichen Zufälligkeiten unterworfen bleiben, abhäng wird, ob diese wirklich erfolge oder nicht.

Zweitens. Daß die Interessen des gesammten deutschen Vaterlandes besser und allseitiger vertreten würden, als jetzt, wo die Manufactur-Interessen vorzuherrschen scheinen.

Drittens. Daß wenn der Fürsten-Bund die jetzige Stelle des Zollverbandes einnähme, manche noch bestehenden Hemmungen leichter entfernt werden würden als jetzt, und daß die größere Bürgschaft der Dauer solcher Zustände um so eher das deutsche Volk bestimmen könnten die Kosten zum Bau großer Handels-Straßen (Eisenbahnen), und zur Beschützung der deutschen Handels-Marinen herzugeben.

Viertens. Daß wenn der deutsche Bund als solcher ein gemeinschaftliches Zoll-System angenommen hätte, die übrigen Völker der beiden Welttheile sich geneigter finden lassen würden, günstigere Handelsverträge mit einem Bunde abzuschließen, dessen große Bevölkerung eine so bedeutende Consumtion hat.

Bevor wir nun näher untersuchen, in wiefern diese Vortheile wirkliche oder scheinbare sind, und was zum Besten Deutschlands überhaupt geschehen könnte, müssen wir noch nothwendig einen flüchtigen Blick auf die jetzige und künftige Stellung des Zollverbandes zum deutschen Bunde richten.

Als gewiß kann man annehmen, der Zollverband wird entweder bestehen oder er wird möglicher Weise durch eine Trennung der Interessen wieder auseinandergehen. Im ersteren Fall wird er sich immer mehr und mehr erweitern, und um so wohlthätiger seine Wirkung sich auf den Flor des Ackerbaues, des Handels und der Gewerbe erweisen sollte, um so fester sich der materielle Wohlstand des ganzen deutschen Volkes an den neugeschaffenen industriellen Zustand knüpft, um so gewisser tritt der deutsche Bund in den Hintergrund, und kommt gewissermaßen unter seine Leitung.

Es ist leicht zu übersehen, wie wenig es dem Zweck des Bundes entsprechen würde, welchem die äußern politischen, die religiösen, die geistigen Zustände, ferner die innere Verfassung, die Rechtsverhältnisse und die Vertheidigung der Grenzen übertragen sind, wenn diese den materiellen Interessen untergeordnet erschienen. Auf der andern Seite darf es nicht unbeachtet bleiben, daß es wieder diese sind, von welchen die innere und äußere Kraft, der Wohlstand Deutschlands und die Ernährung seiner Bevölkerung abhängt, und daß mithin, wenn der deutsche Bund sie aufgiebt, die Nothwendigkeit vorhanden ist, einen Nebenbund zu stiften, der fürs Erste der Stellvertreter und höchst wahrscheinlich dessen Nachfolger sein wird.

Es würde zu unfruchtbaren Betrachtungen führen, hier die möglichen Zwischenfälle durchgehen zu wollen, die ein solches Verhältniß im weitern Verfolge haben könnte, wir wollen es der Phantasie der Leser selbst überlassen sie sich auszugrübeln. Allein das Verhältniß, in welches möglicher Weise Oesterreich dadurch gerathen könnte, wenn es glaubte, sich den Anschluß an diesen Zoll-Bund versagen zu müssen, darf dabei nicht übersehen werden. In dieser ersten Macht des Bundes wird mit Recht die Erhaltung des Gleichgewichts des Ganzen gefunden; welche Nachtheile könnten nun nicht daraus hervorgehen, wenn diese dadurch in eine mehr isolirte Stellung versetzt würde?

Die Frage, ob die jetzt durch den Zollverband gepflegten Interessen gesicherter erscheinen, wenn der Bund durch einen Beschluß der sämmtlichen Mitglieder die Pflege derselben auf sich nehme, als wenn das jetzige Verhältniß fortbestehe, scheint bejaht werden zu können, insofern es möglich sein sollte, alle Glieder des deutschen Bundes zum Beitritt zu bestimmen. Wir wollen jedoch, um den Gang der Gedanken nicht zu unter brechen, die Beantwortung dieser Vorfrage bis an den Schluß ersparen.

Welche Bürgschaft der jetzige Zollverein für seine Dauer gewährt, wird davon abhängen, ob die Interessen, die seine Errichtung veranlaßt haben, unverändert dieselben bleiben werden oder nicht.

In dem ersten Augenblick seines Entstehens waren die Vortheile für manche Bundes-Staaten zu bedeutend, um nicht gern der Erreichung höherer Zwecke auch Opfer zu bringen. Dazu kam, daß Preußen, welches einen so großen Länderbesitz und eine so bedeutende Bevölkerung dem Verbande zuführte, zugleich ein Ackerbau-, Manufactur- und Seehandel treibender Staat war, mithin seine Interessen dadurch getheilt wurden, und da Preußen mit seiner gewichtigen Stimme die Allgemeinen Verhältnisse vertrat, so fanden sich auch in der ersten Zeit keine wesentliche Differenz-Punkte.

Inzwischen liegt hierin noch keine Garantie, daß sich diese

auch fernerhin nicht zeigen werden; im Gegentheil, bei der Verschiedenheit der Verhältnisse der einzelnen Theile steht zu erwarten, daß sich, je länger der Bund dauert, je leichter Collisionen finden werden, wenn sich nicht das Feld erweitert, welches die gemeinschaftliche Industrie jetzt einnimmt; geschieht dies nicht, so wird die zunehmende Gewerbthätigkeit sich mehr auf das Innere richten müssen, mithin leicht ein Kampf der Glieder gegen einander entstehen, während dieser doch ein gemeinschaftlicher nach außen werden sollte.

Ein Zeichen davon ist jetzt schon bei den letzten Verhandlungen in Stuttgart sichtbar geworden, welches um so mehr hier eine Erwähnung verdient, als sich daraus mächtige Consequenzen ziehen lassen.

In dem südwestlichen Deutschland hat sich die Industrie vorzüglich auf solche Fabrikationen gelegt, in welchen Preußen zurückgeblieben ist und zwar namentlich auf die der Twiste.

Dabei war man von der Absicht geleitet, England diesen wichtigen Zweig seiner Exportation nach Deutschland wo möglich zu nehmen. Da die Engländer aber in der Anfertigung desselben eine große Fertigkeit haben, so ward zur Beschützung dieses neuen Fabrikations-Zweiges, ein auf das doppelte gesteigerter Schutz-Zoll verlangt, zu welchem sich jedoch Preußen nicht verstehen konnte, da es bei der geringen Produktion der deutschen Twiste noch den bei weitem größeren Theil für seine umfangreichen Kattun-Fabriken, aus England beziehen muß, und durch diesen Zoll nicht nur die Consumtion des Fabrikats im Lande selbst vertheuert worden wäre, sondern auch die Kattunfabrikanten die Concurrenz des Auslandes, die sie jetzt nur durch ausgezeichnete Fabrikate mühsam auszuhalten vermögen, nicht würden bestehen können.

Obgleich diese Differenz in Stuttgart entschieden ist, und obgleich ähnliche Streitfragen nicht zu einer Trennung des Zollverbandes führen werden, da noch zu überwiegende Interessen für die Fortdauer desselben sprechen, um nicht zur Nachgiebigkeit zu nöthigen, so scheint sich doch aus diesen Differenzen ein Principien-Streit zu bilden, der, wenn nicht in Zeiten darüber eine Einigung stattfindet, sehr möglich zu einer künftigen Trennung führen könnte.

Preußen hat in der merkwürdigen Periode der gänzlichen Umformung sein früheres Prohibtiv-System unter großen momentanen Opfern aufgegeben und an dessen Stelle das System der Schutz-Zölle eingeführt. Die wohlthätigen Folgen desselben haben sich auch praktisch bewährt, und Preußen kann im Interesse der Consumenten, der Producenten und des Handels dies einmal angenommene und auf die höheren Interessen des Landes basirte System nicht wieder aufgeben.

Ganz verschieden davon zeigt sich die Lage der Verhältnisse in dem südwestlichen Theil von Deutschland; in den besonderen Verhältnissen, in welchen sie sich befinden, können Prosibitiv-Zölle ihrem Interesse eben so zusagend sein, wie diese für Preußen und andere Theile Deutschlands nachtheilig werden würden.

Der größere Theil des südwestlichen Deutschlands, der in seiner Gewerbthätigkeit so rasche Fortschritte macht, ist stark bevölkert, und seine geographische Lage beschränkt den Absatz seiner Ackerproducte größtentheils auf die eigene Bevölkerung. Durch dieses Zusammentreffen der Verhältnisse sieht es sich gezwungen, um dieser Arbeit und Verdienst zu verschaffen, die bei den ungünstigen Handelsbeziehungen Deutschlands zu den europäischen Völkern auswärts nicht zu finden ist, seine Speculationen größtentheils auf den Absatz in den Vereins-Staaten, und auf solche Gegenstände zu beschränken, in welchen diese jetzt vom Auslande versorgt werden, und da die gewöhnlichen Schutz-Zölle ihnen hierfür nicht Sicherheit genug gewähren, höhere zu verlangen.

So wie es hiernach im Interesse dieses Theils von Deutschland liegt, höhere Schutz-Zölle zu fordern, so würde dadurch, genau betrachtet, allen übrigen Consumenten der Vereins-Staaten zum Besten der dortigen Fabrikation eine Abgabe aufgelegt. Denn um so viel höher der Zoll auf Twiste steigt, um so viel müssen die Kattunfabrikanten ihre Waare im Preise steigern.

Daß Regierungen eine aufkeimende Industrie durch Zölle schützen, dazu ist ein vollgültiger Grund vorhanden, insofern dabei das Interesse der Gesammtheit (der Consumenten) nicht aus dem Auge verloren wird. Die Schutz-Zölle, die immer die Natur einer Abgabe behalten, müssen nur in soweit bewilligt werden, als der Gesammtheit dafür die Aussicht bleibt, daß die Fabriken, welchen diese zu Gute gekommen sind, ihnen in der Folge die gezahlten Vorschüsse durch wohlfeilere Fabrikate ersetzen werden.

Allein bei Festsetzung zu hoher Schutz-Zölle treten noch andere sehr große Nachtheile ein. Durch die Anwendung derselben werden die Länder, gegen welche sie gerichtet sind, zu Repressalien genöthigt, die dann oft andere, eben so wichtige Quellen des National-Wohlstandes treffen; namentlich leidet der Ackerbau und der Handel darunter, und es ist nicht zu leugnen, daß schon jetzt die Engländer als Repressalien gegen die Eingangs-Zölle, welche ihre Fabrikate erfahren, die Einfuhr der Producte des Ackerbaues hoch besteuert haben. Wie groß die Nachtheile sind, welche aus dem Prohibitiv-System entspringen, beweiset uns Frankreich, wo einer der wichtigsten Productions-Gegenstände, der Wein zum Verderben seiner Bebauer fast unverkäuflich geworden ist.

Es geht nun aus diesen Allem hervor, daß Preußen, im Interesse seines Volkes sich von dem Systeme mäßiger Schutz-Zölle nicht entfernen darf, daß Prohibitiv-Zölle aber wohl im Interesse mancher anderen Theile der Zollverband-Staaten liegen, und daß mithin über die PrincipienFrage um so leichter eine ernstliche Spaltung entstehen kann, als bis jetzt nur Preußen allein die Interessen des Ackerbaues und des Seehandels im Zoll-Verein zu vertreten hat.*)

*) Wir müssen hier bevorworten, daß wir das Aufblühen aller Arten von Fabriken durchaus wünschen, und glauben deshalb auch, daß ein so

Indem hier nun gezeigt ist, daß schon jetzt sich unter den Zoll-Verband-Staaten verschiedene Interessen geltend machen, so folgt daraus, daß wenn keine Gegenwirkung erfolgt, wohl eine Auflösung des Vereins die Folge sein könnte, welches eben so verderblich für den Wohlstand des Volkes, als für dessen Einigkeit sein würde.

Das Mittel dagegen ist eine Erweiterung des Marktes sowohl in Deutschland selbst, als ganz besonders nach außen, um dadurch die Conflicte der verschiedenen Industrie-Zweige zu vermindern. Dies würde am sichersten erreicht, wenn der Bund selbst sich entschlösse, durch ein organisches Gesetz den freien innern Verkehr für immer zu ordnen, und dabei von einem festen Princip ausginge, jedoch in Hinsicht der speciellen Anwendung wie jetzt alle drei Jahre nöthige Modificationen eintreten ließe.

Obgleich wohl anzunehmen sein würde, daß am Ende das dringende Bedürfniß welches unleugbar besteht, die Trennung des Zollverbandes verhindern wird, so unterliegt es doch keinem Zweifel, daß die materiellen Interessen geschützter sind,

wichtiger IndustrieZweig als der der Verarbeitung der Twiste ist, wohl Unterstützung verdient, doch darf dies unserer Meinung nach nicht auf Unkosten anderer Fabrikationen geschehen. Es dürfte daher wohl ein gutes Ausgleichungsmittel gewähren, wenn man lieber Prämien ertheilte, und statt 2 Thlr. Abgabe mehr auf die Einfuhr der Twiste zu legen, lieber 4 Thlr. Prämie auf die Verfertigung desselben bewilligt hätte. Daß man einen Zweig nie auf Unkosten eines andern unterstützen darf, beweisen uns die klugen Engländer, obgleich auch sie mitunter schon das Ei in die Nesseln gelegt haben.

wenn sie der ganze Fürstenbund zu den seinigen macht, als wenn ein Theil der Fürsten sich darüber alle drei Jahre erst wieder vereinigen soll.

Was den zweiten Punkt, die vollständige Vertretung aller Interessen des deutschen Volks betrifft, so ist es ganz unzweifelhaft, daß dieser Zweck sicherer erreicht würde, wenn dem deutschen Bunde die Ordnung der Zollverhältnisse obliegen sollte, denn dann würden die Interessen der Fabrikation, Production und des Handels gleichförmiger vertreten, als es jetzt geschieht.

Hannover, Oldenburg, die beiden Mecklenburg, Holstein, Hamburg, Bremen und Lübeck, mithin diejenigen Glieder des deutschen Bundes, in deren Händen sich der ausgebreitetste Seehandel befindet, und die zugleich einen bedeutenden Absatz von Boden-Erzeugnissen seewärts haben, sind bis jetzt dem Bunde noch nicht beigetreten.

Durch ihren Beitritt würden nun auf der einen Seite auch diese Interessen die Würdigung erhalten, die sie verdienen, und auf der anderen den Fabrikations-Interessen ein neues, weites Feld eröffnet werden, und das Drängen statt nach innen nach außen sich wenden.

Was den dritten Punkt betrifft, welche wesentliche Vortheile es gewähren würde, wenn der deutsche Bund selbst die materiellen Interessen der Gesammtheit wahrnehmen, und die Hemmungen des Verkehrs, die jetzt noch bestehen, zu beseitigen suchte, so werden wir hier alle diejenigen Gegenstände namhaft zu machen haben, welche im allgemeinen Interesse Deutschlands eine baldige Beseitigung verdienen. Dahin gehört die freie Stromschifffahrt, die auf dem Wiener Congreß beschlossen, aber bei der Machtlosigkeit des deutschen Bundes nicht zur Ausführung gekommen ist. Vor Allem muß der Rhein und die Donau bis ins Meer frei werden.

Es scheint wahrlich, als wenn den Deutschen allein der Wille und die Lust fehlte, ihre Interessen zu verfolgen und ihnen beharrlich Anerkennung zu verschaffen. Den Rhein verschließt uns Holland, die Donau die Türkei und Rußland; wahrlich den Engländern und Franzosen würde Niemand bieten dürfen, was den Deutschen überall widerfährt.

Inzwischen da der deutsche Bund nicht einmal die Freiheit der Schifffahrt auf den Strömen durchzusetzen vermag, die in Deutschland entspringen und sich ins Meer ergießen, welcher Erfolg ist von Verhandlungen mit anderen Mächten zu erwarten, da bisher in Europa keine Nation an Unterordnung unter den Willen anderer so viel Praxis gezeigt hat wie Deutschland.

Noch wichtiger für den Flor des innern Deutschlands scheint es zu sein, wenn Eisenbahnen gebaut würden, um den Producten- und Waaren-Verkehr in ganz Deutschland zu befördern, und man ihnen namentlich eine solche Richtung ertheilte, daß sie nicht nur die großen Städte in Verbindung mit einander setzen, sondern auch die gewerbtreibenden Gegenden Deutschlands mit den Hauptströmen und dem Meer selbst.

Da die Anlage solcher Hauptstraßen mit einem großen Kostenaufwand verbunden ist, so kann sie nur mit Sicherheit unternommen werden, wenn der innere, freie Handelsverkehr vollkommen geordnet ist, und unter fester Bürgschaft des Bundes selbst steht. Besonders Rücksicht zu nehmen wäre dabei auf die Verbindung der deutschen Nordküste mit dem übrigen Deutschland. Die glücklichen Folgen, die hieraus für den Handel entspringen würden, könnten die deutsche Handels-Marine sehr leicht zu der zweiten in Europa erheben.

Wie stark die preußische Handels-Flotte sei, ist uns nicht genau bekannt, aber aus den Listen geht hervor, daß circa 3000 preußische Schiffe, 250,000 Lasten enthaltend, jährlich in den preußischen Seehäfen aus- und einlaufen; wenn nun die Schiffe von Mecklenburg, den drei Hansestädten, Hannover, Oldenburg und Holstein hinzukommen, so würde die Zahl schon sehr bedeutend sein, und wie könnte sie es erst werden, wenn Deutschland sich zu einem gemeinschaftlichen Handels-System vereinigte. Dann würde aber auch eine so bedeutende Handels-Marine im Interesse des deutschen Handelsverkehrs des Schutzes bedürfen, und dieser ihr durch eine Flotte von Dampf-Kriegsschiffen gewährt werden müssen. Inzwischen die Kosten dazu werden unmöglich bewilligt werden, wenn der Zustand, der sie zum Bedürfniß macht, nicht vollkommen gesichert erscheint.

Ganz besonders vortheilhaft würde für Baiern der Bau einer Bahn sein, die von dort ausgehend durch Franken und

Sachsen es mit der Nord- und Ostsee und mit den Provinzen des Nordens in wechselseitigen Verkehr brächte. Inzwischen kommt es vor Allem bei diesen Eisenbahnen darauf an, den Gesichtspunkt eines wohlfeilen Waaren-Transports ins Auge zu fassen, welches unstreitig nur auf die Weise erreicht werden kann, wie es in dem Abschnitt über Eisenbahnen näher entwickelt worden ist.

Ein fernerweitiges dringendes Bedürfniß für den Kredit des handeltreibenden Publikums besteht darin, daß in ganz Deutschland ein und dasselbe Wechselrecht eingeführt werde.

Jetzt muß der Kaufmann, der im Innern von Deutschland Geschäfte macht, einige Dosin verschiedener Wechselordnungen bei sich führen, was eben so lästig für ihn als nachtheilig für den Kredit derjenigen ist, die Geschäfte nach außerhalb machen, wo eine strenge Wechsel-Gesetzgebung besteht.

Auch durch ein ganz gleiches und wohlfeiles Briefporto werden dem Verkehr große Erleichterungen gemacht werden. Erst durch alle hier bezeichneten Einrichtungen können nur die Nachtheile immer mehr und mehr entfernt werden, welche aus der Zerrissenheit der Landesgebiete entstehen.

Wir wenden uns nun zu dem vierten Punkt, nämlich welche Vortheile es in Hinsicht der auswärtigen Handels-Verbindungen gewähren würde, wenn der ganze deutsche Bund gleiche Zollgesetze einführte und sich direct mit den auswärtigen Mächten auf Zollverhandlungen einließe.

Bedeutend ist schon jetzt das Gewicht, welches der Zollverein mit Preußen an der Spitze hat, und es sind daher nicht sowohl die etwa 2,741,083 Menschen, die durch den Beitritt von Hannover, Mecklenburg, Oldenburg, Holstein und den Hansestädten hinzukommen, welche das Gewicht Deutschlands den europäischen Mächten gegenüber vermehren würden, sondern der Umstand, daß nun allen übrigen Nationen jeder Entrepot-Platz fehlt, um ihre Waaren abzuladen, um sie demnächst in Deutschland einschmuggeln zu lassen. Das Interesse und der moralische Eindruck werden in diesem Falle zugleich dahin wirken, die übrigen Mächte zu bessern Gegen-Concessionen zu bewegen.

Abgesehen davon, ob der Zollverband als solcher fortleben, oder in die Firma des deutschen Bundes übergehen wird, bleibt es gleich wichtig, die Verkehr-Verhältnisse Deutschlands zu den übrigen Völkern näher ins Auge zu fassen.

Es besteht wohl kein Zweifel darüber, wie wichtig es für Deutschland sei, einen größeren Markt für seine Produkte und Fabrikate zu bekommen als es ihn jetzt hat, und daß es sich in Beziehung der Handels-Verbindungen zu den anderen Ländern sehr ungünstig gestellt sieht.

Die Ursachen sind sehr verschiedener Natur und diejenigen abgerechnet, welche aus der jetzt bestehenden Trennung Deutschland's in Beziehung auf seine Handels-Politik hervorgehen, so liegen sie

Erstens: in der unrichtigen Ansicht von der Lage der Dinge und Unbekanntschaft mit unseren eigentlichen Interessen, so wie in der falschen Beurtheilung der merkantilischen Verhältnisse der übrigen Länder und der Beziehungen, in welchen wir uns ihnen gegenüber befinden.

Zweitens: in der geringen Sorgfalt, welche man bisher der Verbreitung der Handels-Verbindungen gewidmet hat, und in den mancherlei Nebenrücksichten, die stattfinden und die ebenfalls nachtheilig eingewirkt haben.

ad 1. Um ein vollgültiges Urtheil zu fällen, bedarf man eines richtigen Ausgangspunkts; daher wird es wohl vor allem nöthig sein, sich über diesen in dem vorliegenden Falle zu einigen.

Ueber keinen Gegenstand hat man wohl im Allgemeinen in Deutschland eine unrichtigere Ansicht, als über die Stellung der Völker zu einander in Beziehung auf den Handel. Dies zeigt sich aus dem Unwillen, in welchen man sich ergießt, wenn von andern Völkern Maaßregeln ergriffen werden, die ihnen nützlich, uns schädlich sind, wobei man gleich zu Schmähungen überzugehen pflegt. Hierbei wird übersehen, daß in allen Verkehr-Beziehungen der Völker unter sich, das eigene, wohlverstandene Interesse die einzige Triebfeder ist und sein muß, und daß in dieser Beziehung alle Sympathie und alle Antipathie aufhört; diese hereinziehen zu wollen, fällt entweder ins Lächerliche, oder man schadet sich selbst dadurch.

In allen Verkehrsachen der Völker zu einander ist es der Egoismus der das Scepter führt, und man darf nicht übersehen, daß in dieser Beziehung ein beständiger Kriegszustand besteht, bei dem die Tendenz dahin gerichtet sein muß, die Interessen der andern so anzugreifen, daß sie sich bewogen fühlen, auch die des Gegners zu berücksichtigen, woraus dann der Friedensschluß hervorgeht.

Nicht minder wichtig ist es, die Interessen des eigenen Landes zu kennen; auch in dieser Beziehung wird häufig gefehlt.

Mit Neid wird oft der vorgeschrittene Gewerbefleiß der anderen Völker betrachtet, und man bildet sich ein, durch das Einfuhrverbot der Produkte desselben ihn auch bei sich urplötzlich hervorrufen zu können. Hierin liegt ein um so bedenklicherer Irrthum, weil eine solche Ansicht etwas Wahres hat, aber nur unter gewissen Bedingungen, und weil, wenn diese fehlen, die Ausführung derselben sehr schädlich wird. Es ist in den Gesetzen der Natur begründet, daß die Ausbildung der Cultur eine stufenweise sein muß, und daß es sich stets straft, diese überspringen zu wollen.

Ganz besonders ist der gewerbliche Culturzustand der Völker einer solchen Stufenleiter unterworfen.

Die Scholle Erde ist es, welche zuerst die ganze Sorgfalt des Menschen fordert und so lange der Ackerbau und die Culturzweige die mit ihm unmittelbar zusammenhängen, nicht bis auf einen gewissen Grad vorgeschritten sind, gehören alle Hände ihm, und können nicht lohnender verwandt werden, als zu seiner Förderung. In der zweiten Periode tritt schon das Bedürfniß der Fabrikation ein, es setzt eine gewisse Größe der Bevölkerung voraus, so daß die Bodencultur der Verarbeitung der eigenen Erzeugnisse des Bodens Hände abgeben kann, und diese dabei lohnender zu beschäftigen sind.

In dieser Periode müssen sich die Fabrikationen in der Regel so lange mit der Veredelung der im Lande selbst gewonnenen Stoffe beschäftigen, als diese dazu Gelegenheit darbieten, und zwar aus dem einfachen Grunde, weil dadurch außer dem Nutzen, den die Fabrikation gewährt, zugleich noch eine höhere Bodenrente gewonnen wird.

Wenn nun ein Volk, welches sich auf dieser Culturstufe befindet, ohne in selbiger einen gewissen Grad von Vollkommenheit erreicht zu haben, sich künstlich in die dritte Periode versetzen will, in welcher sie die Stoffe von auswärts kauft und die Fabrikate nach auswärts verkauft, so kann sie sehr leicht ihre eigenen Interessen dadurch gefährden.

So richtig dies im Allgemeinen ist, so darf doch dabei nicht übersehen werden, daß sich in der Wirklichkeit Manches anders gestaltet und daß mithin gewisse Fabrikationen die der dritten Periode angehören, schon in der ersten und zweiten mit Nutzen betrieben werden können ohne deshalb nachtheilig auf die Entwickelung der zeitgemäßeren einzuwirken.

Bei der Verschiedenheit des Culturzustandes, welcher in Deutschland besteht, finden sich einzelne Gegenden, die der ersten, andere die schon der zweiten und dritten Periode angehören; dadurch wird es schwieriger, zu bestimmen, wie die Interessen des gesammten Deutschlands gefördert werden können, ohne die abweichenden der einzelnen Theile zu verletzen und ohne die richtige Verbindung zu stören, in welcher sie neben einander fortschreiten sollen, ohne sich hemmend entgegen zu treten.

Wenn gleich sich keine allgemeine feste Bestimmungen in dieser Beziehung geben lassen, schon deshalb nicht, weil die Zustände einem fortwährenden Wechsel unterworfen sind, so giebt es doch gewisse Regeln, die dabei festgehalten werden müssen. Eine davon scheint zu sein, daß wir noch nicht so weit vorgeschritten sind, um in allen Zweigen der höhern Industrie für jetzt schon namentlich mit England, mit Frankreich und Belgien in Concurrenz treten zu können, sondern daß es rathsamer sei, sich auf die Vervollkommnung solcher Fabrikate überhaupt zu legen, in welchen wir schon vorgeschritten sind und hoffen können mit diesen Fabrikstaaten die Concurrenz auf den fremden Märkten glücklich zu bestehen.

Eine andere, daß, da es feststeht, wer verkaufen will, auch kaufen muß, weil es sonst keinen Handel geben kann, unsere Märkte daher den übrigen Nationen für solche Gegenstände zu öffnen sind, die sie vermöge ihrer Localität, ihrer Kunstfertigkeit und des ihnen zu Gebote stehenden Kapitals wohlfeiler und besser fabriciren können als wir, wogegen wir dann auch die Reciprocität verlangen können.

Eine dritte, daß es schädlich sei, um irgend einen Industriezweig zu befördern, zu welchem wir noch nicht reif sind, Prohibitiv-Maaßregeln anzuwenden, die durch ihre Rückwirkung oft auf die Produktion oder Fabrikation sehr nachtheilig werden.

Die Beurtheilung der Frage für welche Gegenstände wir vorzugsweise einen auswärtigen Markt bedürfen, ist jedenfalls eine der interessantesten, weil von der Feststellung derselben die richtige Handelspolitik abhängig ist; und eine Basis zu jeder ferneren Operation gewonnen wird.

Vorhin ist gezeigt, daß in Hinsicht des gewerblichen Verkehrs ein Kriegszustand zwischen den Völkern bestehe; daraus folgt, daß um von ihnen Concessionen in solchen Punkten zu erhalten, die uns wichtig sind, wir sie in denen bedrohen müssen, wo ihre Interessen am empfindlichsten verletzt werden können. Hierzu ist eine genaue Kenntniß nicht nur dessen nöthig, was uns selbst nützlich ist, sondern auch der gewerblichen und Handels-Verhältnisse der übrigen Länder, mit welchen man sich vergleichen will, um wiederum beurtheilen zu können, was sie auch zu gewähren vermögen oder nicht. Diese Punkte sind es, in welchen von deutscher Seite so oft gefehlt worden zu sein scheint, besonders in den Verhältnissen zu England. Der geringe Erfolg, den frühere Verhandlungen für Deutschland gehabt haben, lag zum Theil in dem damals von England verfolgten System, andern Theils auch in der unrichtigen Erkenntniß der Zustände beider Völker; und wenn wir daher bei ferneren Verhandlungen nicht glücklich sein sollten, da England sich jetzt auf dem Wege befindet, sein bisheriges System zu verlassen, so tragen wir vielleicht selbst die Schuld. Es unterliegt keinem Zweifel, daß mit keinem Lande besser zu verhandeln sei, als mit England, wenn es gehörig angefangen wird; der Grund liegt darin, weil Niemand besser als der Engländer weiß, was ihm nützt und was er will.

Von unserem Gesichtspunkte aus verdenken wir es den Engländern keinesweges, wenn sie consequent ihre materiellen Interessen verfolgen, beklagen es vielmehr nur, daß in Deutschland in dieser Beziehung zuweilen ebenso unbillige als leidenschaftliche Beschuldigungen gegen England ausgestoßen werden, wodurch wir Deutschen uns nur lächerlich machen und uns in der guten Meinung der Engländer schaden. Besonders gehen diese Angriffe jetzt von dem Süden Deutschlands aus und haben ein Organ, welches schon leit längerer Zeit an der Spitze unserer Tagesblätter steht und sich in der Regel durch eine ruhige und kluge Behandlung der Gegenstände auszeichnet.

Die Vertheidigung gewisser Sonder-Interessen und die Verbindung mit Herrn List, der als Organ derselben sich hinstellt, scheinen es dazu bewogen zu haben; wir glauben versichern zu können, daß die sowol von der Allgemeinen Augsburger Zeitung, als den neu erschienenen Zollvereinsblättern ausgesprochene feindliche Stimmung gegen England von Deutschland nicht getheilt wird. Keine Nation kann den großen Eigenschaften des englischen Volkes und dem günstigen Einfluß, welchen es auf die Civilisation der übrigen Welttheile übt, höhere Achtung zollen, als die Deutschen, und es ist läppisch, in Handelssachen von der Gutmüthigkeit desselben Bevorzugungen verlangen zu wollen, die wir uns selbst zu verschaffen die Mittel haben, wenn wir nur den Handelskrieg mit Verstand zu führen verstehen und die rechten Waffen zu gebrauchen wissen. So sehr wir wünschen, daß die vorzüglicheren Organe der Presse sich nicht zu nutzlosen Befeindungen hergeben wollten, so können wir bei dieser Gelegenheit auch nicht den Wunsch unterdrücken, daß Herr List seine Kenntnisse und Talente fruchtbringender verwenden möge, als es bisher der Fall gewesen ist und es fernerhin sein wird, wenn seine Zeitschrift fortfährt sich mehr mit einer heftigen Polemik gegen England, als mit einer gründlichen Untersuchung dessen zu beschäftigen, was Deutschlands Bestes fordert. Unstreitig gehört Herr List zu den Schriftstellern, die der Wissenschaft, mit der sie sich beschäftigen, in vieler Beziehung die practischen Seiten abgewonnen haben, und die wohl geeignet sind, etwas Tüchtiges zu leisten. Allein er hat sich und der Sache durch die Insolenz geschadet, mit welcher er allen übrigen tüchtigen Männern vom Fach entgegengetreten ist. Die Eitelkeit, mit welcher er sich zum Schöpfer eines neuen Systems aufwirft, wollen wir ihm gern vergeben, da wir uns denken können, daß dieser Glaube ihm wenigstens einigen Ersatz für lange 20jährige Bemühungen gewährt; allein wir beklagen es als ein aufrichtiger Anhänger mancher seiner Lehrsätze, daß er der ruhigen Beleuchtung durch die Heftigkeit des Angriffs fast jeden Weg abgeschnitten hat, und wünschen, daß er sich im einundzwanzigsten

Jahre seiner Studien überzeugen wolle, daß man mehr nützt und mehr Anerkennung findet, wenn man sich an die Sache hält, und diese durch gute Gründe unterstützt, an welchen es ihm nicht fehlen wird.

Ein anderer Grund, warum Deutschlands Handelsverbindungen so wenig ausgebreitet sind, liegt in der Gleichgültigkeit, mit welcher dieser Gegenstand behandelt worden ist.

Von allen fremden Märkten, auf welche Deutschland ein Hauptaugenmerk richten sollte, sind die der Nordamerikanischen Staaten, die von Brasilien und der südamerikanischen Völker die wichtigsten.

Deutschland hat eine Menge Fabrikate und Producte, um damit die dortigen Märkte zu versehen, und auf ihnen mit Erfolg die Concurrenz der übrigen Völker bestehen zu können; aber was ist bisher geschehen um dies Ziel zu erreichen? Leider müssen wir antworten „Nichts.“ Nordamerika hat längst Unterhandlungen angeknüpft, sie sind aber nicht günstig aufgenommen. Von den übrigen amerikanischen Staaten ist nun freilich nicht zu erwarten, daß sie zu uns kommen; wenn wir daher nicht die Initiative ergreifen, so wird noch lange keine Verbindung angeknüpft werden.

Allein eine solche, wenn sie von Wirkung sein soll, muß auch auf eine entsprechende Weise erfolgen. Das Beste würde unstreitig sein, einige Kriegsdampfschiffe besonders nach dem südlichen Amerika zu senden, um an Ort und Stelle directe Verhandlungen anknüpfen zu können.

Eine solche Demonstration würde viel deutlicher sprechen, als wenn wir die Karte von Europa hinsenden wollten, um es auf selbiger mit Preußen bekannt zu machen.

Auch in den Verhandlungen mit England und Frankreich würde es förderlich sein, wenn sie sich überzeugten, daß Deutschland mehr Thätigkeit entwickelte, als es bisher geschehen ist, namentlich würde eine directe Verbindung mit Brasilien und den Tropenländern auf der einen Seite England für den Absatz seiner Colonial-Waaren besorgt machen, auf der anderen Seite bewirken, daß diese Länder erführen, daß es für ihre Producte in Europa noch andere Absatzwege gibt.

Allein auch in Europa selbst hat Deutschland jetzt Gelegenheit, sich Märkte wieder zu eröffnen, wenn es die ganz vernachlässigten Handelsverbindungen mit Spanien wieder anknüpft. Früher hatte Deutschland und namentlich Preußen mit diesem Reiche einen sehr lebendigen Verkehr, und erfreute sich dort eines günstigen Marktes für manche seiner Fabrikate, namentlich für Leinwand. Die Unterbrechung der diplomatischen Verhältnisse mit diesem Lande ist Schuld, daß dies nur im höchst geringen Maaße noch der Fall ist.

Allein es scheint endlich Zeit zu werden, die Verbindungen von neuem anzuknüpfen.

Daß die großen Monarchen das Princip der Legitimität festhalten, liegt in ihrem Interesse, und trägt zur Erhaltung der Stabilität bei. Allein die materiellen Interessen ihrer Völker dürfen doch auch nicht ganz darüber vergessen werden, besonders scheint der vorliegende Fall einer von denen zu sein, wo das Princip der Legitimität, in Folge dessen wir uns ganz von Spanien zurückgezogen haben, nicht unmittelbar verletzt erscheint. Ob die junge Königin oder Don Carlos der legitime Thronerbe sei, darüber haben die spanischen Juristen sich gestritten, allein die Nation hat sich für die Rechte der jungen Königin entschieden, und dadurch die Streitfrage, wie es scheint, geschlichtet. Jedenfalls handeln die drei nordischen Mächte nicht consequent, denn wenn sie den Don Carlos für den legitimen Thronerben anerkennen, so dürften sie es doch auf keinen Fall dulden, daß er auf eine so schmachvolle Weise von Frankreich gefangen gehalten wird.

Doch wir glauben durch das Gesagte, so weit es der beengte Raum gestattete, wenigstens bewiesen zu haben, daß in Beziehung des Absatzes deutscher Fabrikate noch wenig geschehen sei, und viel geschehen kann, obgleich seit Errichtung des Zollverbandes in dieser Beziehung doch schon manches erreicht ist, welches alle Erkennung verdient, auch werden die Repressalien, welche bei den letzten Zollverhandlungen gegen Frankreich ergriffen sind, nicht ohne Erfolg bleiben, und vielleicht eine Aufforderung werden, auch gegen andere Länder auf ähnliche Weise zu operiren.

Es wird sich gewiß Jeder überzeugen, wie großen Erfolg es haben würde, wenn sich zur Förderung der Handels-Interessen ganz Deutschland zu einem System vereinigte, und wie rathsam es auch in dieser, wie in so vieler anderer Beziehung sein würde, wenn eine Vereinigung der Fürsten des Bundes zu diesem Zwecke möglich werden sollte.

Die allgemeinen Beweggründe haben wir bereits vollständig besprochen, und wir werden jetzt auf die speciellen übergehen.

Die Verhältnisse des Kaiserreiches scheinen dabei die nächste Berücksichtigung zu verdienen. Schon vorhin ist auf die große Verschiedenheit der Verhältnisse desselben von denen des übrigen Deutschlands aufmerksam gemacht. Es liegt außer dem Kreise unseres Urtheils, ob es im Interesse und in der Absicht Oesterreichs liege, diesem Verbande beizutreten; es scheint aber in dem Umfang der Monarchie eine unüberwindliche Schwierigkeit zu bestehen, wir wollen daher voraussetzen, es könne sich nicht anschließen. Demungeachtet würde es eine Vereinigung in seinem eigenen Interesse nur wünschen können. Der Zollverband besteht factisch, und zwar bis jetzt neben dem Bund. Oesterreich hat, wie vorhin gezeigt ist, ein vielseitiges Interesse an dem wirksamen und kräftigen Fortbestehen des Bundes selbst und an der vollkommenen Einigkeit seiner Glieder. Oesterreich kennt die Folgen, die der schwäbische Bund und andere früher auf die Schwächung des deutschen Kaiserreiches gehabt haben, und der größte Staatsmann, den Deutschland jetzt besitzt, und der die Geschicke Oesterreichs leitet, wird es zu gut begreifen, wie viel rathsamer es sei, wenn eine Bewegung, ein unvermeidliches Etwas besteht, sich an die Spitze zu stellen und sie zu leiten, als diese andern zu überlassen.

Allein Oesterreich kann daraus auch directe wesentliche Vortheile ziehen. Wenn das Zollsystem Deutschlands auf ein festes Princip gestützt ein dauerndes zu werden verspricht, so läßt es sich sehr wohl denken, daß Oesterreich mit der Zeit ein ähnliches System für seine Monarchie einführen, und daß, auch ohne eine gemeinschaftliche Zollkasse mit Deutschland zu haben, der Verkehr mit Deutschland selbst ein ganz freier werden könne, jedenfalls durch Handelsverträge, die in der Hauptsache auf dasselbe hinauslaufen würden.

Noch ein anderer Punkt scheint der Vereinigung Hindernisse in den Weg zu legen, und dieser betrifft die Stellung einiger Provinzen in Preußen.

Jetzt sind auch die nicht zum deutschen Bunde gehörigen Provinzen dieses Reichs mit in den Zollverband eingeschlossen, und es würde nicht möglich sein, diese davon auszuschließen; diese Provinzen sind mit unbedeutenden Ausnahmen als deutsche zu betrachten, und so wenig Deutschland Bedenken haben könnte, sie in den deutschen Bund überhaupt aufzunehmen, und dadurch seine innere Kraft um 3½ Millionen Köpfe zu verstärken, eben so wenig könnte Preußen einem solchen Beitritt entgegen sein.

Eine fernere Frage betrifft den Beitritt Hannovers, und in wie fern es zu einem solchen Anschluß geneigt sein würde. Sehr leicht ist es zu beweisen, daß kein Theil Deutschlands so großen Nutzen hiervon ziehen werde als Hannover selbst, abgesehen von den allgemeinen Vortheilen, so würde das

Hannoversche Land es sein, durch welches sich dann der ganze unermeßliche Handels-Verkehr von der bei weitem größeren Hälfte Deutschlands bewegen müßte. Es würde nicht allein am günstigsten gelegen sein zu einer directen Theilnahme an diesem Handel, sondern auch einen großen Gewinn von dem Transport der Waaren durch sein Land und den dabei abfallenden Speditions-Gebühren machen; auch der Handel von Holstein und Oldenburg, Bremen würde dadurch, wenn auch nicht in dem Maaße wie Hannover, doch ebenfalls bedeutend gewinnen, und mithin ein mehrfaches Interesse zum Anschluß haben. Was Mecklenburg anbelangt, so findet sich dort auch kein in der Sache begründeter Widerspruch, wohl aber einer in den herrschenden Ansichten. Mecklenburg zeigt uns in Hinsicht der Verfassung noch ein lebendes Bild aus dem Mittelalter. Ein Volk, welches seine früheren Zustände gegen die Wogen der Zeit zu schützen gewußt hat, und sich noch ganz wohl dabei befindet, dem wird man es nicht verdenken können, wenn es sich gegen alles Neue erhebt.

Aehnliche Ansichten, aber auf sehr wesentliche materielle Interessen gestützt, finden sich auch in Hamburg.

Wenn dessen Bürger, die im Rechnen und Berechnen keine Schüler geblieben sind, die Zeiten, die Verhältnisse und die großen Interessen so gut zu berechnen wissen, als das Cambio, disconto und die Capital-Interessen, so hat Hamburg die Aussicht durch die Verwirklichung der mitgetheilten Ideen sich nach London zum ersten Handelsplatz in Europa zu erheben.

Wenn Hamburg aber sich der Entwickelung der deutschen Industrie und eines großartigen Handels entgegenstemmen will, so werden es selbst die drei ehrwürdigen Häupter der alten deutschen Kaiser, welche die zerstörende Flamme allein in der Mauer des Rathhauses unberührt gelassen hat, nicht davor schützen, dereinst das Schicksal der nahen Schwesterstadt zu theilen.

Eine unläugbare Wahrheit ist es, je größer der Handel wird, je mehr Gelegenheit giebt es für den Kaufmann zu verdienen.

Sollte daher Deutschlands gewerblicher Fleiß mehr aufblühen, Deutschlands Handel sich den übrigen europäischen Mächten gegenüber günstiger stellen, sollten die Eisenbahnen und Ströme wetteifern, Hamburg die Producte der Industrie des ganzen Innern von Deutschland zuzuführen, und auf seinen Dreimastern die von allen Nationen geachtete Fahne des deutschen Bundes wehen, dann wird Hamburg selbst groß werden und der Gesammtheit Großes leisten können. Wenn es dagegen sich starr entgegenstellen und lieber um sein kleines Gebiet herum einen Cordon ziehen lassen wollte, als sich dem übrigen Deutschland anschließen, so würde Altona, Staade und Bremen dies als eine donatio inter viros betrachten und dankbar annehmen.

Doch wir schließen hier unsere Betrachtung über die Förderung und Sicherung der materiellen Interessen, und wenden uns jetzt zu dem letzten Punkt, den der Vertheidigung der deutschen Grenzen und der Behauptung deutscher Selbstständigkeit.

Ehe wir hier weiter gehen, möchten wir wol eine Frage an das deutsche Volk richten, ob es denn wirklich frei und selbstständig sein wolle? und ob es noch so viel Stolz besitze, noch so viel ächtes deutsches Blut in seinen Adern fließe, um auch die Opfer nicht zu scheuen, die es fordere?

Wir fürchten, daß wir, besäßen wir die Gabe lesen zu können, was in dem Herzen geschrieben steht, dort zwar ein Ja finden würden, aber mit der Klausel, wenn es nur kein Geld kostet, und wir nur sonst nicht molestirt werden. Wer in der Welt den Zweck will, der muß auch die Mittel wollen.

Daher, will Deutschland frei sein, will es einig bleiben, will es den Schutz seiner materiellen Interessen, will es in Europa geachtet werden, will es der Welt ein selbstständiges großes Volk zeigen, will es die Flecken in seiner neueren Geschichte auslöschen, so muß es handeln und die rechten Mittel und Wege zu finden wissen, die zum Ziele führen.

Bisher ist dies alles nicht der Fall gewesen, nicht einmal in solchen Punkten, die so nahe liegen. Frankreich, welches uns stets mit Krieg bedroht, zeigen wir eine schwache Seite, Schwaben bietet ihm ein großes offnes Thor, durch welches seine Heere schon vielfach den Weg in das Herz von Deutschland gefunden haben. Die Nothwendigkeit, dieses durch starke Festungen zu schließen, ist seit 26 Jahren erkannt, und doch legt man erst jetzt den ersten Fundament-Stein.

Welche andere Thatkraft entwickelt dagegen Frankreich. Vor zwei Jahren hat es einen Festungsbau um Paris begonnen, ein Riesenwerk, wie die neuere Geschichte kein Beispiel davon kennt, und schon jetzt ist der Bau fast vollendet. Ist es zu verwundern, wenn Frankreich mit Geringschätzung auf ein Volk blickt, welches so indolent ist wie das deutsche, welches alle Mittel zur Größe und zu einem Glück besitzt, sie aber nicht gebraucht.

Hätte Deutschland eine Militairverfassung, wie Preußen sie bei sich eingeführt hat, so würde es stets gerüstet sein; allein es bedarf auch einer solchen nicht einmal, wenigstens in der Ausdehnung nicht, aber seine jetzige ist zu schwach.

Bis jetzt hat der Deutsche sich nur tüchtig gezeigt, nachdem er von seinen Nachbaren die herbsten Züchtigungen erfahren hat.

Ist er aber deshalb klüger und vorsichtiger geworden? Nichts weniger.

Selbst die deutsche Presse, die doch mehr oder weniger die Ansicht des Volks ausdrückt, erklärt sich gegen die Haltung einer starken Kriegesmacht und bedauert die Völker für die Opfer, die sie zur Vertheidigung ihrer Selbstständigkeit bringen müssen. Sollen denn die Deutschen Chinesen werden? So wird unter Andern in dem Juli-Heft der deutschen Monatsschrift Seite 113 die Ansicht ausgesprochen, wenn in Preußen die Stände das Steuerbewilligungs-Recht hätten, so würde der Regierung vielleicht die Summe zu einem so großen Militair=Aufwande versagt werden, durch welche es allein seine Stellung als europäische Großmacht zu behaupten im Stande sei. Dies ist in Preußen wahrlich nicht zu besorgen, das preußische Volk will vor Allem in der Lage bleiben, sich nöthigen Falles selbst vertheidigen zu können.*)

Im Gegentheil es sind schon Anträge gemacht das System der Volksbewaffnung festzuhalten und da der Zuwachs der Bevölkerung jetzt nur erlaubt, etwa die Hälfte der conscriptionsfähigen Mannschaft ins Heer aufzunehmen, für die militairische Ausbildung der übrigen zu sorgen. Wahrlich es wäre zu wünschen ein gleicher Geist bestände in ganz Deutschland; die Schriftsteller würden wohlthun ihn lieber zu wecken, wenn er fehlen sollte.

Durch einen Beschluß des Bundes ist das Bundesheer auf 361000 Mann vermehrt worden; so erfreulich dies ist, so unzureichend scheint es dennoch, wenn Deutschland die Stellung behaupten will, die ihm in dem europäischen Staaten=Verband gebührt; will es sich gegen Eroberungs=Pläne schützen, so muß es sein Bundesheer verdreifachen; wenn dann der Bund selbst eine entsprechendere Organisation erhält, als die jetzige es ist, so kann er sich vertheidigen, selbst wenn der

*) Hat man uns doch heftig darüber angegriffen, daß wir im ersten Theil gesagt haben, das preußische Volk wünsche nichts mehr, als sich enge mit Deutschland zu vereinigen, und mit den Deutschen die Unabhängigkeit des gemeinschaftlichen Vaterlandes zu vertheidigen, sei dabei aber entschlossen, wenn es im Stich gelassen werden sollte, seine Selbstständigkeit für jeden Preis zu bewahren; verdient das Vorwurf?

Sturm zugleich von Osten und Westen ausbrechen sollte, was über kurz oder lang nicht ausbleiben wird.

Wir wissen sehr wohl, daß unter den frommen Wünschen, die wir hegen, der der frommste bleiben wird, Deutschland in einem Achtung gebietenden Wehrstand zu sehen. Wollte man aber doch bedenken, daß hierin zugleich die Bürgschaft für den Frieden liegt! denn nicht leicht greift man den Gewaffneten an, aber sehr häufig den Wehrlosen.

Uebrigens wird es nur auf den Willen ankommen, der Ausführung selbst würden keine große Schwierigkeiten entgegenstehen, sie auch nicht so viel kosten, als man vielleicht glauben möchte. Preußen und Oesterreich besitzen bereits ein Heer, um, ohne ihre Reserven zu schwächen, ein dreifaches Contingent stellen zu können, nur die übrigen Bundesfürsten würden Anstrengungen, obgleich auch keine übermäßigen zu machen haben, wenn sie theilweise das preußische System annehmen. Wenn man sich entschlösse, wo es noch nicht der Fall ist, die Dienstzeit auf 3 Jahre herunterzusetzen, welche hinreicht um den Rekruten einzuüben, und aus diesen dann eine Landwehr bildeten, so würden außer der ersten Auslage für die größere Armatur die laufenden Mehr-Kosten für die Quadres und für die jährliche Uebungen der Landwehr nicht drückend werden können.

Vorhin ist schon darauf aufmerksam gemacht, welche günstigere Stellung dadurch die mittleren und kleinen Bundes-Staaten, sowohl in der europäischen Politik als auch den beiden Großmächten gegenüber, gewinnen würden, allein auch auf die Einigkeit und auf den Brudersinn im deutschen Volke würde es einen günstigen Einfluß haben. Jetzt vertheidigt größtentheils Preußen und Oesterreich Deutschland, dann vertheidigte es sich selbst, und wenn dann wieder die verschiedenen Volksstämme Deutschlands mit gleichen Kräften und gleichem Muthe die Feinde des gemeinschaftlichen Vaterlandes zurückschlügen, so würde die Erinnerung ruhmvoller Thaten den Brudersinn unter ihnen verstärken.

Eine andere wichtige Einrichtung die noch wirksamer für die Vertheidigung Deutschlands sein wird, als die Anlage einiger Festungen, besteht in dem Bau zweckmäßiger Eisenbahnen, um die Truppen aus dem Innern von Deutschland rasch den bedrohten Punkten zuführen zu können. Schon bei Preußen ist dieser Gegenstand erwähnt; die Eisenbahn die von Berlin zum Rhein beabsichtiget wird, könnte auch von Hannover, Braunschweig und den nördlichen Bundes-Staaten benutzt werden. Nicht minder nützlich würde in dieser Beziehung eine Bahn sein, die von Oesterreich aus sich durch Baiern, Schwaben bis Ulm oder Rastadt erstreckt, und eine zweite, die von Schlesien und Böhmen durch Sachsen und Franken ihre Richtung auf Hanau, Frankfurt, Mainz und Mannheim nähme. Je energischer die Maaßregeln sein werden, die Deutschland ergreift, um so geschützter wird es für den Angegriffenen sein; denn Niemand verkennt die große innere Kraft Deutschlands, allein man weiß auch sehr wohl wie lange es währet, bis sie zur Entwickelung kömmt und wie leicht es daher wird, diese zu verhindern.

Wir schließen hier unsere Betrachtung über den letzten der sechs Punkte, deren Reform dem Bunde diejenige Kraft geben würde, die sein Zweck und die Wohlfahrt des deutschen Volkes fordert.

Wenn die Verfassungs-Angelegenheit in Deutschland, die kirchlichen und Rechtszustände, die geistigen und materiellen Interessen, und der Vertheidigungszustand desselben durch allgemeine organische Bestimmungen geregelt werden, und der Bund eine solche Organisation erhält, daß er selbst eine Bürgschaft für seine Dauer gewährt, und zugleich so viel Kraft gewinnt, seine Beschlüsse auch ausführen zu lassen, so werden daraus große Vortheile für das ganze deutsche Volk erwachsen, die Niemand verkennen wird, und die dazu beitragen werden einen allgemeinen Volkssinn zu gründen. Wenn es dahin gekommen sein wird, daß der Seegen, den der deutsche Bund über Deutschland zu verbreiten vermag, dem ganzen deutschen Volke gemeinschaftlich zu Theil wird und die Rechte und Freiheiten der Einzelnen von der Gesammtheit verbürgt sind, dann erst wird sich ein deutscher Volkssinn ausbilden, welcher die Nachtheile zu beseitigen im Stande ist, welche die Zerstückelung der Gebiete der Bundes-Staaten sonst behalten wird.

Die große Kardinal-Frage ist nun, auf welchem Wege kommen wir zum Genuß der Güter die, hier vor uns so so nahe und auch so fern liegen. Bevor wir diese beantworten, glauben wir uns dem Leser angenehm zu beweisen, wenn wir ihm vorher den Ueberblick des ganzen Verhältnisses gewähren.

Am Weihnachtstage des Jahres 800 ward Carl der Große als Kaiser gekrönt, es war der Stiftungstag des deutschen Kaiserreichs. Ein Jahrtausend und noch etliche Jahre später wurden wir Zeuge des Sturzes des ehrwürdigsten Reiches der neueren Weltgeschichte und unseres Erdtheiles.

Die Sünden der Väter waren es, die die Söhne büßten und zugleich die eigene Schuld.

Eifersucht und Uebermuth hatten sie getrennt, und der Dünkel sich einzeln noch stark zu halten, ward an ihnen gestraft.

Wenige Jahre der Demüthigung reichten hin, um in den germanischen Völkern den Geist ihrer Väter zu erwecken; und aus den Trümmern erhob sich ein Bund edler deutscher Fürsten, um durch einen engen Verein sich gegen künftige Stürme besser zu wahren.

Mit einem reicheren Baumaterial versehen, wie es das Kaiserreich nimmer besaß, konnte der neue Bau begonnen werden.

Allein der Granit, der Marmor und der Porphyr bilden noch keinen D o m, bis erst des Meisters Hand sie dazu geformt, und das Volk sie auf- und nebeneinander getragen, der Mörtel sie verbunden hat.

In der Kaiserstadt Wien, dem ehrwürdigen Sitze des Hauptes des alten Germanischen Reiches, versammelten sich die Fürsten zu Rath, um einen neuen Zustand zu gründen für das folgende Jahrtausend. Allein im höhern Rathe war es anders beschlossen, denn es verwirrten sich ihre Sprachen, wie einst beim Thurmbau von Babylon, und nur die Erscheinung des großen Zuchtmeisters der Zeit stellte den Familien-Frieden wieder her.

Die Wiener Bundes-Acte, welche den 8. Januar 1815 gezeichnet ist, gründete zwar ein Trutz- und Schutzbündniß der Bundesmächte unter sich, allein der große Zweck der Wiedergeburt eines deutschen Reiches, stark nach Außen, kräftig im Innern, gestützt auf eine enge Vereinigung der Fürsten mit ihrem Volk, und der deutschen Volksstämme unter sich zu einem großen Ganzen, blieb eben so unerfüllt, als die Sicherung der Rechte und Freiheiten des deutschen Volks durch die Verfassung des gesammten Bundes.

Ein Verein von Fürsten, Beherrschern stammverwandter Völker, beruht stets auf lockerem Grunde, wenn er nicht in diesen selbst tief eingewurzelt ist; und jeder Bund, der eine Vielheit zu einer Einheit verbinden soll, bedarf organischer, das Ganze umfassender Gesetze, wenn er auch nur die geringste Bedeutung gewinnen soll; diese sind der Mörtel, der allein das Gebäude vor Verwitterung schützt.

Die Wiener Congreß-Acte gewährt uns keinen solchen Mörtel, und giebt nur die Hoffnung diesen in der Zukunft bereiten zu wollen.

Durch die Wiener Schluß-Acte sollte das beabsichtigte

große Werk der Gründung eines neuen deutschen völkerrechtlichen Bundes erfolgen, und dem Volk der Rechtszustand wie in dem verflossenenen Jahrtausend gesichert werden. Es sollten durch sie die religiösen Zustände geordnet, die geistigen und materiellen Interessen gesichert und gefördert, und eine Einheit gegründet werden, die vor künftiger Trennung schützte. Dagegen wurden die Verheißungen der ersten Stiftungs-Acte in vielen und wichtigen Punkten auf eine andere Zeit verschoben, die aber nicht gekommen ist, und die wenigen, die eine Bestätigung erfuhren, sind ohne allen Erfolg geblieben.

Der Bund, wie er jetzt besteht, kann keiner der Erwartungen entsprechen, die man von ihm hegt, da ihm nicht nur die nöthigen organischen Gesetze, sondern auch die Kraft (vielleicht auch der Wille) fehlt, sich Geltung zu verschaffen. Das deutsche Volk hat jetzt keinen andern Schutz, als den guten Willen und die Gerechtigkeitsliebe seiner Fürsten, und wie wenig das Gesetz über die Handlungs-Weise der Fürsten selbst entscheidet, beweisen die Ereignisse in Braunschweig, Kassel und Dresden. Ein Grundgesetz des Bundes ordnet landesständische Verfassungen an, in Oldenburg, Schwarzburg-Sondershausen sind noch die Regierungen absolut. Die freie Schrift, die dem deutschen Volk zugesichert ist, hängt bis jetzt zum Theil von den Ansichten einzelnen Regierungen ab und weder über den Gebrauch noch Mißbrauch bestehen zureichende gesetzliche Bestimmungen. Ja die materiellen Interessen des deutschen Volks zu schützen, ist der Sorge eines Nebenbundes überlassen geblieben.

So glücklich auch die deutschen Völker sich gegenwärtig befinden, so verdanken sie dies nur ihren Fürsten, und diese die Möglichkeit ihre Völker zu beglücken nur den günstigen Verhängnissen, in welche wir uns bisher versetzt gesehen haben. Allein dadurch darf Deutschland sich nicht einwiegen lassen, nur ein fester Dom kann die Zukunft verbürgen; eine Sommerwohnung für die gute Jahreszeit kann Deutschland nicht befriedigen.

Einen festen Zustand gewinnen wir aber nur, wenn der Bund eine solche Organisation erhält, daß sich in ihm die Gesammtheit concentrirt, wenn er die Interessen der Fürsten wie der Völker zu fördern und zu schützen vermag, wenn beide in ihm ihr Palladium erblicken.

Soll daher an der Stelle, wo Trümmer des tausendjährigen Reiches zerstreut liegen, ein neuer starker Bau für das nächste Jahrtausend erwachsen, so muß mit mehr Geist und Kraft zum Werke geschritten werden, als es der Fall war; der bis jetzt verfolgte Weg führt nur zur Ohnmacht.

Von wem soll aber die Schöpfung ausgehen, wer soll den Weg uns zeigen, der zum künftigen Heile führt? Dies ist die Frage auf die wir jetzt zurück kommen.

Nur die deutschen Fürsten selbst, nur die Gemeinschaft derselben soll es, so lautet die Antwort.

Giebt es denn keinen unter ihnen, der das Unhaltbare und Unbefriedigende des jetzigen Standes der Dinge erkennte, und von der Größe seiner Bestimmung ergriffen den Anstoß zu geben sich entschlösse? Ja, so hoffen wir, es wird Einen geben, der begeistert durch die Erhabenheit des Zweckes nicht vor den Schwierigkeiten, die ihm entgegentreten zurückbeben wird, deren wesentlichste darin liegt, 35 Fürsten und 4 Republiken zu vereinigen. Dem Bundestag den Ausbau übertragen zu wollen, würde einer Verzichtung auf diesen gleich kommen; hat er doch sechsundzwanzig Jahre gebraucht um einen Stein nach Rastadt zu tragen.

Lebten wir noch in einer Zeit, wo der Kaiser und die Fürsten des Reiches sich persönlich versammelten, um des Landes Schutz und ihrer Völker Wohlfahrt zu berathen, so könnte wohl Großes geschehen.

Warum sollten aber deutsche Fürsten nicht auch im Jahre 1843 in Person zusammentreten, um den schönsten und höchsten Beruf, der ihnen geworden ist, zu erfüllen; und der darin besteht, das künftige Schicksal Deutschlands zu ordnen, die Wohlfahrt des Volkes zu begründen? Welcher deutsche Fürst wird nicht den Stolz in seiner Brust fühlen, das tausendjährige Reich seiner Väter wieder miterrichten zu wollen?

Soll daher der Ruhm der Väter nicht in den Kindern untergehen, soll Deutschland eine würdige Stellung in Europa behaupten, soll es wieder ein freies deutsches Volk geben, soll die Gerechtigkeit der Väter auf die Kinder übergehen, so fordert eine heilige Pflicht die deutschen Fürsten auf mit hohem Sinn, mit Liebe und Vertrauen zu ihren Völkern im Herzen, selbst Hand an den Bau zu legen, und wohl zu bedenken, daß einst die Geschichte auch über sie richten wird.

Bülow-Cummerow.

Gedruckt bei Julius Sittenfeld.

www.ingramcontent.com/pod-product-compliance
Lightning Source LLC
LaVergne TN
LVHW092156300926
849161LV00002B/284